JN028264

y-knot

現実からまなぶ

国際経済学

伊藤萬里・田中鮎夢　著

Musubu

有斐閣

デザイン　高野美緒子

はしがき

　私たちは外国産の衣服や靴を身に着けるだけでなく，海外の外食チェーンのレストランを日本に居ながらにして楽しんだり，旅行の際に海外ホテル予約サイトから予約手配できたり，スマホで海外の音楽配信サービスを利用したり，日々の暮らしのなかで，グローバル化を感じる場面も年々増えてきました。しかし，国際経済学の講義をしていると，多くの人はあまりグローバル化を実感していないように感じます。日常のありふれた光景になっていて，実は国際取引によってもたらされていることに気づきにくいのかもしれません。

　このように，グローバル化が日常生活と密接に関連しているにもかかわらず縁遠く感じてしまう背景には，国際経済に関する出来事が，ニュースなどで目にする遠い世界で起きていて，自分の生活とのつながりがみえないことがあります。著者らは，世界経済で起きている事象を咀嚼して理解できる実践的な知識として国際経済学を学ぶには何が求められるか，考えを巡らせてきました。そのなかで，国際経済学で学ぶ理論枠組みと，現実の経済事象がどのように関連しているかを紹介することで，こうした認識のギャップを埋められるのではと考えました。

　経済学では，個別具体的な事例をなるべく単純化して，抽象化していくことで，他の事例にも応用可能な知識を体得することが可能です。たしかに経済事象の本質を捉えるためには抽象化が欠かせま

せん。しかし，学習の動機付けや興味・関心を抱くという点では，現実の事例を紹介することが威力を発揮します。このようなことから本書では，国際経済学で学ぶ基本的な分析枠組みは生かしつつも，極力，個別具体的な事例をもとにした説明を心がけることにしました。そのため，国名にはじまり，企業名や製品名などを現実の事例のまま本書のなかで使用しています。抽象化を基本とする経済学の一般的なテキストからは逸脱している部分もありますし，用いている事例が必ずしも理論枠組みに沿っていないこともあろうかと思いますが，これは単に理論と現実の橋渡しに資することを優先したまでであり，他の意図は一切ありません。

　各章末には，レポート課題と演習問題を用意しています。演習問題は数理的な解法を必要とし，答えは一意的なものを多く含みますが，レポート課題の答えは必ずしも1つではありません。レポート課題は1人で考え答えを導くこともできますが，他者との議論を通じて理解を深めてもらいたいという願いもあります。少人数でのグループワークや議論を通じて自分たちなりの考えをまとめ，互いに発表しあうことで思考力・判断力・表現力を養うことにもつながるものと期待しています。

　本書は，データを多用した説明や，個別具体的な事例を盛り込んだ理論の解説，重力方程式を用いた初歩的な実証分析方法の紹介など，既存のテキストにはあまりみられない要素を取り入れていますが，理論そのものは先人たちが構築してきたものであり，既存のテキストが扱うトピックやその解説の仕方を大いに参考にしました。そのなかにはわれわれ著者が大学院時代に指導を受けた若杉隆平先生（新潟県立大学学長）の『国際経済学』（現在第3版，岩波書店，2009

年）もあります。若杉先生のご指導やその後の共同研究がなければ，著者らは本書を執筆する機会には恵まれなかったことでしょう。温かいご指導を賜りましたことに心から感謝いたします。その他の諸先輩方のテキストも本書の最後に「文献案内」として紹介するとともに，ここに感謝の意を表したいと思います。

　また，学会やセミナーでの研究報告を通じた共著者や討論者との議論や，同僚との何気ない会話が本書の構想やアイデアにつながったこともあります。この場を借りて，こうした研究者仲間にもお礼を申し上げます。執筆に際しては，新型コロナウイルス感染症の蔓延やロシアによるウクライナ侵攻などが起き，グローバル化の終焉を指摘する論調すら目にしました。そのため度重なる記述の変更や加筆を要した箇所もあります。有斐閣の長谷川絵里氏はこうした困難な状況のなか，粘り強く著者らとやり取りを重ね本書を完成に導いてくれました。心より感謝申し上げます。最後に，コロナ禍のなか，教育・研究と子育てを両立させながら執筆にあたることは困難を極めましたが，著者同士励ましあい完成にこぎつけられたのも互いの妻のサポートなくしてはなしえませんでした。心から感謝いたします。

　　2022 年 12 月

伊藤萬里・田中鮎夢

著 者 紹 介

伊 藤　萬 里（いとう　ばんり）序章，第 1, 2, 4, 6, 9, 10 章

慶應義塾大学大学院経済学研究科後期博士課程修了。博士（経済学）。
現在，青山学院大学経済学部経済学科教授
〈主要著作〉

"Trade Exposure and Electoral Protectionism," *Review of World Economics*, 157, 181–205, 2021；"What Factors Determine the Mode of Overseas R&D by Multinationals?" *Research Policy*, 36（8），1275–1287, 2007（共著）；『グローバル・イノベーション』慶應義塾大学出版会，2011 年（共著）

> 学生時代にゼミでバングラデシュを訪れ，後に貧困層への小口融資でノーベル経済学賞を受賞したユヌス教授のグラミン銀行を視察する機会に恵まれました。経済学は抽象的でとっつきにくいという印象を抱いていましたが，講義で学んだことが現地の実情に合わせて応用され貧困緩和に寄与していることに経済学の可能性を強く感じました。本書でも，国際経済学が貢献できる可能性を感じ取れるよう現実の例と結び付けた解説を心がけました。

田 中　鮎 夢（たなか　あゆむ）序章，第 3, 5, 7, 8, 11 章，補論

京都大学大学院経済学研究科博士後期課程修了。博士（経済学）。
現在，青山学院大学経済学部現代経済デザイン学科准教授
〈主要著作〉

"How Does UNESCO's Convention on Cultural Diversity Affect Trade in Cultural Goods?" *Journal of Cultural Economics*, 44, 625–660, 2020（共著）；"The Impacts of Natural Disasters on Plants' Growth," *Regional Science and Urban Economics*, 50, 31–41, 2015；"Firm Productivity and the Number of FDI Destinations," *Economics Letters*, 117（1），1–3, 2012.

> 奈良の正倉院には 8 世紀頃の宝物がおさめられています。中国，インド，イラン，ギリシャ，ローマなど外国文化の影響を受けた宝物や舶来品もあり，正倉院はシルクロードの終着点であるといわれます。このように奈良時代にすでに日本は海外との交流を持っていました。もちろん，現代のグローバル化は奈良時代とは比べ物になりません。国際経済学を学ぶ意味はかつてなく大きくなっています。本書が学習の一助になれば幸いです。

目　次

第 III 部　貿易問題と解決の枠組み

Column 一覧

/// ウェブサポートページ /// 「補論 重力方程式の Stata による実行：政策編」，演習問題の解答（先生用），予習課題（先生用），講義スライド（先生用）などを提供しています。ぜひご活用ください。

http://www.yuhikaku.co.jp/yuhikaku_pr/y-knot/list/20001p/

国際経済学は
社会にどう役立つか

1 グローバル化とは

身近なグローバル化とその恩恵

　私たちの身の回りの製品の多くは他国と貿易されており，貿易の拡大によって生活も大きく変化してきた。たとえば，身に着けている衣服や靴がすべて国産品であるという人は少ないであろうし，輸入品を避けて食事をすることも困難である。国産の製品であっても使用されている部品が外国産であったり，加工など生産工程の一部が外国であるケースも多い。たとえば，多くの人が日々利用するスマートフォンは約 1000 点の部品から構成されており，その多くは複数の外国で生産されたものである。これらをすべて国産品でまかなおうとすると，生産コストが上がったり，なかには国産でまかなうことが困難な原材料や部品も存在するため，スマートフォンを容易に手に取れなくなるであろう。

　グローバル化の恩恵は，消費者が財に安価にアクセスすることを可能にすることにとどまらない。同じ商品であっても，国やブランドによって異なる商品ラインアップがあった方が消費者は豊かに感じるはずである。たとえば，輸入食品を扱うカルディコーヒーファームに足を踏み入れると，コーヒーやワインをはじめ調味料などさまざまな国のバラエティ豊かな商品を選択できる。国産品の選択に加え，異なるテイストの外国産の選択が増えることは，モノだけでなく，サービスの分野にも及んでいる。たとえば，ハンバーガー・ショップのシェイクシャックはアメリカのチェーン・レストランであり，こうした日本へ進出した店舗での外食はサービス輸入として

貿易の一環と捉えられうる。グローバル化はこうした商品やサービスにとどまらない。デジタル経済の進展によって、国境を越えたデータ移転を伴う新しいサービスも生まれている。たとえば、Netflix などで動画視聴サービスを利用したり、スマホアプリを利用して海外のゲームやソフトウェアをダウンロードしたりするケースである。

これらのことを踏まえると、多くの人がモノやサービスの消費を通じて日常的にグローバル化の恩恵を受けており、消費者の利益という観点からは、外国との経済取引が自由に行われることが基本的には重要であることに気づくであろう。国際経済学でも、多くの場合に自由貿易が望ましいことが理論的、実証的に示されており、経済学者は高い割合で自由貿易を支持している。また、一般の国民に対する世論調査でも、過半の人が貿易は良いことであると答えている。

▷ グローバル化を分析する学問としての国際経済学

グローバル化はモノやサービスにとどまらない。資金、人、企業、業務、技術やアイデア、そしてデータといった、私たちの経済社会を構成するさまざまな要素の国境を越えた移動が活発になっていくことを意味する。このうちモノやサービスの越境移動は「国際貿易」と呼ばれ、資金や企業の越境移動は「国際投資」と呼ばれる。人の国際的移動は国際観光や留学のように一時的な場合もあるし、移民のように永続的な場合もある。このように、グローバル化はモノの貿易拡大を中心としつつも、その他の要素も巻き込んだ複層的なものとなっている。

国際経済学は、国境を越える経済活動を扱う応用経済学の一分野であり、伝統的にはミクロ経済学の分析枠組みを用いながら、主に

モノの貿易を分析の中心に，その要因や貿易政策の影響を主要な分析テーマに据えてきた。しかし，現代の国際経済学では，上述のような複層的なグローバル化の諸層を，経済学のあらゆる分析手法を駆使してその要因や影響を明らかにする学問となっている。本書では，伝統的な分析枠組みを踏襲しつつも，こうした現代的な国際経済学の視点も取り入れながら，グローバル化のさまざまな層を読者が理解できるよう，なるべく平易な表現を用いながら説明していく。

▷ グローバル化の歴史と現段階

　グローバル化は 19 世紀後半頃から徐々に進行した過程であり，歴史のうえでグローバル化していない時代もあった。たとえば，工業化以前の世界では，グローバル化と呼べるような国境を越えた移動が活発になる趨勢は観察されていない。19 世紀後半以降のグローバル化の歴史のなかで，現在はどのような位置にあるのだろうか。

　国際経済学者であり，国際経済に関する高名な歴史家でもあるダグラス・A. アーウィンは，世界の GDP に占める世界の輸出入額の和の割合を示す貿易開放度によって，図序–1 を描き，それによって 1870 年以降の国際経済の歴史を 5 つの時代に分けている。1870 年から 1914 年の第 1 の時代には，工業化に伴い，蒸気船やその他の進歩によって，より多くの商品がより安価に国境を越えて移動できるようになり，世界経済の統合が進んだ。この時代は第 1 のグローバル化の時代と呼ぶことができる。しかし，続く 14 年から 1945 年の時代には，第 1 次世界大戦を機に第 2 次世界大戦の終戦まで，戦乱と各国の保護主義的政策によりグローバル化は後退を余儀なくされた。

　第 2 次世界大戦後，戦争の反省を踏まえ，自由でルールに基づ

図序-1 第2次世界大戦後初めてグローバル化が後退

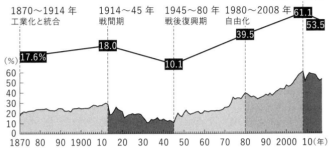

注：貿易開放度指数は，世界の輸出と輸入の合計額を世界のGDPで割った値として定義。1870
〜1949年のデータはKlasing and Milionis［2014］，1950〜2017年のデータはPenn World
Tableからとっている。
出所：ダグラス・A. アーウィン「脱グローバル化の流れに拍車をかけるパンデミック」ピーターソン
国際経済研究所ウェブサイトより。

いた貿易が可能となるよう，関税及び貿易に関する一般協定
（GATT）が締結された。1945年から80年にかけて，国際貿易が増
加し，アメリカ，西ヨーロッパ，日本などの自由主義経済諸国の経
済統合が進んだ。80年から2008年にかけて，中国やインド，旧ソ
ビエト圏の国々も経済の自由化と貿易障壁の撤廃を始め，世界経済
の統合が地理的に広がった。海運コンテナや情報通信技術の向上な
ど技術の変化もあり，グローバル化が進んだ。この戦後の期間は第
2のグローバル化の時代といえる。

　2008年の世界同時不況以後，貿易開放度つまり世界貿易額の対
GDP比は低下傾向にある。これまでの戦後の期間，貿易は世界の
生産高よりも急速に成長する傾向にあったが，08年以降貿易の成
長は弱くなっている。その背後にある要因は必ずしも1つに特定
できないが，たとえば1つの象徴的な変化として，アメリカのト

ランプ政権（17～21年）のもと，アメリカは中国との貿易摩擦を激化させるなど，国際貿易について自由主義から保護主義寄りの政策へと移行した。現在，私たちはグローバル化の速度が低下した，緩やかなグローバル化（slowbalization）ないしは脱グローバル化（de-globalization）と呼ばれる時代に差しかかっている。この大きな時代の過渡期にあるなか，こうしたグローバル化の揺り戻しともいえる現象をどのように理解したらよいのか，国際経済学に対する要請はいっそう強まっている。

2 グローバル化の揺り戻し

▷ 自由貿易か保護貿易か

これまでの経済学の枠組みでは，自由貿易の利益が強調され，過半の人が貿易に肯定的な態度をみせる一方で，現実には自国産業の保護を目的として貿易を制限しようとする政策が実現されたり，人々に支持されたりする実態がある。こうした国内産業保護を目的とした政策は，保護貿易政策や保護主義的な政策と呼ばれ，脱グローバル化の1つの要因となっている。保護主義が台頭する背景には，自由貿易によって利益を享受する人と打撃を受ける人が存在し，格差拡大への懸念が根本的な要因として考えられる（➡第2章）。自由貿易支持と保護貿易支持とで賛否が分かれる理由は，自由貿易による利益が固定化されていたり，打撃を受ける人への補償が十分でないことかもしれない。あるいは，貿易の利益は理解していても，自身を取り巻く雇用環境や収入への影響に敏感なのかもしれない。実際に，貿易は良いことだと捉えている人が多い一方で，貿易が雇

用を増やすと考えている人は少数であることが世論調査などで示されている。さらにいえば，特定の業界の意向を反映してしまう政治体制や，あるいは人々が無意識にグローバル化に対して抱いている深層心理が，保護主義への傾倒を強めているという見方もある。こうした動きを理解するためには，貿易が一国経済にどのような影響をもたらすのかを理解するだけでは十分でなく，なぜ保護主義が台頭するのかその背景にあるメカニズムへの理解を深める必要がある。

不安定化する世界経済

　保護主義の台頭や脱グローバル化の動きがみられることと軌を一にして，世界的な経済ショックも相次いでいる。2008 年の世界金融危機は需要を急減させ，世界貿易を大きく縮小させた。日本も輸出が急減し，生産減少による非正規労働者の解雇など，大きな影響を受けた。ヨーロッパでは，10 年にギリシャの巨額の財政赤字が表面化したことを受けて，ギリシャの債務危機問題が生じた。その後，共通通貨ユーロの信用が揺らぐなど，影響は EU 加盟国にも広がり，10 年代，とくにヨーロッパ各国は危機回避に向けた取り組みに明け暮れた。

　日本に関していえば，2011 年に発生した東日本大震災が未曾有の被害をもたらした。被災や停電による生産停滞が，機械製品を中心に輸出を減少させ，部品供給が滞ったため国内外の生産も停滞するなど，サプライチェーン（供給網）の寸断による影響（➡第 2 章コラム）を顕在化させた。16 年にはイギリスで国民投票によって EU 離脱が選択され，その後 20 年 1 月末に離脱するまで，関税制度など国境管理に関わる交渉が幾度となく先行き不透明となるなど，世界経済にも混乱を招いた。さらにアメリカでは，16 年の大統領選

挙で保護主義的な政策を掲げ選出されたトランプ大統領が，実際に就任後環太平洋パートナーシップ協定（TPP）からの離脱を決定したり，関税の引き上げを実行に移した。その後も，アメリカが膨大な貿易赤字を抱える中国への対抗姿勢を強め，中国製品に対する関税の引き上げを実施し，中国側の報復関税も相まって熾烈な米中経済摩擦へと発展した。

　2020年には，新型コロナウイルス感染症（COVID-19）が数カ月で世界中に感染拡大し，世界保健機関（WHO）がパンデミック（世界的な大流行）を宣言した。グローバル化の結果，人々の国境を越えた移動が活発になっており，感染症も短期間で世界に広がるということを私たちは知った。新型コロナウイルス感染症の感染拡大を抑えるために，各国政府は外国からの入国を制限するなど脱グローバル化に拍車をかける動きをみせた。また，都市封鎖（ロックダウン）や国際流通網の混乱から，半導体などの重要物資の世界的な供給不足が生じ，各国は経済安全保障を意識して，海外生産への依存から国産化や同盟国・友好国との連携強化へとシフトした。さらに22年のロシアによるウクライナ侵攻により，西側主要国がロシアへの経済制裁を発動し，脱ロシアの動きが広がった。グローバル・パンデミックとロシアのウクライナ侵攻は，08年以降顕在化しつつあった脱グローバル化の動きをさらに加速させた。

　このように，相次ぐ世界的な経済ショックがグローバル化の揺り戻しの背景にあるとも考えられるが，同時にこうした経済ショックへの対応には，国際協調や自由な経済取引が重要であることもたびたび指摘されてきた。予期せぬショックに対して，復元力のある世界経済体制をどのように考えていったらよいか国際経済学の知見が求められている。

3　国際経済学が社会に貢献できること

▷　**国境を越えた経済取引はなぜ起きるか**

　国際経済学が伝統的に分析対象としてきた主要なテーマの1つは，国境を越えたモノの貿易や企業の移動が，どのような要因によって決定付けられるか明らかにすることである。国際貿易については，「貿易理論」という枠組みで，現在まで多くの研究が蓄積されている。19世紀のイギリスの経済学者であり政治家となったデヴィッド・リカードによる「比較生産費説」では，国と国の間での生産技術の違いが貿易の要因とされる（➡第4章）。スウェーデンの経済学者エリ・ヘクシャーとベルティル・オリーンを中心に1930年代に構築されたヘクシャー゠オリーン・モデルでは，生産に必要とする資源量をさす要素賦存量の違いが，貿易の要因とされた（➡第5章）。これらリカード・モデルとヘクシャー゠オリーン・モデルは伝統的貿易理論とされ，生産技術や要素賦存量が異なる国と国の間での，比較優位に基づく国際分業と貿易を説明することができる。

　その一方で，主に先進国間など国の条件が似通った国同士での貿易は，その存在が大きいにもかかわらず，伝統的貿易理論では説明ができなかった。1980年頃にはポール・クルーグマンによって規模経済性や製品差別化という概念を取り入れた新貿易理論が構築され（➡第6章），こうした先進国間の貿易も説明できるようになった。さらに2000年代には，マーク・メリッツに代表される，企業の生産性の違いを貿易の要因として示した新・新貿易理論が誕生する（➡第7章）。これにより，輸出できる企業と輸出できない企業が存

在するという実態に沿った説明が可能となった。これらの要因が明らかになることで，貿易をより活発化させるにはどのような要素が重要となるのか，貿易によってどのような利益が期待できるのか，政策含意を持つ理論的帰結が導かれている。たとえば新・新貿易理論の帰結は，新規に輸出する企業を増やすことのインパクトが強調される。輸出企業を増やすためには，輸出の敷居を下げることが求められ，貿易自由化だけでなく輸出に必要な情報や知識を企業へ発信する，政策的な重要性が示唆されている。

▷ 政策の影響を明らかにする

国際経済学の2つめのテーマは，国境間の取引や企業移動に対して課される規制が，どのような影響をもたらすのかを明らかにすることである。国際経済取引への規制の影響を明らかにすることは，より政策的な含意に直結するものである。貿易を規制することは，国内産業保護を目的に，たびたび検討されたり現実に実施されたりする。たとえば貿易制限措置の効果に関して，国際経済学では措置の方法や品目の特性，市場の競争環境に応じてこうした規制措置がもたらす影響が異なることが示されている（➡第8，9章）。規制導入による影響とは反対に，規制撤廃による影響も評価することができる。特定の国との間で貿易を自由化する自由貿易協定（FTA），あるいは経済連携協定（EPA）締結による影響分析は，協定締結に向けた議論に基礎的な知見を与える（➡第10章）。

▷ 拡大する国際経済学のフロンティア

グローバル化が，さまざまな要素を含む複層的な現象であることから，国際経済学の分析対象は広がっている。これに伴い，国際経

済学が貢献できることも広がりをみせている。近年深刻化するグローバル化と格差の関係に関する問題（➡第11章）や，台頭する保護主義の要因や影響に関する問題，さらには環境や保健衛生といったグローバル・イシューに関連する分野である。たとえば2020年の新型コロナウイルス感染症のグローバル・パンデミックは，公衆衛生の分野にとどまらず，世界的な景気後退や国際貿易の縮小といった点で世界経済にも深刻な影響を与えた。とりわけマスクや人工呼吸器，予防ワクチンや治療薬といった感染症制圧には欠かせない製品の供給が必要とする国に行き届かず大きな問題となった。

　新型コロナウイルス感染症重症者の治療に不可欠な人工呼吸器を例にとると，2020年3月，感染者数が急増したイタリアやニューヨークでは，一時的に人工呼吸器の不足が報じられた。アメリカでは，当時のトランプ大統領が国防生産法に基づき，自動車大手のゼネラル・モーターズ（GM）に人工呼吸器の製造を命じた。イギリスでは，政府が人工呼吸器の製造への協力を呼びかけ，家電メーカーのダイソンが人工呼吸器の製造に乗り出した。日本でも政府が人工呼吸器の国内メーカーに増産を呼びかけていた。ただし，厚生労働省「平成30年薬事工業生産動態統計調査」によれば，成人用人工呼吸器の年間供給量9万2000台余り（18年）のうち，国内生産は4割にとどまり，供給量の半数以上を輸入が占めている。

　国連貿易統計を用いて，人工呼吸器および関連物品の上位輸出国を調べると，シンガポール，アメリカ，中国，ドイツ，オーストラリア，オランダの順に輸出額が多く日本の影は薄い。一方，輸入国をみると，人工呼吸器および関連物品の輸入の3割近くをアメリカが占め，オランダ，ドイツも輸入大国である。日本はこの3カ国に次いで第4位の輸入国であり，世界の輸入の5.3%を占める。

財務省貿易統計によれば，オゾン吸入器，酸素吸入器，エアゾール治療器を含む人工呼吸器等について，日本の2018年の輸入総額は約500億円である。日本は，金額ベースでは，アメリカ（シェア27%），オーストラリア（同23%）から最も多く人工呼吸器等本体を輸入しおり，中国（同12%），ドイツ（同6%），ニュージーランド（同4%）が続く。

このように日本は多くの医療関係物品を外国からの輸入に依存しており，国際貿易なくして感染症の蔓延に立ち向かうことは困難である。グローバル化が世界的な感染拡大の素地となった一方で，国際協調と紐付いたグローバル化が，パンデミックに立ち向かううえで不可欠であることも揺るぎのない事実である。国際経済学は，こうしたグローバル・イシューの解決にも重要な政策含意を与え，貢献できる可能性を秘めている分野であり，その可能性と対象となる範囲は今後も拡大していくであろう。

4 本書の特徴と構成

グローバル化に伴う課題が顕在化するなか，保護主義や排他主義的な考えや政策が台頭してきている。これまで国際経済学が主に扱ってきた，自由貿易か保護貿易かという対立軸だけでは議論できない複雑な問題や，予期せぬ経済ショックへの対応も迫られており，国際経済学が果たす役割は広がりをみせている。

本書は2つの特徴を有している。1つは抽象的な説明になりがちな貿易理論や，貿易政策の効果に関する基礎的な分析の枠組みについて，可能な限り現実の例を当てはめながら説明している点である。

いま1つは，近年グローバル化に伴い複雑化するグローバル化の
さまざまな諸層を取り上げながら，国際経済学の貢献が期待される
フロンティアの拡張を試みている点である。

　本書は3部構成となっている。第Ⅰ部では，世界経済の変化を
主にデータから捉えている。第1章では，グローバル化が複層的
であることを踏まえ，さまざまな諸層の趨勢や特徴を統計データで
視覚的に描写していく。貿易はもとより，多国籍企業や移民，サー
ビス貿易，デジタル貿易へと複層化を深めていくグローバル化を捉
える。第2章では，グローバル化の揺り戻しともいえる保護主義
の台頭の要因について，具体的な事例やデータを紹介しながら説明
しつつそのメカニズムに迫る。とくに，政治経済的な要因や最新の
行動経済学の知見から示唆される要因にも焦点を当てる。第3章
は，急速に進展する企業のグローバル化の動きをどのように考えた
らよいか分析の枠組みを提示する。

　第Ⅱ部では，4つの主たる貿易理論を，現実の話題も提示しなが
ら解説する。第4章から第7章までは貿易がなぜ生じるのかその
メカニズムを説明する貿易理論を，リカード・モデル，ヘクシャ
ー＝オリーン・モデル，新貿易理論，新・新貿易理論の順に解説す
る。この過程において，初歩的なミクロ経済学の分析枠組みを利用
しながら該当する現実の例も引き合いに出す。

　第Ⅲ部では，政策的な話題や，国際貿易のルール，格差の問題な
どに焦点を当てる。第8章と第9章では，輸入関税などの貿易政
策の分析枠組みを基礎編と応用編に分けてそれぞれ提示する。ここ
では，既存の分析枠組みを援用しつつも現実に生じうる事例を取り
上げながら説明する。第10章では，多国間の貿易自由化の枠組み
をどのように考えたらよいか，課題も例示しながら説明する。第

11 章では，グローバル化と格差の関係性について最新の研究にも触れながら解説していく。

　補論では，実証分析の手法として，重力方程式の推計の仕方を提示する。分析には統計解析ソフトウェア Stata を利用して，具体的な分析コマンドを提示しながら，どのように実証分析を進めたらよいか解説していく。

グローバル化する世界と
国際経済学

Chapter

世界経済をデータで みる

コンテナ船（写真提供：フォトライブラリー）

Quiz クイズ

Q 1.1 世界経済に影響を与えた下記の出来事について，その事象が起きた順に並べてみよう。
a. イギリスの国民投票による EU 離脱決定
b. 世界同時不況（リーマン・ショック）
c. アメリカ・トランプ政権の発足
d. ロシアのウクライナ侵攻
e. 新型コロナウイルス感染症の蔓延

Q 1.2 国際貿易を説明する枠組みにはある物理の法則が応用されている。次のうちどれか。
a. 慣性の法則　**b.** 作用反作用の法則　**c.** 熱伝導の法則
d. 万有引力の法則

Answer クイズの答え

Q1.1　b.→a.→c.→e.→d.

　2008 年の世界同時不況（リーマン・ショック），16 年 6 月のイギリスの国民投票による EU 離脱決定，17 年 1 月のアメリカ・トランプ政権の誕生，20 年の新型コロナウイルス感染症の蔓延，22 年のロシアによるウクライナ侵攻。これら以外にも，09 年にギリシャの財政赤字が発覚したことによって主にヨーロッパ域内に影響が波及したギリシャ危機や，被災による部品・原材料の供給網の途絶によって海外にもその影響が波及した 11 年の東日本大震災など，世界経済に影響を与えた出来事が続いた。

Q1.2　d.

　万有引力の法則。2 つの物体間の引き合う力は，2 つの物体の質量に比例し，距離の 2 乗に反比例するという法則が 2 国間の貿易の流れに応用されている。物体の質量は国の経済規模に，距離は 2 国間の物理的な距離のほか，さまざまな貿易障壁の要因に置き換えられる。

Keywords キーワード

第 1 のグローバル化，第 2 のグローバル化，GATT/WTO，地域貿易協定，取引コスト，グローバル・サプライチェーン，付加価値貿易統計，2 国間貿易，重力方程式，多国籍企業，外国直接投資，企業内貿易，技術移転，産業空洞化，外国人労働者，移民，サービス貿易，デジタル貿易，電子商取引，個人情報保護

Chapter structure 本章の構成

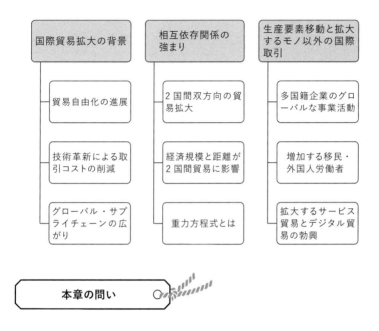

国際貿易拡大の背景	相互依存関係の強まり	生産要素移動と拡大するモノ以外の国際取引
貿易自由化の進展	2 国間双方向の貿易拡大	多国籍企業のグローバルな事業活動
技術革新による取引コストの削減	経済規模と距離が2 国間貿易に影響	増加する移民・外国人労働者
グローバル・サプライチェーンの広がり	重力方程式とは	拡大するサービス貿易とデジタル貿易の勃興

本章の問い

　本章では，一般に利用可能なデータを使ってさまざまな側面から世界経済を読み解いていく。国際貿易・投資を取り巻く環境は，中国など新興国の経済成長，世界同時不況，保護主義の台頭，新型コロナウイルス感染症の世界的な蔓延，ロシアによるウクライナ侵攻などを経て，目まぐるしく変化している。変化の要因や影響を特定するためにはデータに基づく分析が欠かせない。序章で述べたように複層的な特徴があるグローバル化の特徴を捉えるには，どのようなデータをみたらよいのだろうか。

1 　国際貿易の拡大とその背景

▷ 国際貿易と経済成長のスピード

　本節では，国際貿易の歴史を紐解きながらその拡大と背景に迫りたい。国際貿易は過去2世紀にわたって，経済成長のスピードよりも著しい速さで成長を経験した。図1-1は世界貿易の推移として世界の輸出額を1800年から2014年まで示したものである。とくに20世紀に入ると第2次世界大戦以降急激に上昇し，指数関数的に貿易が拡大している。基準としている1913年に比べると，近年の国際貿易はおよそ45倍の規模に達している。

図1-1　世界貿易の推移（1800〜2014年）

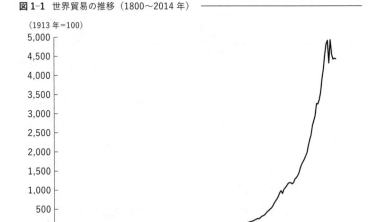

出所：Federico and Tena-Junguito［2016］Our World in Data "Trade and Globalization" ウェブサイトより筆者作成。

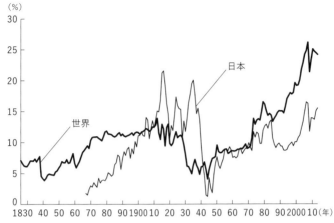

図 1-2 GDP に対する貿易額（1827〜2014 年）

出所：Fouquin and Hugot ［2016］ Our World in Data "Trade and Globalization" ウェブサイトより筆者作成。

　一方で，国際貿易の拡大は生産がそれだけ増加したためとも考えられる。そこで，経済規模の成長に比べて貿易がどの程度相対的に増加したかを示すため，世界の GDP に占める輸出入額の割合の推移をみてみよう。図 1-2 は，1827 年から 2014 年までの世界の貿易の対 GDP 比を，また日本についても明治元年の 1868 年から 2014 年まで，その推移を示している。序章のグローバル化の歴史でも触れたように，日本と世界のいずれにおいても第 2 次世界大戦をはさみ貿易が GDP 以上に成長した時期が 2 つある。貿易の最初の伸びは 1870 年前後に始まり，1914 年の第 1 次世界大戦によって終わりを迎えている**第 1 のグローバル化**の時代であり，2 つめは第 2 次世界大戦後に始まり，21 世紀初めにかけて急激な上昇をみせている**第 2 のグローバル化**の時代である。

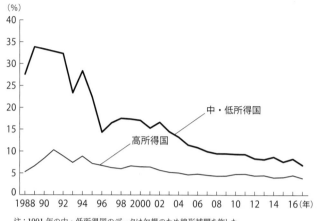

図 1-3 平均関税率の推移（1988〜2017 年）

(%)

注：1991 年の中・低所得国のデータは欠損のため線形補間を施した。
出所：世界銀行 "World Bank Open Data" より筆者作成。

　日本は戦後の高度成長に沿って貿易の比率も高まったが，1980
年代半ばから 90 年代後半にかけて日米貿易摩擦やバブル崩壊によ
る景気後退など貿易が抑制された期間は，GDP に対する貿易比率
も停滞している。その後，2002 年から 08 年にかけての戦後最長の
景気回復期には大きく上昇しているが，世界全体の動きと同様に
08 年の世界同時不況により急低下している。

貿易自由化の進展

　第 2 のグローバル化の時代とされる戦後の世界貿易の拡大の背
景には，戦前の保護主義への傾倒に対する反省から多国間の自由貿
易体制を強化してきた経緯がある。1947 年の関税及び貿易に関す
る一般協定（GATT）採択は，その後 95 年に世界貿易機関（World
Trade Organization: WTO）へと組織強化が図られ，GATT/WTO の無

図1-4　地域貿易協定の発効数の推移（1948～2020年）

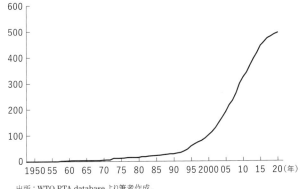

出所：WTO RTA database より筆者作成。

差別原則や紛争解決手続きが多国間の貿易ルールとして果たしてき
た役割は大きい。

　貿易自由化は先進諸国に限らず，とくに1990年代以降は中・低
所得国にも広がった。図1-3は88年以降の平均関税率の推移を高
所得国と中・低所得国について示している。いずれも90年前後を
ピークに下落傾向にあり，とりわけ中・低所得国の関税率の低下が
顕著である。

　貿易自由化は，多国間のみならず2国間や地域レベルでも広が
りをみせている。とくに1990年代以降，多国間の貿易交渉が難航
するなか，特定の地域や2国間で関税削減などを進める自由貿易
協定（Free Trade Agreement: FTA）や関税同盟（Custom Union: CU）等
の**地域貿易協定**（Regional Trade Agreement: RTA）が急激に増加した。
48年から94年の間にGATTに通報されたRTAは124件であった
が，95年のWTO創設以降，2020年までに500件ほどの発効済み
RTAが通報されている（図1-4）。日本も02年にシンガポールと締

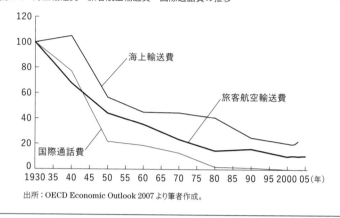

図 1-5 海上輸送費・旅客航空輸送費・国際通話費の推移

出所：OECD Economic Outlook 2007 より筆者作成。

結した FTA を皮切りに積極的に交渉を進め，18 年には環太平洋パートナーシップ協定，19 年には日 EU 経済連携協定（Economic Partnership Agreement: EPA），さらに 22 年には東アジアにまたがる地域的な包括的経済連携（Regional Comprehensive Economic Partnership Agreement: RCEP）協定と，加盟国数や加盟国の経済規模が比較的大きい RTA が発効している。

▷ **技術革新とグローバル・サプライチェーンの広がり**

　貿易自由化の進展は国際貿易拡大の主たる要因であるが，この間の情報通信技術（Information and Communication Technology: ICT）の発展など技術革新に伴う**取引コスト**の低減も貿易拡大に寄与したと考えられる。経済協力開発機構（Organisation for Economic Co-operation and Development: OECD）の試算によれば，海上輸送費，旅客航空輸送費，国際通話費は 1930 年当時と比べて 5 分の 1，10 分の 1，1000 分の 1 未満の水準にまで低下した（図 1-5）。

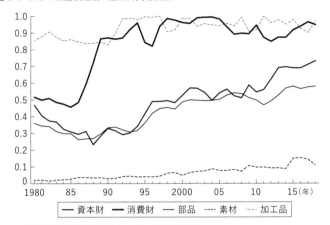

図1-6 日本の生産段階別の産業内貿易指数

出所：経済産業研究所 TID データベースより筆者作成。

　貿易自由化とともにこうした技術革新の進展によって，世界貿易の構造も大きく変容した。第1のグローバル化の時代では，工業品を輸出して農産品を輸入するといった主に異なる商品を互いに貿易しあうという産業間貿易であったが，第2のグローバル化の時代では，類似した商品を互いに貿易しあうという産業内貿易によって世界貿易全体が牽引されることとなった。図1-6は日本の生産段階別の貿易について産業内貿易指数（0に近いほど輸出あるいは輸入に偏り，1に近いほど輸出も輸入も盛んであることを示す。詳細は第6章を参照）の推移を示したものであり，全体として数値が経年的に上昇傾向にあることがわかる。さらに生産段階別にみると，産業内貿易の中身も，資本財や消費財といった最終財が相互に貿易されるだけではなく，加工品や部分品といった中間財についても同一産業内での貿易が近年活発化している。これは中間財の海外への供給

図1-7　スマートフォンのグローバル・サプライチェーン

ファーウェイ「P30 Pro」

部品数 **1631**

金額換算 **363.83**ドル

内訳（割合）

米国 🇺🇸	**15** 部品	(0.9%)
	59.36ドル	(16.3%)
中国 🇨🇳	**80** 部品	(4.9%)
	138.61ドル	(38.1%)
日本 🇯🇵	**869** 部品	(53.2%)
	83.71ドル	(23.0%)
韓国 🇰🇷	**562** 部品	(34.4%)
	28 ドル	(7.7%)
台湾 🇹🇼	**83** 部品	(5.0%)
	28.85ドル	(7.9%)

プリント基板
DRAM
NAND型フラッシュメモリー
加速度センサー
通信半導体など

カバーガラス
有機ELディスプレー

HUAWEI

リチウムイオン電池

カメラ

Q vdata

出所：「特集――中国・ファーウェイ，スマホ分解，見えた相互依存」『日本経済新聞』2019年6月27日，朝刊8面。

（輸出）とともに調達（輸入）も盛んに行われていることを意味しており，複数国に分散化した中間財の調達網をさすいわゆる**グローバル・サプライチェーン**に日本も組み込まれていることを示唆している。取引コストの削減はこうした国際分業を可能にし，関係国の間で貿易を活発化させているのである。

　私たちに身近な製品にも，グローバル・サプライチェーンによって生産が支えられているものが多い。たとえばスマートフォンは，使われている部品点数がモデルにもよるが約1000点といわれてお

り，それらの生産地はさまざまである。スマートフォンの世界シェア2位のファーウェイ社のスマートフォンは，使用されている部品の多くがアメリカ，中国，日本，韓国，台湾で生産されたものである。図1–7に示すタイプのスマートフォンの例では，部品点数が1631点あり，使われている部品のなかで金額ベースでは中国で生産されたものが最も多いが，部品点数では日本の部品が最も多く全体の53.2%を占め，金額ベースでも中国に次ぐ23%を占めている。これらの部品や加工品を複数国から調達し，製造に適した生産拠点に集約し最終製品としてスマートフォンに組み立て，複数の最終消費地に供給される。この過程において，複数国間で産業内貿易が活発化するのである。

　他方で，グローバル・サプライチェーンは部品供給などが途絶するリスクも抱えており，大きな経済ショックが生じるたびにサプライチェーンの複々線化や国内生産への回帰が議論されてきた。たとえば新型コロナウイルス感染症の蔓延時には，都市封鎖（ロックダウン）によって海外生産に依存していた部品等の供給が滞り最終製品の生産に大きな影響が出た。

▷　**付加価値でみる国際貿易**

　複数国の部品によって構成されている製品について，最終製品の輸出国の輸出額で貿易フローを測ってよいのだろうか。たとえばファーウェイ社のスマートフォンが中国からアメリカに輸出されていたとしよう。輸出価格が1台400ドルとしたとき，この輸出額で測ってしまうと日本の部品が部品総額の23%を占めているということを見過ごしてしまうことになる。また，日本の部品は，日本から中国への部品輸出と，中国からアメリカへの最終製品の輸出の両

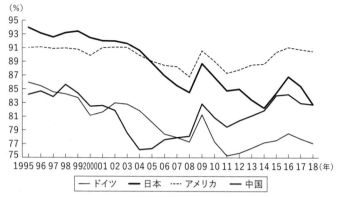

図 1-8 輸出額の国内形成付加価値率

（%）

1995 96 97 98 99 2000 01 02 03 04 05 06 07 08 09 10 11 12 13 14 15 16 17 18（年）

— ドイツ　— 日本　---- アメリカ　— 中国

出所：OECD, Trade in Value Added（TiVA）, 2021 データベースより筆者作成。

方に計上されているという意味において，輸出を二重に計上してしまうという問題もある。

　こうした問題を受けて，製品を構成する中間財などの付加価値をベースに貿易を捕捉しようとする **OECD 付加価値貿易統計**（TiVA）がある。これによると，製品の輸出価格をベースに集計した輸出額に対するその国が生み出した付加価値額の比率は，国によって大きく異なることが明らかになっている。日本の輸出のうち国内で形成された付加価値のシェアは，アメリカと同等に高く，1990 年代は90％ 台で推移していた（図 1-8）が，近年は海外生産・調達が増え，国内で形成される付加価値の割合は下落傾向にある。一方中国は，従来は低賃金労働を活用した低付加価値工程が国内の付加価値形成の中核であったが近年はハイテク財の開発・生産によって高付加価値化が進んでおり，2018 年には 82.8％ に達して日本と並んだ。付加価値貿易については第 3 章でグローバル・サプライチェーンに

よる国際分業の実態を俯瞰する際にも触れる。

2 相互依存関係の強まり

▷ 2国間双方向の貿易拡大

　国際貿易が拡大するなか，同一産業内で輸出と輸入が行われる産業内貿易の活発化とともに，相互に輸出入をしあう2国間貿易が盛んになっている。世界のあらゆる国と国のペアについて貿易関係の有無を考えたとき，そのタイプ分けには次の3つが考えられる。1つはまったく互いに貿易をしていない国との関係であり，もう1つはどちらかの国が相手国に輸出をしていて相手国側は輸出していないという一方的な貿易（unilateral trade）関係，いま1つは両国ともに互いに輸出も輸入もしている**2国間貿易**（bilateral trade）関係である。これら3つの貿易関係が国のすべてにペアに占めるシェアを，1950〜2014年までそれぞれ示したものが図1-9である。

　1950年には，2国間貿易の割合は13%程度であったが2014年には58%に上昇している。こうした2国間相互の貿易拡大は，互いに経済的な依存関係を深めるため，どちらかの国にショックが生じた際に，貿易相手国にも影響が飛び火しやすいことを意味する。たとえば08年の世界同時不況（リーマン・ショック）の際に，当初日本には金融面での影響は小さいと思われたが，貿易面では大きなショックを受けた。他方で，全く貿易関係を持たない国のペアも依然として全体の25%程度あり，すべての国家間で必ずしも貿易が広がっているわけではない。また，安全保障の脅威から特定の貿易相手国への依存を減らしたり，ロシアによるウクライナ侵攻への対

図 1-9　拡大する双方向の 2 国間貿易関係のシェア

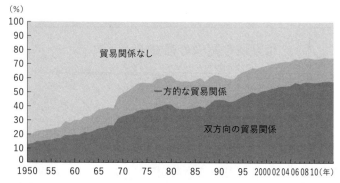

出所：Fouquin and Hugot［2016］Our World in Data "Trade and Globalization" ウェブサイトより筆者作成。

応から経済制裁によってロシアとの貿易を制限する動きが西側諸国を中心に広がるなど，近年は 2 国間貿易にも揺り戻しが生じている。

▷ 経済規模と距離が 2 国間貿易に影響

　次に日本の貿易相手国の変遷をみてみよう。表 1-1 は 1995 年から 2020 年まで 5 年おきに輸出入額の合計が多い上位 10 カ国を並べたものである。アメリカは 06 年まで日本の最大の貿易相手国であったが，07 年に経済成長著しい中国に替わった。日本の貿易額は米中 2 国との間の貿易で全体の約 3 割が占められており，経済規模の大きさが 2 国間貿易の貿易相手を決定付ける要因の 1 つであると考えられる。経済規模の大きい国はそれだけ多くの財・サービスを生産し，輸出することができるうえ，その生産によって得た収入から輸入を拡大させるからである。他方で，3 位と 4 位には経

表 1-1 日本の貿易相手国上位 10 カ国

	1995 年 730,796 億円	2000 年 925,926 億円	2005 年 1,226,059 億円	2010 年 1,281,646 億円	2015 年 1,540,195 億円	2020 年 1,364,100 億円
1 位	アメリカ 184,094 億円 (25.2%)	アメリカ 231,347 億円 (25.0%)	アメリカ 218,797 億円 (17.8%)	中国 264,985 億円 (20.7%)	中国 326,522 億円 (21.2%)	中国 325,898 億円 (23.9%)
2 位	中国 54,428 億円 (7.4%)	中国 92,158 億円 (10.0%)	中国 208,123 億円 (17.0%)	アメリカ 162,854 億円 (12.7%)	アメリカ 232,844 億円 (15.1%)	アメリカ 200,644 億円 (14.7%)
3 位	韓国 45,500 億円 (6.2%)	台湾 58,042 億円 (6.3%)	韓国 78,413 億円 (6.4%)	韓国 79,642 億円 (6.2%)	韓国 85,704 億円 (5.6%)	韓国 76,082 億円 (5.6%)
4 位	台湾 40,566 億円 (5.6%)	韓国 55,135 億円 (6.0%)	台湾 68,034 億円 (5.5%)	台湾 66,188 億円 (5.2%)	台湾 72,899 億円 (4.7%)	台湾 76,021 億円 (5.6%)
5 位	ドイツ 31,964 億円 (4.4%)	ドイツ 35,271 億円 (3.8%)	タイ 41,952 億円 (3.4%)	オーストラリア 53,402 億円 (4.2%)	タイ 58,581 億円 (3.8%)	タイ 52,626 億円 (3.9%)
6 位	香港 28,566 億円 (3.9%)	香港 31,094 億円 (3.4%)	香港 41,419 億円 (3.4%)	タイ 48,337 億円 (3.8%)	オーストラリア 57,649 億円 (3.7%)	オーストラリア 51,267 億円 (3.8%)
7 位	シンガポール 28,019 億円 (3.8%)	マレーシア 30,594 億円 (3.3%)	オーストラリア 40,766 億円 (3.3%)	インドネシア 38,706 億円 (3.0%)	香港 44,634 億円 (2.9%)	ベトナム 41,810 億円 (3.1%)
8 位	タイ 27,999 億円 (3.8%)	シンガポール 29,375 億円 (3.2%)	ドイツ 40,254 億円 (3.3%)	香港 38,381 億円 (3.3%)	ドイツ 44,190 億円 (2.9%)	ドイツ 41,515 億円 (3.0%)
9 位	マレーシア 25,647 億円 (3.5%)	タイ 26,117 億円 (2.8%)	サウジアラビア 36,315 億円 (3.0%)	サウジアラビア 37,173 億円 (2.9%)	マレーシア 40,541 億円 (2.6%)	香港 35,004 億円 (2.6%)
10 位	インドネシア 22,700 億円 (3.1%)	インドネシア 25,839 億円 (2.8%)	アラブ首長国連邦 33,303 億円 (2.7%)	マレーシア 35,321 億円 (2.8%)	アラブ首長国連邦 38,984 億円 (2.5%)	マレーシア 30,451 億円 (2.2%)

出所：財務省貿易統計ウェブサイト「貿易相手先国上位 10 カ国の推移」より抜粋。

済規模は相対的に小さいものの韓国や台湾といった，比較的日本と距離が近い国が並んでいる。5 位以下についてもタイやオーストラリアなど，欧米に比べて比較的距離が離れていないアジア・オセアニアの国々が続いている。このことから，物理的な距離も 2 国間

貿易を決定付ける要因として考えられる。

⬡ 重力方程式による2国間貿易の説明

　経済規模と距離が2国間貿易に影響与えるという見方は日本だ
けでなく，他国にも一般的に当てはまることが知られている。国際
経済学では，これらの影響を定量的に測る手法として，ヤン・ティ
ンバーゲンによって応用された**重力方程式**（Gravity equation）が使
われる（Tinbergen [1962]）。これは，「2つの物体が引き合う力は，
物体の質量に比例し，物体間の距離の2乗に反比例する」という
アイザック・ニュートンの万有引力の法則に準拠している。一般的
な貿易の重力方程式は次のように表され，引力は2国間の貿易額
に，質量は2国の経済規模（GDP）に置き換えられる。

$$2\text{国間の貿易額} = \frac{\text{輸出国の GDP} \times \text{輸入国の GDP}}{2\text{国間の距離}} \tag{1}$$

　ここで，左辺は2国間の貿易額であり，輸出国から輸入国への
輸出額を意味する。右辺の分子には経済規模として輸出国と輸入国
の GDP を，分母には2国間の物理的な距離をとり，前者は貿易額
に対して比例的な関係を，後者は反比例的な関係を持つ。実際のデ
ータでこのことを確認すると，おおよそこの関係が現実に当てはま
ることが確認できる。図1-10は，2015年のデータを利用して2国
間貿易額（対数値）を縦軸にとり，横軸には (1)式の右辺に当たる
2国の GDP の積と距離の比率（対数値）をとり，両者の関係を散布
図で示したものである。したがって1つひとつのドットはある特
定の2国ペアを表している。図から明らかなように，(1)式の左辺
と右辺の間には順相関の関係性があり，2国の経済規模が大きいほ

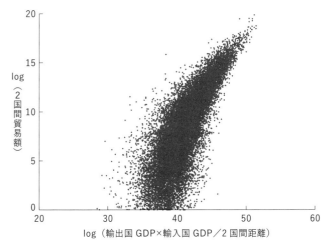

図 1–10 重力モデル散布図

縦軸: log（2国間貿易額）、横軸: log（輸出国 GDP×輸入国 GDP／2 国間距離）

出所：UN Comtrade および CEPII Gravity dataset より筆者作成。

ど貿易額は増え，距離が遠くなるほど貿易額が減ることになる。

　当然のことながら2国間の貿易は経済規模と距離だけでは決まらない。この他にもさまざまな要因が考えられ，(1)式の重力方程式に他の要因を表す指標を追加することで，これまで数多くの実証分析が追加要因による貿易への影響を示してきた（➡第10章）。たとえば2国が国境を接していることや，公用語が同じであること，植民地と宗主国の関係を持っていたこと，地域貿易協定の締結など共通の貿易ルールを採用していること，共通の通貨を導入していることなども2国間貿易へプラスの影響を持つことが報告されている。このように，重力方程式は国レベルのデータを主に扱うため比較的データも集めやすく，説明要因の追加など拡張も容易であること，そして驚くほど現実のデータとのフィットがよいため，国際経

済学のなかでも実証分析の蓄積が最も多いトピックの1つである。第10章では，重力方程式を用いて貿易に影響を与えるさまざまな要因の検証結果を紹介する。

3 生産要素の移動と国際経済取引の新しい形態

▷ **企業の多国籍化と技術移転**

　経済において生産物を生み出す本源的な要素のことを生産要素と呼ぶ。生産要素には資本・労働・土地の3要素があり，土地は元来移動できない性格のものであるが資本と労働は物理的な移動が可能な性格のものである。グローバル化が進む世界経済では，生産物のみならず，資本や労働の国境を越えた移動が活発にみられる。

　資本の移動は企業の海外進出を反映している。日本において“外資系企業”とは外国資本の企業をさしており，外国企業が出資して日本国内に新規の子会社を設立（グリーンフィールド投資）あるいは既存の日本企業を買収して進出（M&A投資）してきたことを意味する。こうした本拠地以外の外国でも事業活動を行う企業のことを**多国籍企業**（multinational enterprise: MNE）と呼ぶ。外国から日本にやってきている外資系企業も多国籍企業である。また，日本から外国に進出しているトヨタのような日本企業も多国籍企業である。企業の海外進出がどの程度活発化しているかは**外国直接投資**（Foreign Direct Investment: FDI）の統計から趨勢(すうせい)を読み解くことができる。国連貿易開発会議（UNCTAD）の統計によれば，対外直接投資のフローは1990年代以降急激に増加しており，ピークの2007年には2兆ドルを突破した（図1-11）。その後はいわゆるリーマン・ショッ

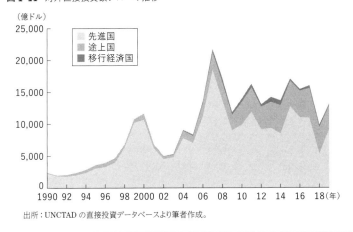

図 1-11 対外直接投資額フローの推移

（億ドル）

凡例：
- 先進国
- 途上国
- 移行経済国

出所：UNCTAD の直接投資データベースより筆者作成。

クを経て大きく減少しているが横ばいで推移している。とくに，2000 年代後半以降には発展途上国による直接投資もシェアを拡大させている。

　具体的にどのような企業が多国籍企業と呼べるのだろうか。表 1-2 は，対外資産の保有について上位 20 位の多国籍企業（非金融部門）を示している。1 位はイギリスの石油関連企業ロイヤル・ダッチ・シェルで売上高は 3300 億ドルにも上り，これはシンガポールの GDP（3597 億ドル，2019 年）に迫る規模である。2 位は日本のトヨタ自動車で売上高は 2700 億ドル余りとなり，これはベトナムの GDP（2603 億ドル，2019 年）を超える規模である。上位 25 位のなかには，日本からはトヨタのほかに，ソフトバンクグループ，本田技研工業，武田薬品工業がランクインしている。

　このように，多国籍企業には一国の経済規模に匹敵するような巨大企業が多数存在し，売上高の海外比率からわかるようにその多く

表 1-2 海外資産上位 25 位の多国籍企業（非金融業，2019 年）

海外資産	企 業	本 国	産 業	総売上高 （100 万ドル）	海外売上比 （%）
1 位	ロイヤル・ダッチ・シェル	イギリス	鉱業，採石，石油	331,684	83.4
2 位	トヨタ自動車	日本	自動車	275,390	68.2
3 位	BP	イギリス	石油精製・関連産業	278,397	77.3
4 位	ソフトバンクグループ	日本	情報通信	56,910	51.5
5 位	トータル SA	フランス	石油精製・関連産業	175,985	78.1
6 位	フォルクスワーゲングループ	ドイツ	自動車	282,776	80.6
7 位	アンハイザー・ブッシュ・インベブ NV	ベルギー	食料品・飲料	52,251	84.9
8 位	ブリティッシュ・アメリカン・タバコ	イギリス	タバコ	32,998	76.5
9 位	ダイムラー AG	ドイツ	自動車	193,357	84.8
10 位	シェブロン	アメリカ	石油精製・関連産業	140,156	53.9
11 位	エクソンモービル	アメリカ	石油精製・関連産業	255,583	48.4
12 位	ボーダフォングループ	イギリス	情報通信	49,971	85.1
13 位	フランス電力	フランス	電力，エネルギー	79,827	38.4
14 位	CK ハッチソン・ホールディングス	香港	小売業	38,163	85.3
15 位	本田技研工業	日本	自動車	137,382	84.5
16 位	エネル	イタリア	電力，エネルギー	86,597	32.7
17 位	シーメンス AG	ドイツ	産業用・商業用機械	97,957	78.9
18 位	中国石油天然気集団	中国	鉱業，採石，石油	410,023	41.9
19 位	ドイツテレコム	ドイツ	情報通信	90,140	69.5
20 位	BMW	ドイツ	自動車	116,644	87.1
21 位	マイクロソフト	アメリカ	コンピューター・データ処理	125,843	49.0
22 位	ジョンソン・エンド・ジョンソン	アメリカ	医薬品	82,059	47.7
23 位	アップル	アメリカ	コンピューター機器	260,174	60.7
24 位	武田薬品工業	日本	医薬品	30,283	82.0
25 位	ゼネラルエレクトリック	アメリカ	産業用・商業用機械	95,215	58.7

出所：UNCTAD の *World Investment Report 2019*, Annex table 20 より一部抜粋。

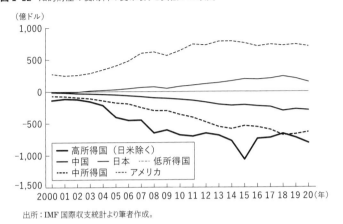

図 1-12 知的財産の使用料の受け取りと支払いの収支

（億ドル）

凡例：
高所得国（日米除く）
中国　　日本　　低所得国
中所得国　　アメリカ

出所：IMF 国際収支統計より筆者作成。

が本国以外の事業活動によって支えられている。多国籍企業はグローバルな事業活動を通じて国際貿易や一国経済に大きな影響を与えている。たとえば貿易面では，本国の親会社と海外子会社との間の部品の供給や調達などの貿易取引が活発に行われ，国際貿易では親子会社間の**企業内貿易**としてその存在感が増している。

　多国籍企業の海外進出に伴って海外子会社への**技術移転**も活発化している。図 1-12 は特許・商標・著作権といった知的財産権の使用料の収支（受取額―支払額）を示したものである。アメリカが圧倒的な輸出超を誇っており，とくにソフトウェアやコンピューター・プログラムの著作権使用料の受け取りが拡大した 2000 年以降に黒字を伸ばしている。技術輸出の行き先は他の先進国や中所得国であり，これらの国の多くが輸入超となっている。日本は緩やかではあるが輸出黒字に拡大傾向がみられる。総務省「科学技術研究調査」によると，10 年の日本の技術輸出は約 2 兆円，20 年には約 3.7 兆

図1-13 行き先別の移民数（ストック）

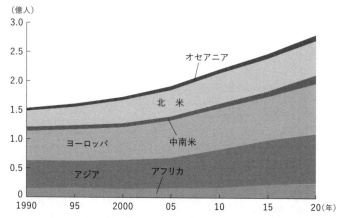

（億人）

出所：国連『国際移民ストック2019（*International Migrant Stock 2019*）』より筆者作成。

円に増加し，うち海外子会社への技術輸出の割合も70％から20年は74％に増えている。技術輸出の多くが多国籍企業の内部で行われ，直接投資を通じた技術移転が盛んに行われていることを表している。

　直接投資の投資受け入れ国の経済には，高度な技術知識の波及効果や，雇用創出の効果が期待できる一方で，投資元の国は国外移転に伴う生産や雇用の喪失，技術流出などいわゆる**産業空洞化**の懸念が残る。第3章ではこうした企業の多国籍化がもたらす国際貿易との関連性や経済への影響についてみていく。

▷ **移民・外国人労働者**

　生産要素の移動として，労働の国境を越えた移動の拡大もグローバル化の1つの側面である。図1-13に示すように，世界の移民受

け入れ数は 1990 年の年央値で 1.5 億人余りであったが，2019 年には 2.7 億人余りに増加しており，その約半数は北米（22%）とヨーロッパ（30%）で占められている。さらに国別に分解すると，これら世界の移民の約半数は 10 カ国に集中しており，とりわけアメリカは 20 年時点で 5063 万人の移民を受け入れていて，これは全世界の移民の約 2 割に相当する規模である。受け入れ数の次点はドイツの約 1576 万人であり，その後にサウジアラビア，ロシア，イギリス，アラブ首長国連邦，フランス，カナダ，オーストラリア，スペインと続く。日本でもコンビニエンス・ストアや外食チェーン店で**外国人労働者**と日常的に接する機会も増えているが，日本は定住を目的とした移民は基本的に受け入れておらず，もっぱら外国人労働者の一時的な受け入れという形で一定の制限のもとに受け入れている。

移民の受け入れ増加は主に近隣の低賃金国からもたらされ，受け入れ国の労働力として生産に寄与する一方で，国内の労働者の職が脅かされることや，社会保障費の増加や治安の悪化などへの懸念が高まりつつある。2010 年代後半にはこうした移民受け入れによる影響への懸念から，イギリスの欧州連合（European Union: EU）離脱やヨーロッパ内での反移民を掲げる極右政党の躍進，アメリカ・トランプ政権時の移民規制措置など，移民受け入れに消極的な姿勢や反対する政策が台頭している。

その一方で，欧米と対照的に日本では，国内の労働力不足から 2019 年に改正入管法が施行され，人材不足が深刻な 14 業種を対象に一定の技能と日本語能力のある人に限り就労を目的とした外国人労働者の受け入れを拡大した。21 年 10 月末の外国人労働者数は約 173 万人となり，過去最高となった。

▷ サービス貿易

　国境を越えた取引は，物品に限らずサービスにも広がっている。物品とサービスにはその性質に大きな違いがある。一般的に物品は生産と消費が同時には行われない。これは，生産地で生産された製品が消費地まで輸送されるためである。しかし，サービスは有形のものではなく無形のものであり，輸送したり貯蔵しておくことができない。このため，サービスは物品のように生産と消費を切り離すことができず，生産と同時に消費される性質がある。たとえば大学の講義も教育サービスと捉えれば，教員と学生によって同時に生産（教授）と消費（受講）が行われている。こうしたサービスには金融・保険業や，不動産業，運輸業，飲食宿泊業などが該当するが，では輸送できないはずのサービスが国際貿易ではどのように捉えられるのだろうか。世界貿易機関（WTO）では**サービス貿易**の要件として次の4点を挙げている。

　　①越境取引：ある国のサービス事業者が，自国に居ながらにして外国の顧客にサービスを提供する場合

　　②国外消費：ある国の人が，外国を訪れた際に現地のサービス事業者からサービスの提供を受ける場合

　　③拠点設置：ある国のサービス事業者が，外国に支店・現地法人などの拠点を設置してサービスの提供を行う場合

　　④自然人の移動：ある国のサービス事業者が，社員や専門家を外国に派遣して，外国の顧客にサービスを提供する場合

　サービス貿易（輸入）が身近に感じられる取引形態の具体例を挙げてみる。たとえば，海外旅行に行く際に外資系航空会社を利用する場合や，オンラインで外国企業が提供する英会話サービスや音楽や動画配信サービスを利用する場合は，国境を越えたサービスの提

図 1-14 対 GDP 比サービス貿易額の推移（1996～2020 年）

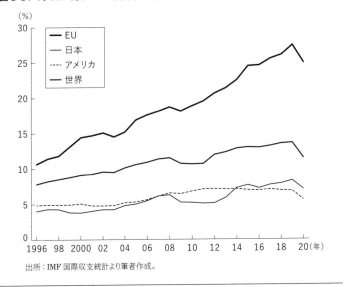

出所：IMF 国際収支統計より筆者作成。

供となり，①越境取引によるサービス輸入に該当する。さらに，現
地でオプショナル・ツアーに参加してその国のサービス提供者に対
価を支払った場合，上記の②サービスの国外消費に該当し，これも
サービス輸入に当たる。日本国内で展開する外国のチェーン店で食
事をした場合は，③拠点設置を通じたサービス提供を受けたことに
なる。海外の有名アーティストが来日し，コンサート・チケットを
購入した場合には，④自然人の移動によるサービス提供に該当し，
この場合もサービス輸入となる。

　このように，サービス貿易は身近なものになっており，近年増加
傾向にある。国際収支統計ではサービス貿易が捕捉されている。図
1-14 は，GDP に占めるサービス貿易額の割合を 1996 年から 2020
年まで示している。全世界でみても 96 年の 6％ から 13.5％ へ増え

ており，とくに EU の伸びは顕著である。日本のサービス貿易もアメリカと同様に，世界平均に比べると GDP に占める割合が低いものの緩やかに上昇する傾向にある。とくに 10 年代後半は外国のサービスの利用や，訪日外国人観光客の増加により顕著な増加がみられる。他方で 20 年には，世界的な蔓延となった新型コロナウイルス感染症が，とくに人との接触が生じるサービス産業に深刻な影響を与えたことから，サービス貿易にも急激な減少があったことが読み取れる。とりわけ人の移動制限によって，4 要件のうち②サービスの国外消費と④自然人の移動によるサービス提供によるサービス貿易が大きく減少した。その一方で，①越境取引によるサービス輸入に含まれるインターネットを介したサービス利用が拡大した面もある。こうしたデータ通信を伴う貿易は，次節で扱う「デジタル貿易」と呼ばれ，対面接触の制限が求められたコロナ禍でさらに活発化した。

デジタル貿易

　第 4 次産業革命により経済のデジタル化がいっそう進むなか，従来の生産要素に加え新たに「データ」が経済活動の重要な要素になりつつある。情報通信技術の発展とともに，人工知能（Artificial Intelligence: AI）やモノのインターネット（Internet of Things: IoT）といった新技術の普及に代表される第 4 次産業革命はあらゆる産業に影響し，新しいビジネスを生むなど産業構造を大きく変化させている。こうした新技術の社会実装には，データの収集・加工・分析による利活用が欠かせなくなっている。

　経済のグローバル化とともにデジタル化が進むなか，物品をオンライン上で電子的に注文することや e-mail やダウンロードという

図 1-15　デジタル貿易の概念

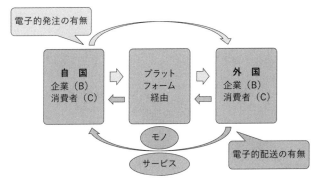

電子的発注の有無

自　国	プラット	外　国
企業（B）	フォーム	企業（B）
消費者（C）	経由	消費者（C）

モノ
サービス

電子的配送の有無

出所：OECD, WTO and IMF［2020］Annex 2.A. を参考に筆者作成。

形で電子的に配送されるサービスが増えている。OECD, WTO, IMF は，こうした新興の取引を捕捉する**デジタル貿易**という概念を示している（OECD, WTO and IMF［2020］）。デジタル貿易は，電子的発注の有無，プラットフォームの経由の有無，電子的配送の有無，取引形態（企業対企業取引［B to B］か企業対消費者取引［B to C］かなど）の別に分けられる。図 1-15 はその概念を描写したものである。

　具体例を挙げれば，たとえば B to B のモノの取引では，自国企業がオンライン上のショップを持つ外国企業から部品を購入し，部品は物理的に配送されるケースである。この場合，まず自国企業が外国企業に直接電子的に発注し，仕様など発注に必要なデータが送信される。発注を受け，外国企業が部品を生産，物理的に自国の企業に配送する。B to C のモノの取引で身近な例は，消費者がオンライン上のプラットフォーム（Amazon 等）を利用して外国の商品を購入する**電子商取引**（EC）などが該当する。この場合はプラットフォームを経由して電子的に発注される。サービスでも身近に利用

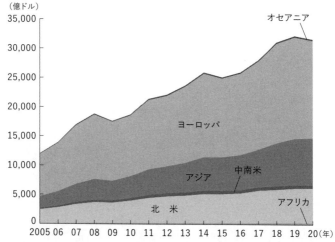

図1-16 デジタル配送可能なサービス貿易額

（億ドル）

オセアニア

ヨーロッパ

中南米

アジア

北　米

アフリカ

2005 06 07 08 09 10 11 12 13 14 15 16 17 18 19 20（年）

出所：UNCTAD データベースより筆者作成。

されている。海外旅行の際のオンライン上での宿泊予約を外国のホテルのサイトで直接行ったり，宿泊予約のプラットフォーム（Booking.com 等）で予約する場合，電子的に発注し，サービスは旅行期間中に物理的に供給される。また，Uber Eats（米）などでスマートフォン・アプリで発注・決済を電子的に行い，デリバリー・サービスは物理的に供給される場合も，デジタル貿易のサービス輸入と捉えられる。こうした事例は，近年サービスの展開が国内にも広がっているシェアリング・サービスなどにも当てはまるといえる。

デジタル貿易は，データ移転に裏付けられたモノやサービス貿易を捕捉しようとする国際貿易の新しい概念ゆえに，統計データによってその貿易量を正確に測ることは容易ではない。しかし，デジタル貿易のうち電子的な配送が可能なサービス貿易に限れば既存のサ

図1-17 世界の越境データ通信量

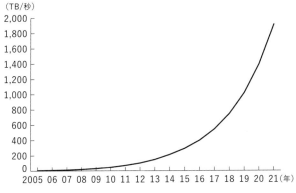

（TB/秒）

出所：経済産業省『通商白書2019』第Ⅱ−1−1−3図。

ービス貿易統計から接近できる。図1−16は，金融・保険，知的財産，情報通信サービス，その他のビジネス・サービス，動画や音楽配信など視聴覚サービスといった電子的配送が可能なサービスの輸出入額を地域別に積み上げ方式で示したものである。世界全体で電子配送可能サービス貿易額は2005年の1.2兆ドルから20年には3.2兆ドルへ上昇しており，ヨーロッパが大きなシェアを占める一方で，デジタル経済化が急速に進むアジア地域での貿易額拡大も顕著である。

　ここで挙げたデジタル貿易以外にも，データが国境を越えて移転されることがある。たとえば，多国籍企業が海外進出先で雇用した従業員のデータや，現地で収集した顧客データ，IoTを通じて収集した製品に関するデータなどは，本国親会社との間で共有する場合に越境データ移転が生じる。ここではデジタル貿易の前提となる越境データ移転について，捕捉可能な越境データの通信量でみてみよ

コラム1　どんな企業が越境データ移転しているか　デジタル貿易の拡大に伴い急激に増加している，国境を越えたデータ移転は，公的統計が整備されておらず実態を捕捉することが困難なため，企業へのアンケート調査によって接近を試みようとする研究がある。たとえば Tomiura らは，製造業・卸売業・情報関連サービス業の日本企業約 4000 社について，国内と海外で業務を通じたデータを常時収集しているかどうかを調査している（Tomiura et al. [2020]）。この場合のデジタル貿易は，たとえば建機やエレベーターの販売先から IoT で利用状況をデータ収集し，メンテナンス・サービスを供給する事例などが想定される。調査結果から下図に示すように，データ収集していない企業（2891 社）に比べて国内でデータ収集している企業（691 社）は生産性が高く，国内に加えて海外でもデータ収集している企業（443 社）の生産性が最も高い。この傾向は，輸出や外国直接投資（FDI）をしていることを考慮してもなお生産性の格差が残るという。この結果は，データ移転には一定の固定費用がかかると考えると理解できるかもしれない。デジタル貿易に欠かせない海外でのデータ収集には，現地のデータ移転規制への適応やサーバーやネットワーク構築に関わる追加的な固定費

図　企業のデータ収集活動の有無と生産性の関係

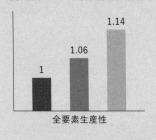
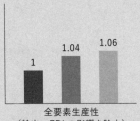

全要素生産性

全要素生産性
（輸出・FDI の影響を除去）

■ データ収集なし　■ 国内でのみデータ収集　■ 国内・海外でデータ収集

注：全要素生産性については第 7 章コラム 4 を参照。
出所：Tomiura et al. [2020] の結果から筆者作成。

用が発生するため，こうした固定費用をまかなえる生産性の高い企業が，海外データ収集やそれに伴うデジタル貿易に参入できると考えられる。

う。

　図1-17は世界の越境データ通信量（TB〔テラバイト〕／毎秒）の推移を示している。とくに2010年以降，まさに指数関数的に国境を越えたデータ通信量が増加していることがわかる。デジタル貿易や企業のグローバルな事業活動のデジタル化のさらなる発展には，自由なデータ流通が欠かせない要素になっている。その一方で，越境データ移転には**個人情報保護**やデータ漏洩への対処，データに関連した知的財産権の保護も求められる。こうしたことから，単にデータ流通の自由化を求めるのではなく，プライバシーやセキュリティ，知的財産権保護の観点も兼ね揃えた「信頼性のある自由なデータ流通」（Data Free Flow with Trust: DFFT）がめざされている。

本章の問いの答え

　グローバル化は複層的に構成されており，その動向を捉えるためには本章で示したようなさまざまなデータにアクセスする必要がある。たとえば世界経済の動向をみるためには次のデータベースが役立つ。

●世界経済全般のデータ

　・World Bank Open Data：世界各国の経済，教育，環境，公衆衛生などさまざまなデータが公開されている。

- IMF：世界各国の国際収支統計や為替レートや金利など金融関連のデータが豊富。
- Our World in Data：環境汚染や感染症の蔓延，食糧問題などトピックごとにさまざまなデータが紹介されている。

●貿易データ
- UN Comtrade Database：国連による世界各国の品目レベル（HS コード 6 桁）の財とサービスの貿易データ。
- 財務省貿易統計：日本と他国との貿易について，品目別に月次で比較的タイムリーに捕捉可能な貿易データ。
- RIETI-TID データベース：経済産業研究所による 73 カ国・地域，14 産業別・5 生産工程別の貿易データ。
- OECD 付加価値貿易統計（TiVA）：OECD による貿易額の付加価値ベースのデータベース。OECD 加盟 36 カ国のほか，28 カ国，36 産業について利用可能。
- OECD International Trade in Services Statistics：サービスの分類別に 2 国間サービス貿易額が利用可能。

●外国直接投資データ
- UNCTAD stat：世界各国の対内・対外直接投資額等のデータベース。
- OECD International Direct Investment Statistics：2 国間フロー・ストックの直接投資額データベース。
- 経済産業省「海外事業活動基本調査」：日本企業の海外進出の状況や現地での事業活動の概要について集計データが公開。

●移民データ
- International Migrant Stock 2020：出発地―到着地・性別の移民数ストックデータ。

●デジタル貿易

　・UNCTAD の Digital Economy 関連データ：ICT 製品・サービス
　　の貿易，電子的な配送が可能なサービスに関する金額等のデータ。

⚡ *Report assignment*　レポート課題

1.1　日頃の消費行動のうち，財貿易，サービス貿易，デジタル貿易に該当しそ
うなものをそれぞれ挙げて，国際貿易がどの程度身近なものなのか確認してみよ
う。また，そこで挙げた消費行動がどのような統計に反映されうるのか確認し，
データが取得可能なものがあればその特徴と傾向について調べてみよう。

1.2　OECD 付加価値貿易統計（TiVA）によると，輸出額に占める国内付加価値
の割合は日中間でその差が縮小し，2018 年には同水準となっている。この背景
にはどのようなことが考えられるか議論してみよう。

1.3　グローバル・サプライチェーンによって生産が支えられている最終製品に
は，どのようなものがあると思われるか考えてみよう。そのうえで，グローバ
ル・サプライチェーンのリスクについて議論してみよう。

⚡ *Exercise*　演習問題 ⚡

1.1　次の経済活動は，サービス貿易の 4 つのモード（越境取引・国外消費・拠
点設置・自然人の移動）のうちどのモードに該当するか答えなさい。
  （1）カナダのサーカス団の日本公演を観に行った。
  （2）アメリカで人気のパンケーキ屋が日本に進出したので，友人と外食した。
  （3）ハワイに旅行に行く際に外資系航空会社を利用し，航空券をクレジッ
　　　ト・カードで購入した。
  （4）フランスに旅行に行った際に，現地でフランスのツアー会社が企画する
　　　オプショナル・ツアーに参加した。
  （5）アメリカの動画配信サービスをインターネット上で契約し，映画やドラ
　　　マを視聴した。

1.2　**1.1** の選択肢のうち，いわゆるデジタル貿易に該当すると思われるものを
挙げなさい。

グローバル化と
保護主義

2021 年 1 月トランプ氏支持者らに占拠される米議会（写真提供：AFP ＝時事）

Quiz クイズ

Q 2.1 衆議院議員選挙に立候補する場合，どのくらいの費用がかかるだろうか。
a. 300 万円　**b.** 500 万円　**c.** 1000 万円　**d.** 1500 万円以上

Q 2.2 次の 2 つの質問について自分の態度を答えよう。
① 1/100 の確率で 100 万円当たる宝くじがある。1 枚 2000 円で買うか。　→買う・買わない
②あなたは 1/100 の確率で 100 万円当たる宝くじを持っている。1 枚 2000 円で他人に譲るか。　→譲る・譲らない

Answer クイズの答え

Q2.1 d.

1500万円以上と一般にはいわれている。一定の得票を得られなければ返還されない供託金300万円，選挙ポスターやビラ関連費（一部は公費負担），事務所費，人件費などかなりの支出が発生し，選挙区が大きい場合や当選回数が少ない場合にはさらに費用がかかる傾向があるという。このためいわゆる三バン，カバン（政治資金基盤）・カンバン（知名度）・ジバン（後援会組織）を親族から引き継ぐ世襲候補が立候補・当選しやすい。落選した場合，多くの場合無職で収入基盤を失っているため，非常に不安定な職業といえる。政治家が特定の政策に敏感なのは，政治理念の他に選挙の当落への不安が影響している可能性がある。

Q2.2

この2つの質問への回答の組み合わせのうち，①買わない＋②譲らないと回答した人は本章で紹介する行動バイアスに囚われている可能性がある。どのような行動バイアスなのか読み進めて確認してみよう。

Keywords キーワード

貿易摩擦，世界恐慌，スムート＝ホーリー関税法，ブロック経済，世界同時不況，貿易崩壊，輸入競争，現状維持バイアス，政治献金，ロビー活動，投票コスト，サイレント・マジョリティー，中位投票者定理，グローバル・バリュー・チェーン，一帯一路，米中貿易摩擦，サプライチェーン，都市封鎖（ロックダウン），半導体，経済安全保障，偽装保護，データ・ローカライゼーション

Chapter structure　本章の構成

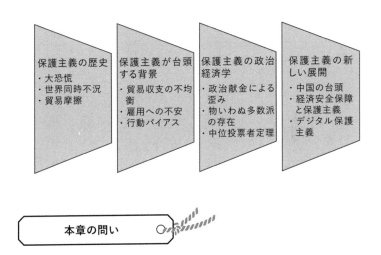

保護主義の歴史
・大恐慌
・世界同時不況
・貿易摩擦

保護主義が台頭
する背景
・貿易収支の不均
　衡
・雇用への不安
・行動バイアス

保護主義の政治
経済学
・政治献金による
　歪み
・物いわぬ多数派
　の存在
・中位投票者定理

保護主義の新
しい展開
・中国の台頭
・経済安全保障
　と保護主義
・デジタル保護
　主義

本章の問い

　本章では，20世紀以降の保護主義の歴史を振り返りつつ，保護
主義の新しい展開にも目を向けながら，保護主義の要因に経済面に
限らず政治的な要素があることを示していく。

　保護主義は，これまでどのようなときに台頭したのだろうか。近
年では，アメリカのトランプ政権（2017~21年）が"アメリカ・フ
ァースト"を掲げ，大統領自身も"I am a Tariff Man"（私は関税マ
ン）と宣言し，自国産業の保護のため輸入品への追加関税をかけた
ことが記憶に新しい。なぜアメリカで保護主義的な政策が支持され
たのであろうか。

1 保護主義の歴史

▷ 大恐慌（1929年〜）

　自国産業の保護を目的とした，輸入制限措置などの保護貿易政策は，景気後退や外国との**貿易摩擦**と密接な関係性がある。本節では，歴史を振り返り保護主義が台頭した出来事を紹介しつつ，その背景にはどのようなことが考えられるのか示したい。世界的な保護主義の台頭を招いた代表的な例として，**世界恐慌**（大恐慌）が挙げられる。これは1929年のアメリカの株価大暴落に端を発し，30年代後半まで続く世界的に波及した景気後退をさす。とくにこの不況は，アメリカで30年に制定された，**スムート＝ホーリー関税法**が影響しているという見方がある。この法律は，当初はアメリカの農業保護のための輸入制限という意味合いがあったが，大恐慌によって不況が深刻化すると他の産業にも広く関税率の引き上げが行われ，国内産業保護の色彩を強めた。

　当時は多国間の国際貿易ルールがほとんど整備されておらず，関税引き上げによる報復合戦という保護貿易政策の応酬に発展し，国際貿易を縮小させた。図2-1（1）は当時の世界貿易の縮小を示したものである。外側の9時の位置にある1929年1月から，螺旋状の最も内側にある33年1月の水準まで，世界貿易は3分の1に縮小した。33年にはバイ・アメリカン法も制定され，アメリカ政府が調達する物資・サービスについて，国産品を優先することが定められ，保護主義的な政策がさらに強化された。こうした自国産業保護の姿勢や報復関税の応酬は，植民地など自国の勢力下にある特定

図 2-1 世界貿易の縮小

（1）　世界恐慌時

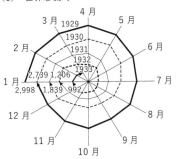

（2）　世界同時不況時

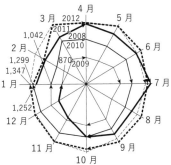

出所：Ghosh and Qureshi ［2017］ 図 1.17 より。

の国との間で貿易関係を強め，域外の他国に対しては排他的な経済圏を構築しようとする**ブロック経済化**を招き，のちの第 2 次世界大戦の遠因になったとされる。

▷　**世界同時不況（2008 年～）**

　大恐慌と並んで貿易の急減が比較されるのが，**世界同時不況**である。2008 年のアメリカのサブプライム・ローン問題を震源とする

金融危機は，世界的な信用収縮を招き，世界経済は資産価格の急落や急激な需要減退など大きな景気後退に直面した。世界は同時不況に陥り，大恐慌時のように国際貿易を通じて各国の実体経済に大きな影響を与えた。国際貿易の落ち込みがあまりに急激だったことから，**貿易崩壊**（trade collapse）とも呼ばれている。この様子は大恐慌時と比較した図 2-1（2）からも読み取れる。貿易崩壊は，リーマンブラザーズ証券が倒産した 08 年 9 月（図中 5 時の位置）から 09 年 1 月にかけて顕著な落ち込みをみせている。なかでも日本は，サブプライム・ローンによる直接の影響は限定的だったものの，景気後退によって危機直後から貿易を大きく減らし，わずか 4 カ月で輸出が前年同月比で半減するなど，他の主要国に比べ顕著な減少率を示した。

　2 つの歴史的な経済ショックは貿易の急減という特徴を持ちつつも，回復のスピードでは大きな違いをみせている。図 2-1（2）においても，螺旋状に貿易が縮小し続けた大恐慌時と異なり，2009年 10 月から 11 月にかけて 08 年の落ち込みと交差して V 字回復を遂げていることがわかる。世界同時不況時は，危機直後には現地調達要求や国内生産者への補助金など国内産業を保護しようとする国が続出したものの，比較的早期に保護主義の抑制が機能したのである。この背景には，危機の深刻化を受けて新興国も含めて初めて開催された G 20 サミットや，OECD，世界貿易機関（WTO）による貿易制限措置に対する監視や抑止が働いたことが大きい。保護主義の台頭を防ぐためには自国優先主義を抑止する国際協調が欠かせない。

▷　**貿易摩擦と保護主義**

　保護主義の 1 つの要因として，他国との貿易摩擦がある。日本

も，戦後の高度成長期を経て輸出が拡大するにつれて，アメリカとの間でたびたび貿易摩擦が顕在化した。1970 年代には繊維製品，テレビ，鉄鋼製品が，80 年代には主に自動車や半導体をめぐって摩擦が激化した。とくにアメリカは，88 年に包括通商競争力法によっていわゆるスーパー 301 条を制定し，不公正な貿易の場合に貿易相手国に対して報復措置がとれるようにした。日本側は摩擦緩和のため輸出数量を制限する輸出自主規制（voluntary export restriction: VER）や，輸出からアメリカ国内での現地生産への切り替えによって貿易摩擦に対処した。その後，貿易摩擦は 89 年からの日米構造協議，93 年からは日米包括経済協議を通じた日本国内の経済構造の改革に交渉対象が及んだ。

　2000 年以降は徐々に中国が台頭し，アメリカの貿易摩擦の相手国も日本から中国にとって代わることとなった。とりわけ，保護主義的な貿易政策を大統領選挙の公約に掲げ 16 年にアメリカ大統領に選出されたドナルド・トランプは，中国による知的財産権の侵害など不公正な貿易慣行や政策に対する制裁措置として，中国からの輸入品に追加関税を課すなど貿易赤字の最大の相手国となった中国に厳しい姿勢で応じた。これに対して中国も，アメリカ製品に対してただちに報復関税を発動したことから，両国間で保護貿易政策の応酬に発展し，世界経済にも深刻な影響を与えることとなった。日本企業も米中摩擦や保護主義的な政策による影響を回避するため，サプライチェーンを再編し，中国からベトナムやタイへ生産を移管したり，国内回帰させたりする動きもみられた。

2 保護主義が台頭する背景

▷ 貿易収支の不均衡

貿易摩擦は，貿易収支の不均衡が恒常化していることが１つの要因といえる。不均衡の背景には，どのような構造があるのだろうか。ここでは，簡単なマクロ経済の枠組みから貿易収支の不均衡を読み解く。一国経済で供給されるものは，国内で家計が消費するもの，政府が調達するもの，企業が投資によって使うもの，そして外国との貿易を通じて消費されたりまかなわれたりするものと考えられる。このことはマクロ経済の基本式で次のように表される。

$$Y(国内生産) + M(輸入) = C(消費) + I(投資) + G(政府支出) + X(輸出)$$

上式の左辺は，国内生産に輸入を加えた国内総供給を示しており，その需要先が右辺に家計・企業・政府・外国の順に並べられ，家計の消費，企業による投資，政府による公共事業等の政府支出，そして外国への輸出に分けられる。

いま知りたいことは貿易収支（輸出—輸入）なので，次のように移項する。

$$X - M = Y - (C + I + G)$$

この式から，貿易収支が国内生産（Y）と国内需要（$C + I + G$）の大小関係によって決定されることがわかる。すなわち，国内で生産する以上に国内需要がある場合（$Y < C + I + G$）には輸入超過で貿易赤字となり，国内需要を超える水準の国内生産がある場合（$Y > C +$

$I+G$）には余剰生産分が輸出されることになり，貿易黒字となる。2 国間で貿易黒字と赤字が恒久的に存在している場合には，互いの国で需給のバランスが対照的になっている。米中間の貿易収支不均衡も，アメリカの過剰消費と中国の過剰貯蓄という構造的な要因があり，不均衡を是正するためには貿易相手国を一方的に非難するのではなく，互いにこうした国内の状況を変えていく努力が必要となる。

雇用への不安

　保護主義のもう 1 つの要因は，**輸入競争**による雇用への影響である。米ピュー・リサーチ・センターのアンケート調査によると，「貿易は良いことだ」と答えるアメリカ人は 74% と多数派である一方，「貿易が雇用をもたらす」と考える人は 36% にとどまり，雇用の面では貿易が利益をもたらすものと捉える人が少ないことが示されている。実際にアメリカでは，中国からの輸入増加によって競合する産業で雇用が失われたという研究もある。デビッド・オーターらの研究によると，とくに輸入が拡大した 1999 年から 2011 年にかけて，200 万～240 万人の雇用が製造業において喪失したとされている（Autor et al. [2013]）。トランプ大統領が選出された 2016 年の大統領選挙でも，中国からの輸入競争にさらされている地域ほど共和党の得票が伸びたことが明らかにされている（Autor et al. [2020]）。

　日本もアメリカと同様に貿易の利益に懐疑的な人が多い。先のピュー・リサーチ・センターの調査は日本をはじめ他国においても実施されており，とくに日本は表 2-1 に示すように「貿易は良いことだ」と答える人が多数派である一方で「貿易は雇用をもたらす」

表 2-1　日本人の貿易の雇用面への不安

	（単位：%）
貿易は良いことだ	72
貿易は悪いことだ	21
貿易は雇用をもたらす	21
貿易は雇用を減らす	32
貿易は賃金を上げる	15
貿易は賃金を下げる	35
貿易は価格を下げる	21
貿易は価格を上げる	39

出所：Pew Research Center, *Spring 2018 Global Attitudes Survey*.

と回答する割合が 21% とアメリカよりも低い。賃金や価格に関する貿易の影響についても，貿易の利益を否定的に捉えている人の方が比較的多いことが明らかにされている。

　雇用不安は自分自身に限ったことではない。近親者や，あるいは居住する地域で輸入増加による失業が生じることが懸念される場合，自分自身は直接影響を受けなくても保護主義的な政策を好むかもしれない。経済産業研究所が日本全国 1 万人に実施したアンケート調査（平成 23 年度「貿易政策への支持に関する調査」）に基づく実証分析によると，貿易自由化によって輸入品との競合が懸念される，農林水産業で働く人でなくても，農林水産業の就業者が多い地域に居住する人は貿易自由化に反対する傾向が強まる（Ito et al. [2019]）。さらにその傾向は，他地域へ引越をする意向や計画がない人の方が，引越の意向や計画がある人よりも強く，貿易自由化による地域経済への打撃を懸念していることがうかがえる。貿易自由化の推進には，打撃を受ける地域への補償や，輸出への参加を支援するなど地方経済の活性化も同時に考えていく必要がある。

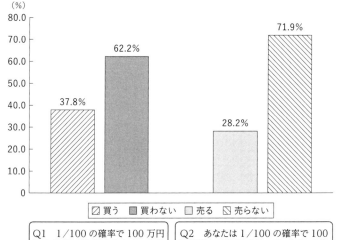

図2-2 保有効果を示す人々の不整合な回答

出所：Tomiura et al.［2016］より筆者作成。

▷ 行動バイアス

保護主義的な態度を生む背景には，雇用不安といった経済的な要因に限らず，非経済的な要因も影響している。その1つが，人々の深層心理にある**現状維持バイアス**であることが，行動経済学の知見を取り入れた研究によって明らかになっている。行動経済学では，人々は意思決定において変化や未知に起因する影響を恐れ，その心理的な負担を回避するため現状を維持しようとすることが示されている。先の日本全国1万人アンケート調査では，図2-2に示す2つの質問の回答の組み合わせから，現状維持バイアスに囚われている人を識別しようと試みている。

この宝くじから得られる期待収入（確率×収入）は1万円なので，

図2-3 現状維持を好む人は貿易自由化に賛成しにくい

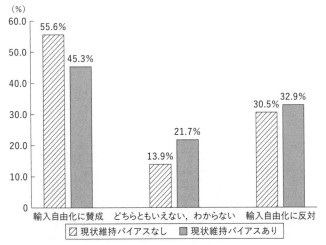

出所：Tomiura et al.［2016］より著者作成。

2000円の費用をかけて購入する経済合理性があるといえるが，6割余りの人が「買わない」を選択している。さらに興味深いのは，Q2の質問で，同じ宝くじを持っているのであれば「売らない」と答えている人が7割を超える点である。期待収入が同じなので，Q1で「買う」のならQ2では「売らない」と答え，Q1「買わない」ならQ2で「売る」と答えることが整合的である。このように不整合な回答（Q1「買う」＆Q2「売らない」）の人は6割強に上る。これは，同じ価値のものであっても，人は自分が保有しているものは高く評価してしまう「保有効果」が存在するからである。保有効果を生む背景には，保有しているものを失いたくない，現状を維持したい，という深層心理がある。こうした現状維持バイアスが，人々にさらなる貿易自由化の是非を問うたとき，反対意見に導くと考えら

れる。図2-3は，輸入自由化の是非を問うた回答を，現状維持バイアスありの人とそうでない人とで比較したものである。現状維持バイアスに囚われている人ほど態度を留保したり現状維持の政策を選好し，変化をもたらす貿易自由化には賛成しにくいことが示唆される。

3 保護主義の政治経済学

▷ 政治献金による歪み

保護主義は，政策として具現化されるので，保護貿易政策を議会で支持する政治家の行動を考える必要がある。政治家が保護主義的な政策を支持する背景には，保護を受ける特定の業界から，選挙時の支持を得たり**政治献金**を受け取るからだという考えもある。とくに政治献金の役割については，ジーン・グロスマンとエルハナン・ヘルプマンによる "Protection for Sale"（保護売り出し中）モデルによって理論的に説明されている（Grossman and Helpman [1994]）。モデルの概要を簡単に描写してみよう。政権与党が国の経済厚生を上げることだけでなく，業界団体から受け取る政治献金額も考慮して，自由貿易政策（F）か保護貿易政策（P）のいずれかを決定する状況を考える。政権与党の利得（G）を，一国全体の経済厚生（W）と政治献金額（C）の和で構成されると考えると，各政策がもたらす利得は次のように表せる。

$$自由貿易政策の場合：G_F = \mathrm{a}W_F + C_F$$
$$保護貿易政策の場合：G_P = \mathrm{a}W_P + C_P$$

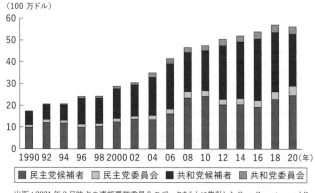

図 2-4 アメリカの政治献金額の推移（1990～2020 年）

（100 万ドル）

凡例：■ 民主党候補者　■ 民主党委員会　■ 共和党候補者　■ 共和党委員会

出所：2021 年 2 月時点の連邦選挙委員会のデータをもとに集計した OpenSecrets.org より。

　ここで a は，国全体の経済厚生をどの程度重視するかを示すウェイトである。両者の差を $\Delta G = G_F - G_P = a(W_F - W_P) + C_F - C_P$ と定義すると，$\Delta G > 0$ のときに政権与党は自由貿易政策をとり，$\Delta G < 0$ のときに保護貿易政策を実行すると考えられる。たとえば，具体的な状況として自由貿易時の経済厚生が GDP の規模をイメージして 600 兆円，保護貿易時には 580 兆円として，a＝0.0001 を想定する。政治献金額を除外すると ΔG は 0.0001×（600 兆−580 兆）＝20 億円となる。したがって政権与党は自由貿易政策を選択する。ここで自由貿易政策によって打撃を受ける産業が業界団体を結成し，政権与党に保護貿易政策の実現を条件に C_P として，たとえば 25 億円の政治献金を与えたらどうなるであろうか。この場合は $\Delta G = -5$ 億円となり，保護貿易政策が採択されることになる。業界団体は政治献金額よりも保護貿易政策によって得られる利益が大きい限り，政治献金によって政策決定に影響を及ぼすことが可能なのである。他方で，消費者側が $\Delta G > 0$ に導く C_F を政治献金として与えるケー

図 2–5　政権与党への企業・団体献金の推移

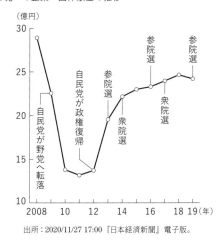

（億円）

参院選

参院選

自民党が政権復帰

参院選

自民党が野党へ転落

衆院選

衆院選

出所：2020/11/27 17:00『日本経済新聞』電子版。

スは考えられるだろうか。このケースは現実には考えにくい。集団行為論により，少数派ほど利益団体を形成しやすいため，多数派の消費者が自由貿易政策実現のため政治献金を集めることは現実的でないからである。

　アメリカについてグロスマン＝ヘルプマン・モデルの理論予測が当てはまっているとする実証研究もある（Goldberg and Maggi [1999]）。アメリカでは，企業や業界団体による政党や政治家への直接の献金は禁じられているが，政治活動委員会（Political Action Committee：PAC）という政治資金団体を設立して企業の役員や大口個人株主などから資金を集め，それを献金するという方法は認められている。PAC を通じた政治献金は図 2–4 にみられるように 1990 年代から堅調に増加しており，2020 年には民主党と共和党の候補者と党委員会の受け取りを合わせると総額 5.6 億ドルに上る政治献金が確認されている。また，アメリカでは政治家への働きかけ，い

わゆる**ロビー活動**を行う人は法律に基づき登録の義務があり，20年のロビイストは1万1524人である。ロビー活動の支出総額は20年で約35億ドルに達し，産業別では医薬品産業が最も多く費やしている。

　日本でも政治資金規正法によって，企業および業界団体による政治家個人への献金は禁止されている。ただし，政治家が所属する政党や政治資金団体への献金は認められており，こうした経路を通じた特定の政治家への献金が事実上可能と考えられる。図2-5は，自由民主党の献金の受け皿となる政治資金団体「国民政治協会」に対する，企業・団体献金の推移を示している。自民党が下野した期間を除いて献金が増えていることからも，政権与党への政治献金を通じた働きかけが一定程度あるものと思われる。

▷　**物いわぬ多数派の存在**

　有権者の投票行動の結果として保護貿易政策が実現されることもある。読者のなかには国政選挙に投票に行く人と行かない人がいるであろう。国政選挙の投票率は近年50％台で推移しており，とくに若年層で投票率が低いことが問題視されている。政治不信や無関心が投票率低下の要因かもしれないが，ここでは，有権者が合理的に投票に行くかどうかを判断していると仮定し，投票にかかるコストよりも投票に行って得られる利益が大きい場合にのみ投票に行くと考えよう。

　一般に国政選挙にかかる費用は約500億円とされており，有権者約1億人で割ると1人当たり500円程の税負担である。投票所まで行く手間や交通費が発生するとしたら直接的なコストも発生する。こうした直接的な負担も無視できないが，むしろ投票の機会費

用の負担が大きいかもしれない。投票の機会費用とは，投票に行かなかったら得られたであろう逸失利益のことで，投票に行くことでこの利益を犠牲にしてしまうので投票のコストと考える。たとえばアルバイトで稼げたであろうバイト代が機会費用に当たるし，家でのんびりできたことで得られたであろう効用も投票に行くことの機会費用と考えてよいだろう。直接的な費用や機会費用には個人差があるので正確に**投票コスト**を測ることは困難であるが，少なくとも数百円という金額ではなく，数千円〜数万円程度と考えてよいだろう。

　たとえばここでは単純に投票コストが一律 1 万円と仮定してみよう。来る国政選挙でコメと牛肉にかかる関税が撤廃される法案が争点になっているとする。関税がなくなればコメと牛肉の価格が下がり，安価な外国産のコメや牛肉が流通することで消費者は利益を受ける。ただしその利益は，スーパーマーケットでの買い物や，牛丼チェーン等レストランでの外食時にいままでよりも数十円〜数百円程度安くなることにとどまるであろう。一方，農家や畜産関係者にとっては，生業が継続できるかどうかという死活問題となる。このように貿易自由化の影響には，多数の消費者には小さな利益が，少数の生産者には大きな不利益が分配されるという特徴がある。

　ある選挙区について有権者を並べたときに，貿易自由化の利益と不利益の分配と投票コストの関係を示したのが図 2-6 である。縦軸には貿易自由化の利益と不利益を，横軸には有権者を並べている。この選挙区において投票所に足を運ぶ人は $\alpha\%$ の有権者だけである。投票によって保護貿易政策を支持することで貿易自由化による不利益を回避することができるのであれば，彼らにとって投票コスト 1 万円を負担することは合理的だからである。他方で，消費者

図2-6 投票に行くのは α% の有権者だけ

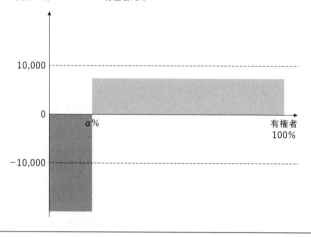

として利益を受ける大部分の有権者（いわゆる「**サイレント・マジョ リティー**」〔物いわぬ多数派〕）は，仮に貿易自由化に票を投じて政策 が実現されたとしても，コメと牛肉の関税撤廃で受け取る利益は投 票コストの1万円に満たないものと考えてみよう。本章の冒頭の クイズで紹介したように，政治家を職業としてみたときに非常に不 安定であることを踏まえると，この選挙区で投票に行く人が α% の有権者だけだとしたらどちらの政策を掲げたら当選できるか，立 候補者の視点で考えると掲げるべき公約は保護貿易政策であること は明白である。このように経済全体としては貿易自由化が望ましい としても，投票行動によって保護貿易政策を掲げる政治家が現れた り，当選を重ねることでその政策が実現される実態が説明される。

中位投票者定理

投票率が上がっても，必ずしも貿易自由化が実現されるとは限ら

図2-7 中位投票者の好む保護水準が過半数を得る

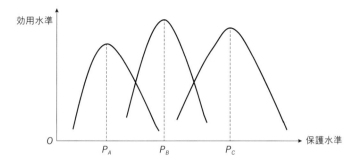

ない。人々が選好する政策がさまざまであるとき，ちょうど真ん中の位置にいる人の選好が選挙を通じて実現してしまうという，**中位投票者定理**が働くためである。貿易政策について選好する保護の度合いが異なる3人の有権者（A,B,C）がいたとしよう。ここで，縦軸に保護の水準に応じて得られる効用（満足度）を，横軸に保護の水準をとり，3人が好む保護の水準と効用の関係を示すと図2-7のように描かれるとする。ここで中位投票者とは，3人のなかで最も低い保護水準を好むAから最も高い保護水準を好むCまで並んでいるなかで，ちょうど真ん中に位置するBである。いま3人が，投票で2つの保護水準から1つを選ぶとき，中位投票者が好むP_Bが投票数で必ず多数派となる。たとえばP_BとP_Bより低い保護水準を比べたとき，CはまだP_Bの方がベターと考え，BとCの2票でP_Bが選ばれる。逆にP_BとP_Bより高い保護水準を比べたときには，AはP_Bの方がまだベターだと考えるのでAとBの2票でやはりP_Bが選ばれる。中位投票者が好むP_Bはどのような保護水準に対しても過半数の得票で支持されるのである。このことは，たとえ

この国にとって望ましい保護の水準が P_B よりも低い水準であったとしても，中位投票者定理によって保護主義的な政策に振れてしまう可能性があることを意味している。

▷ **選挙と保護主義**

　選挙制度が，政治家の保護主義と関係があることも示されている。選挙制度は，選挙区の大きさの違いとして考えることができる。アメリカでは，下院議員の選挙区は小さい一方，上院議員の選挙区は州単位となり，大統領となれば全国区となる。選挙で直面する選挙区が小さいほど，少数の意見が相対的に強調される。自由貿易では，一般に多数の消費者が広く薄く利益を享受する一方，少数の生産者には負の影響が大きい。選挙区が小さくなるほど，少数の意見を取り込むことが選挙を勝利するうえで重要となる。反対に選挙区が大きくなれば，少数派の影響力は弱まり，多数派の意見を取り込んでいくことが重要となる。したがって，選挙区が小さい下院議員は上院議員よりも保護主義的であるといえる。1970 年代以降の貿易自由化法案に関する賛否を上院と下院で比較した研究によると，確かに上院議員の方が貿易自由化に賛成する傾向が強かったという。日本でも，図 2-8 に示すように，選挙区が都道府県レベルの参議院議員選挙の立候補者よりも，小選挙区制で選挙区が小さい衆議院議員選挙の立候補者の方が保護主義的な傾向がある。

　選挙区の大きさにかかわらず，選挙が近くなると保護主義的な態度をみせる政治家の姿もよく目にする。日本でも，2012 年の衆議院選時に自民党が TPP 反対を公約に掲げて，選挙後に TPP 交渉への参加を表明したことがある。実際に，選挙が近づくと政治家は保護主義に駆り立てられるという実証結果もある。アメリカの上院議

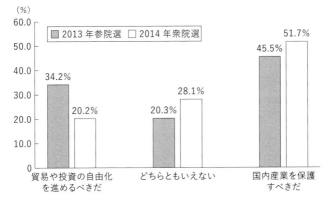

図 2-8　衆院選の方が参院選よりも立候補者が保護主義寄り

出所：「東京大学谷口研究室・朝日新聞共同政治家調査データ」より 2013 年参院選と 2014 年の衆院選立候補者の回答結果から筆者作成。

員は 2 年ごとに 3 分の 1 ずつ改選されるが，選挙がある改選組は非改選組に比べ保護主義的になるという（Conconi et al.［2014］）。

　政治家の選挙の強さも影響するという実証分析もある（Ito ［2015］）。選挙で次点に大差をつけて勝利した政治家は，改革を伴うようなより革新的な政策に取り組めると考えると，僅差で勝利した政治家は，貿易自由化といった改革を必要とする革新的な政策には取り組みづらい。実際に衆議院議員選挙で検証した分析によると，当落線上の候補者は保護主義を支持する傾向が強い。

4　保護主義の新しい展開

▷　中国経済の台頭

　ここまで，保護主義が台頭する背景について，主にその要因が国

内の政治・経済状況にあることを説明してきた。他方で，現在の世界経済を取り巻く環境の変化に目を向けると，安全保障やリスク回避の理由から，影響の大きい品目の外国への依存を減らそうとする動きもみられる。とくに，世界経済で存在感を増す中国は，莫大な国内需要と生産力を背景に，世界経済への影響力が増している。米中摩擦の背景には，こうした中国の影響力拡大という構造的な要因がある。

　中国は，1978 年の改革開放政策から，深圳や珠海を経済特別区に指定し，沿岸部を中心に外資企業を積極的に受け入れ，先進的な技術の導入を進めた。80 年には IMF，2001 年には WTO への加盟を果たし，粗鋼や自動車の生産が世界第 1 位になるなど「世界の工場」と呼ばれるようになった。また，通信費用の大幅な低下により先進国企業のオフショアリングが加速し，とくに豊富な人的資源を持つ中国は，国際分業による付加価値創造の連鎖を指す**グローバル・バリュー・チェーン**（GVC）において生産の要を担い，技術移転や輸出の拡大を通じて急激な経済成長を遂げた。所得の増加に伴い需要も拡大すると，「世界の市場」としての地位も確立し，10 年には日本を抜いて国内総生産で世界第 2 位の経済規模となった。

　中国は，経済成長に伴う影響力を背景に 2015 年にアジアインフラ投資銀行（AIIB）を設立し，これと並行してヨーロッパまで陸路と海路で結ぶ経済圏の構築をめざす「**一帯一路**」構想を掲げている。「一帯一路」構想は 6 つの経済回廊と 2 つの海路（21 世紀シルクロード・氷上シルクロード）で構成される広域の経済圏構想であり（図2-9），沿線の国はアジア・アフリカ・ヨーロッパにまたがる 80 カ国以上となる。投資額は 19 年までの投資残高で 1800 億ドルに迫り，その内訳をみると，表 2-2 に示すようにとくに ASEAN 加盟国に投

図 2-9 中国の「一帯一路」構想 ───────────────

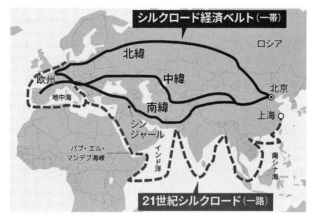

出所：「東洋経済オンライン」2021 年 2 月 4 日掲載。

表 2-2 「一帯一路」構想沿線国への中国の投資残高（2019 年）───────────

順位	投資先	投資残高（100 万ドル）	シェア（%）
1	シンガポール	52,637	29.3
2	インドネシア	15,133	8.4
3	ロシア	12,804	7.1
4	ラオス	8,250	4.6
5	マレーシア	7,924	4.4
6	UAE	7,636	4.3
7	カザフスタン	7,254	4.0
8	タイ	7,186	4.0
9	ベトナム	7,074	3.9
10	カンボジア	6,464	3.6
11	パキスタン	4,798	2.7
12	ミャンマー	4,134	2.3
13	インド	3,610	2.0
14	モンゴル	3,431	1.9
15	ウズベキスタン	3,246	1.8
	⋮	⋮	⋮
	合　計	179,466	100

出所：中国の商務部・国家統計局「2019 年度中国対外直接投資統計公報」より筆者作成。

資が集中していること，沿線の要となるロシアや中央アジア，中東へ積極的に投資していることがわかる。中国はこうした沿線地域への投資を増やし，影響力を増している。

▷ 経済安全保障と保護主義

中国経済は，需要と供給の両面で世界経済を牽引してきたが，その一方で，生産性の上昇や余剰労働力の縮小によって賃金上昇が進んだことで，とくに 2010 年代には労働争議が多発し，豊富な労働力に裏付けられた「世界の工場」としての魅力に陰りがみえはじめた。また，人権問題がたびたび問題視されたり，東シナ海や西太平洋地域における領土拡張的な海洋進出に伴い，外国との摩擦が顕在化するなど，中国への警戒も次第に高まった。たとえば，2012 年の尖閣諸島国有化の際には日本製品に対する不買運動が起こり，中国に進出している日系企業は生産や販売が急激に落ち込むこととなった。こうしたことを受けて，中国経済に依存することへのリスクが認識されるようになってきた。

2018 年以降に顕在化した**米中貿易摩擦**も，脱中国依存に拍車をかけた。アメリカは追加関税措置にとどまらず，安全保障上の脅威となりうる通信機器やサービスを自国から排除した。イギリスなど一部の同盟国もこの排除措置に追随し，これにより中国の通信機器大手の華為技術（ファーウェイ）や中興通訊（ZTE）は大きな影響を受けた。排除による影響は，こうした中国企業に部品などの中間財を供給する外国企業や，中国で生産・加工しアメリカに輸出する外国企業にも及んだ。私たちの身の回りにも Made in China と表示されている製品が多いように，中国で生産を行ってきた日本企業にもその影響が懸念された。なかには，アメリカに輸出する際に追加関

税の影響を回避するため，生産を中国から他国や日本へ移管する動きも一部にみられた。

　さらに，2020年中国の武漢から広がったとされる新型コロナウイルス感染症の世界的な蔓延は，特定国への生産集中のリスクをさらけ出した。現代の国際貿易の特徴は，生産工程レベルの国際分業（➡第3章）が進み，複数国をまたいだ製品・部素材の供給網（サプライチェーン）が構築されていることである。中国はその**サプライチェーン**の要であり，ひとたび感染症が国内に広がると，**都市封鎖**（ロックダウン）や流通の遅延によって生産が滞り，サプライチェーンを通じて連鎖的に他国の生産も一時停止に陥ったり販売停止になるなど深刻な影響を受けた。これを契機に，特定の国での生産の集中と依存がさらに見直されることとなり，こうしたサプライチェーンの途絶を予防するため，生産移管にかかる費用の一部を資金援助する政策支援も行われた。

　日本では，2020年に自動車部品や電子部品，半導体の部素材などを生産する16事業者へ，生産拠点の国内回帰のための補助金が交付されている。とくに，「産業のコメ」とも称される**半導体**については，日本政府の補助金も投じられ半導体受託製造で世界最大手の台湾積体電路製造（TSMC）の工場を熊本県に誘致した。こうした動きは他の先進諸国にもみられ，たとえばドイツは自動車部品世界最大手の独ボッシュの自動車向け半導体工場の設置に補助金を支給している。22年には，ロシアによるウクライナ侵攻が国際貿易体制にも大きな変化をもたらした。G7を中心に，ロシアへの経済制裁の一環としてロシア産品や製品への関税を引き上げたり，輸入禁止措置を発動したり，中国に加えてロシアもサプライチェーンから排除する動きが加速した。22年にはアメリカが主導する新しい

経済圏構想「インド太平洋経済枠組み（IPEF）」が立ち上げられ，主要国は脱中国・脱ロシアによるサプライチェーンの分断と国内あるいは友好国間での再構築へと大きく舵を切った。

このように近年，自由貿易体制のもとで進展した生産工程レベルの国際分業は，**経済安全保障**を理由として，自国や友好国域内での生産・調達へと修正が進みつつある。他方で，世界の主要な製品やサービスの市場シェアをみると，中国企業が高いシェアを持つ分野も多く，中国に依存せずにサプライチェーンを組むことが困難なケースもある。また，自国産業・企業に有利な政策支援は安全保障という名目の**偽装保護**（disguised protection）になりかねないことや，ブロック経済化が進み想定以上の相手国の報復措置を招く可能性にも留意する必要がある。

▷ デジタル保護主義

保護主義はデジタルの分野にも及んでいる。第1章のデジタル貿易で触れたように，越境データ移転が急激に増加するなか，データの国外移転を制限しようとする動きが新興国を中心にみられる。データ移転規制には，域外への個人データの移転を禁じているEUの「一般データ保護規則」（General Data Protection Regulation: GDPR）のように個人情報の保護という側面もある。他方で，たとえば中国は2017年にサイバーセキュリティ法を制定し，非個人データも含むデータの国外移転を制限する規制を導入している。図2-10に示しているOECDデジタルサービス貿易制限指数（デジタルSTRI）は，デジタル取引に影響を与える障壁を定量的に測ったものである。19年の段階で左から順に中国，インドネシア，サウジアラビア，インド，南アフリカ，ロシアといった国が並んでおり，こうした新

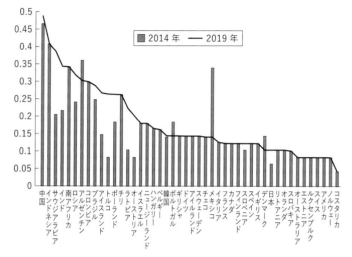

図 2-10　デジタルサービス貿易制限指数にみるデジタル貿易の障壁

出所：OECD Digital Services Trade Restrictiveness Index より筆者作成。

興国を中心に障壁が高いことがわかる。14 年との比較では，障壁が低下したのが 4 カ国である一方で 10 カ国で障壁が高くなっており，全体的に規制が強化されたことがうかがえる。

　データの国外移転を防ぐ**データ・ローカライゼーション**規制は，安全保障や犯罪捜査を理由としたものが見受けられるが，データを国内にとどめることで，関連産業の競争力を高めようとするねらいがあることも指摘されている。「デジタル保護主義」ともいえるこうした動きへの懸念から，環太平洋パートナーシップ協定（Trans-Pacific Partnership Agreement：TPP）や G 20 等の複数国の枠組み，「日米デジタル貿易協定」のような 2 国間協定によって国際的なルール作りが先行して進められ，多国間でもルール作りに向けて交渉が進められている（➡第 10 章）。

コラム2 グローバル・サプライチェーンをめぐる環境変化

2011年の東日本大震災は，日本企業による生産工程の国際分業をさらに加速させるものとなった。その理由は，国内のサプライチェーン寸断による生産への影響を回避するためである。災害の影響には，企業が被災して生産停止となる直接被害と，生産に必要な部品や原材料の調達先が被災して自らも生産停止となる間接被害がある。とくに自動車のように部品点数が多い製品は，1つの部品供給が滞ることで完成車の生産が停止に追い込まれてしまうリスクが高い。実際に東日本大震災のときは，ルネサスエレクトロニクス（茨城県）の被災によりマイコンと呼ばれる重要部品の供給が途絶え，自動車生産が長期にわたり停止した。直接の取引先が被災していなくとも，「取引先の取引先」といった2次・3次サプライヤーが被災して玉突きで生産停止を迫られた事例もある。被災地の企業と取引がある企業は全体の5%程だが，取引先の取引先が被災地にある企業は57%に，さらに「取引先の取引先の取引先」までたどるとその割合は90%になるという研究もある（齊藤［2012］）。

東日本大震災以降，こうした国内の災害リスクに対処するため調達先の複線化や海外生産が加速した。ところが2020年のグローバル・パンデミックによって，今度は海外生産への依存リスクも強く意識されるようになった。これは外国の都市封鎖や物流の混乱を受けて，部品や原材料の調達に大きな支障が生じたためである。輸入

表 輸入先が中国・台湾に集中している工業品の事例

		（単位：%）
	中国	台湾
ノートパソコン	99.4	0.4
携帯電話	83.7	0
プロセッサーおよびコントローラー（集積回路）	10.0	57.1
光電性半導体デバイスおよび LED	66.6	6.0
記憶素子	14.1	58.2
光学媒体	2.9	89.6
リチウムイオン電池	66.1	3.5

出所：経済産業省（2022）第II-1-2-26 図より，筆者作成。

が滞った場合の国内への影響は，とくに中国やアジアからの輸入停滞の影響が顕著だという（Inoue and Todo ［2022］）。これは中国やアジアでの生産依存の大きさが影響している。たとえば，パソコンや携帯電話の輸入依存度（輸入／〔輸入＋国内生産〕）は 63%，94% と高く，輸入先は表に示すように中国がそれぞれ 99%，84% と地理的に集中している（経済産業省 ［2022］）。その他に，半導体などハイテク製品に欠かせない重要品目も輸入先が中国・台湾などの特定国に集中している傾向が強い。効率性や国内の災害リスクを勘案してグローバル化が進めれてきた日本企業のサプライチェーンは，有事の際の安定調達を念頭に置いた経済安全保障という点で，国産化や有志国との連携調達など再考を迫られている。

本章の問いの答え

　保護主義的な政策は，1920 年代の大恐慌時や 2008 年の世界同時不況など世界的な景気停滞期に台頭する傾向がある。また，2 国間でも経常収支不均衡が固定化し貿易摩擦が深刻化する際に，保護主義的な政策が発動されることがある。

　保護主義が国内で支持される背景には，外国製品の輸入が増えることによる人々の雇用への不安や，なるべく現状を変えたくないという現状維持バイアスが働いていることが指摘されている。アメリカの保護主義化の背景には，こうした要因による保守への傾倒が考えられる。この他にも，政治的な要因は無視できない。少数派の生産者団体による政権与党への政治献金やロビー活動，積極的な政治参加は保護主義的な政策の実現につながる。一方，多数派の消費者は物いわぬ多数派となり，貿易自由化は政治的な後押しが相対的に

小さい。さらに, 選挙では中位投票者定理が働く場合や, 選挙制度の違いによって保護主義的な政策が選択される場合もある。

保護主義的な政策に新しい展開がみられることにも目を向ける必要がある。経済安全保障を理由として, 特定の国への輸入依存からの脱却を企図する政策や, 新興国で広がるデータ移転規制などに代表されるデジタル保護主義の動きは, 注目すべき動向である。近年の政治的・軍事的な緊張の高まりから, 再び世界のブロック経済化が進むのか懸念が高まっている。

*** **Report assignment** **レポート課題** ///

2.1 下図は 2021 年の衆議院議員選挙期間中に立候補者 1051 名が次の質問に回答した結果である。「次の意見について, あなたは賛成ですか, それとも反対ですか。A: 国内産業を保護すべきだ。B: 貿易や投資の自由化を進めるべきだ。」立候補者の多くが「A: 国内産業を保護すべきだ。」に傾倒する背景にはどのような要因が考えられるか本章で学んだことを踏まえ考えなさい。

図 衆院選立候補者の貿易政策に関する選好

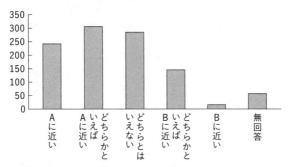

出所:「東大谷口研・朝日新聞社共同調査」2021 年衆院選政治家調査データより筆者作成。

''' Exercise 演習問題 *'''*

2.1 貿易摩擦の要因となる経常収支不均衡を解消させるため，マクロ経済学の観点から述べた方策として，最も適切なものを下記の a〜d から 1 つ選びなさい。

a. 貿易黒字国が政府支出を減らす

b. 貿易黒字国が消費を減らし，赤字国が消費を増加させる

c. 貿易赤字国が貯蓄を増やし，黒字国は消費を増加させる

d. 貿易赤字国が黒字国に輸出削減を求め，自国への直接投資を増加させる

2.2 ある財の関税を撤廃する法案が，ある国の議会で審議されている。試算によると現状の GDP に対して，撤廃した場合の GDP は 2 兆円の増加が見込めるという。政権与党の行動が，本章で紹介したグロスマン＝ヘルプマンの政治献金モデルに従うものとすると，この財の業界団体は法案否決のために政権与党に少なくともいくら以上の政治献金が必要と考えられるか。なお，この政権与党の経済厚生のウェイトは a＝0.0002 を想定し，この財の生産者の利益は必要とされる政治献金よりもはるかに大きいと考える。

2.3 選挙と保護主義に関する記述のうち，最も適切なものを下記の a〜c から 1 つ選びなさい。

a. 貿易自由化の利益は消費者に広く浅く分配されるので，自由貿易実現のために大多数の有権者が選挙で投票する

b. 自由貿易で打撃を受ける生産者の不利益は投票コストより大きく，生産者は選挙で投票に行くインセンティブが低い

c. 少数派ほど利益団体を形成しやすいため，消費者が貿易自由化実現のため政治献金あるいは政治参加することは難しい

2.4 本章で紹介した，保護主義政策への支持と関連があるとされる現状維持バイアスの 1 つを説明したものとして最も適切なものを，下記の a〜d から 1 つ選びなさい。

a. 確実性の高い選択肢を選んでしまう行動バイアス

b. 損失はなるべく避けたいという行動バイアス

c. たとえ合理的であってもリスクは避けたいという行動バイアス

d. 自分がすでに持っているものの価値を高く評価してしまう行動バイアス

企業のグローバル化

新型コロナウイルスの影響でマスクが売れ切れたコンビニ（2020 年 2 月，著者撮影）

Quiz クイズ

Q 3.1 国際化した日本企業には世界中に従業員がいる。パナソニック・グループの世界の従業員のうち，日本の従業員は 4 割程度を占める。では，日本に次いでパナソニックの従業員が多い国はどこだろうか。
a. 中国　**b.** アメリカ　**c.** 韓国　**d.** イギリス

Q 3.2 日本でも外国からの出資を受けた「外資系企業」が多く活動している。次のうち外資系企業はどれか。
a. 日産自動車　**b.** 任天堂　**c.** ソニー　**d.** シャープ

Answer クイズの答え

Q3.1 a.

日本に次いで多い中国は全体の2割程度を占める（2020年度末時点）。

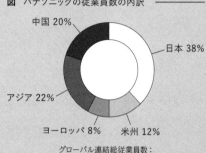

図 パナソニックの従業員数の内訳

中国 20%
日本 38%
アジア 22%
ヨーロッパ 8%　米州 12%

グローバル連結総従業員数：
25万9385人（2020年3月末現在）

出所：パナソニックウェブサイト（https://www.panasonic.com/jp/corporate/sustainability/diversity.html）。

Q3.2 すべて

外資系企業の定義はさまざまあるが，政府統計では，外国投資家の出資が3分の1超の企業を外資系企業として定義することが多い。その定義を用いると，2020年3月時点で4社とも外資系企業となる。

シャープ	67.8%
ソニー	56.2%
日産自動車	61.1%
任天堂	49.3%

Keywords キーワード

グローバル企業，海外生産，オフショアリング，外国直接投資，全額出資，共同出資，合弁事業，グリーンフィールド投資，越境M&A，付加価値貿易，外資系企業，外資賃金プレミアム

Chapter structure 本章の構成

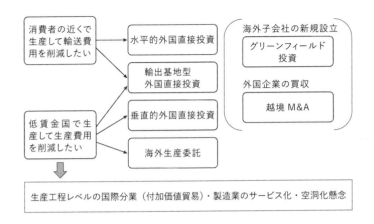

生産工程レベルの国際分業（付加価値貿易）・製造業のサービス化・空洞化懸念

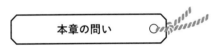

本章の問い

　人やモノが国境を越えるのみならず，企業も国境を越えた活動を行っている。企業は自社製品を外国に輸出したり，外国から部品を調達したり，外国に子会社を設立したりして，生産費用を削減したり，市場を開拓したりしている。一方で，2020年2月に新型コロナウイルス感染症の感染者が日本で確認されると，輸入に多くを頼るマスクが日本各地の小売店で品切れとなった。それを受け，マスクの国産化を求める議論も政府内で起こった。こうした国産化を求める議論は経済学的にどう評価できるだろうか。

1 グローバル企業

現代の大企業は，外国から財を調達・輸入し，外国へ自社製品を輸出したり，外国で現地生産した自社製品を消費者に供給するなど，多方面において国際的活動を展開している。たとえば，総合電機メーカー・パナソニックは，中国をはじめとする低賃金国から安く部品を調達し，国内工場から製品を輸出するのみならず，20 カ国に海外関係会社を持ち，製品の海外現地生産も行っている。国際経済学の実証研究を過去 30 年近く牽引してきたアンドリュー・バーナードらは，このように輸出・輸入・現地生産などと多方面に国際化している企業のことを**グローバル企業**と呼んでいる。数少ない一握りのグローバル企業が，国際貿易や各国の市場において多くのシェアを有している。

膨大な数の国内外の実証研究から，こうしたグローバル企業は生産性が高く，雇用者数が大きく，売上高や付加価値額が大きく，賃金が高いなどの顕著な特徴を有していることがわかってきた。第 7 章では，グローバル企業を理解するための基礎的な理論を説明する。本章では，第 7 章に先立って，現代の企業のグローバル化の諸側面を概説する。

2 なぜ企業は外国直接投資を行うのか

⬭ **垂直的外国直接投資**

2020 年，新型コロナウイルス感染症（COVID–19）の感染拡大に伴い，日本のみならず，世界各国でマスク不足が深刻化した。日本において，最初の感染者が確認されたのは同年 1 月 22 日であった。2 月初旬には小売店からマスクが消えはじめた。このとき，日本国内の累積感染者数は 20 人程度であったが，多くの小売店でマスクは売り切れの状態であった。

マスクが店頭から消えた理由は，コロナ禍によるマスクの需要の大幅な伸びに供給が追いつかなかったことといえる。そして，そのマスクの供給の 8 割近くを日本は輸入に依存していた。2018 年，日本のマスクの国内生産 11.1 億枚に対して，輸入は 44.3 億枚に及んだ。輸入の大半は中国からであった。

たとえば，日本の代表的なマスク・メーカーの 1 つであるアイリスオーヤマは，中国に 8 つの子会社，2 つの自社工場を持ち，中国でマスクの生産を行っている。このように企業が海外で生産を行うことを**海外生産**や**オフショアリング**（offshoring）と呼ぶ。

アイリスオーヤマがこれまで，中国でマスクの生産を行ってきた理由としては，同国の生産費用が安いということが考えられる。日本貿易振興機構（ジェトロ）の「2019 年度　東アジア投資関連コスト比較調査」によれば，東京の一般工職の月額賃金は約 29 万円だが，アイリスオーヤマが工場の 1 つを置く広州の一般工職の月額賃金は約 5 万 8000 円である。中国が経済発展したとはいえ，一般

工職の賃金格差は約6倍もある。日本国内で生産するよりも，賃金が6分の1の中国でマスクを生産した方が，生産費用を節約し，利潤を多く確保できると企業は考えるだろう。

アイリスオーヤマは，日本から中国に投資（資金の投下）した結果，中国に子会社・工場を持っている。このような企業の国際的な投資活動を**外国直接投資**（foreign direct investment: FDI）という。とくに，生産費用を節約する目的で行われる外国直接投資を垂直的外国直接投資と呼ぶ。「垂直」というのは，高賃金国（北）から低賃金国（南）への投資ということを意味している。マスク生産のためにアイリスオーヤマが行っている中国への投資は，垂直的外国直接投資と呼べるだろう。

こうした垂直的外国直接投資に基づく海外生産は，安価なマスクを日本に供給することを可能にしている。コロナ禍以前は，中国で生産されたマスクを50枚入りで500円程度で購入できた。そのため，企業の海外生産は日本の消費者にも安価なマスクの購入を可能にするというメリットのあるものであった。

アイリスオーヤマだけではなく，多くの企業が垂直的外国直接投資を行っている。たとえば，自動車メーカー日産は，タイで乗用車マーチの生産を行い，日本に逆輸入している。図3-1はそれを模式的に示したものである。このように，垂直的外国直接投資には逆輸入が伴う。アメリカの研究からは，国際貿易のかなりの部分が企業内で行われており，2000年には，企業内貿易（親会社と子会社の間で国境を越えて行われる貿易）がアメリカの輸出の31%，輸入の46%を占めていることがわかっている（Ruhl [2015]）。企業内貿易については，第7章でも触れる。

エルハナン・ヘルプマンは，一般に企業の垂直的外国直接投資を

図 3-1 垂直的外国直接投資

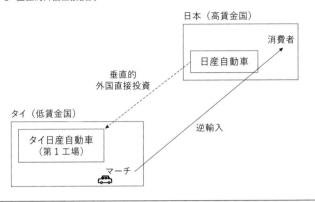

通じて，各国が相対的に豊富に持つ資源を集約的に用いる生産工程に資源を集中的に用いることで，世界規模で資源が効率的に使用されるという利点を指摘している（Helpman [1984]）。中国でマスクを生産したり，タイで大衆車を生産することは，現地の低賃金労働者を利用することで，企業の生産費用を節約し，利潤を大きくし，日本を豊かにする一助となる。

水平的外国直接投資

垂直的外国直接投資とは異なる種類の外国直接投資を企業が行うこともある。キッコーマンは，第2次世界大戦後の1949年に醬油の輸出を再開した。72年には，アメリカに子会社を設立し，ウィスコンシン州のウォルワース工場で現地生産を開始した。醬油のアメリカでの現地生産のためのキッコーマンの投資は，関税を含む広い意味での輸送費用の節減を目的としたものであると考えられる。現地で生産することで，関税を回避することができるだけではなく，日本からアメリカに財を運ぶ物理的な輸送費用も支払う必要がなく

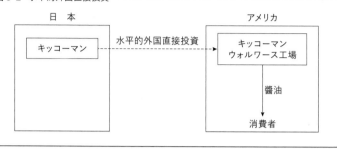

図 3-2 水平的外国直接投資

なる。醬油のような食品の場合，賞味期限や鮮度の観点から工場から小売店への輸送日数を短縮できることも重要である。現地生産は輸送日数の短縮という点でも実質的に輸送費用を節減しているといえる。

　広い意味での輸送費用の節減を目的とした外国直接投資は，水平的外国直接投資と呼ばれる。図 3-2 は，キッコーマンの例をもとに水平的外国直接投資を模式的に図示したものである。水平的外国直接投資は，輸送費用の節約を主眼として，消費者に醬油を現地工場から直接供給するために行われる外国直接投資であるので，中国が生産したマスクを日本で販売する垂直的外国直接投資とは性質が異なる。垂直的外国直接投資が生産費用節約型と呼ばれるのに対して，水平的外国直接投資は市場開拓型と呼ばれることがある。企業は大きな市場がある国をめざして水平的外国直接投資を行うので，水平的外国直接投資は先進国に対して行われることが多い。

▷ **輸出基地型外国直接投資**

　ここまででみてきた水平的外国直接投資と垂直的外国直接投資が，大きく 2 つの外国直接投資類型といえる。しかし，それ以外の外

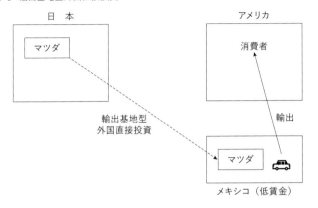

図 3-3 輸出基地型外国直接投資

日　本

マツダ

アメリカ

消費者

輸出基地型
外国直接投資

輸出

マツダ

メキシコ（低賃金）

国直接投資もみられる。また，現実には，ある 1 つの外国直接投資を水平的なものか垂直的なものか，つまり輸送費用節約型のものか生産費用節約型のものか区別できず，両方の目的を兼ね備えていることもある。外国直接投資を類型化することは，経済理論で企業行動を把握するための手段であって，ときとして複雑な企業の外国投資戦略の現実を単純化しすぎてしまっていることには注意が必要である。

　水平的外国直接投資と垂直的外国直接投資の両方の要素を組み合わせた，輸出基地型外国直接投資と呼ばれる戦略もある。輸出基地型外国直接投資は，低賃金国を製造拠点として，第三国に輸出する戦略である。自動車メーカーのマツダは，メキシコに子会社を持ち，メキシコの完成車工場からアメリカ向けにセダン車を輸出している。図 3-3 は，マツダの戦略を図示したものである。まず，第 1 に，日本で生産するよりも低賃金国であるメキシコで生産することで生産費用を節減することができる。第 2 に，日本からアメリカに輸

出するのに比べて，市場であるアメリカに隣接するメキシコ工場からアメリカに完成車を輸出することで輸送費用を節減することもできる。アメリカとメキシコは北米自由貿易協定（North American Free Trade Agreement: NAFTA）加盟国であるので，輸入関税がゼロになるという利点もこの戦略にはある。

メキシコは，アメリカに隣接していることと低賃金国であるという2つの優位性を生かして，多くの自動車メーカーの直接投資を引き寄せてきた。マツダのみならず，トヨタ，日産，ホンダもメキシコに進出し，自動車の生産を行っている。日本の自動車メーカー以外でも，アメリカの GM，フォード，ドイツのフォルクスワーゲンなどがメキシコで現地生産を行っている。もちろん，自動車メーカー以外の多くの産業の企業がメキシコで同様に現地生産を行っている。

しかし，2018 年に，NAFTA に代わる新しい地域貿易協定であるアメリカ・メキシコ・カナダ協定（United States-Mexico-Canada Agreement: USMCA）が合意され，20 年に発効した。この新協定においては，自動車分野の貿易規制が強化されており，今後メキシコでの自動車生産がどのように影響を受けるかは予断を許さない。

▷ 市場参入戦略（1）——完全子会社と合弁事業

水平的外国直接投資と垂直的外国直接投資は，投資目的に応じて外国直接投資を分類したものである。それとは違って，出資形態で外国直接投資を分類することもできる。ここでは，全額出資方式の外国直接投資と共同出資方式の外国直接投資を説明する。**全額出資**方式とは，自社が全額出資し，外国子会社を設立するものであり，完全子会社方式ともいえる。一方，**共同出資**方式とは，他社と共同

で出資し，外国子会社を設立するものであり，**合弁事業**方式ともいえる。日本企業の 1985〜2001 年の先進国（OECD 加盟国）への外国直接投資 1512 件のうち，約 55％ が全額出資方式，残り約 45％ が共同出資方式であった（Raff et al. [2009]）。

トヨタを例に共同出資方式について説明する。日本の自動車メーカーにとって，アメリカ市場は重要な市場である。日本を代表する自動車メーカーであるトヨタは，「販売会社の設立と輸出」→「共同出資方式の外国直接投資による現地生産」という順にアメリカの市場に参入した。

トヨタは，1958 年にアメリカへの自動車の輸出を本格的に開始した。それ以降，日本からアメリカへの自動車輸出は増加し，日米経済摩擦の一要因となった。日米政府の協議の結果，81 年には輸出の上限を 168 万台とする対米自動車輸出自主規制が行われた。

日米経済摩擦の深刻化を受けて，トヨタは，1984 年ゼネラル・モーターズ（GM）社と折半出資で合弁会社 NUMMI を設立し，86 年からトヨタ車の現地生産を開始した。86 年には，トヨタは，アメリカに製造子会社を設け，88 年には，トヨタ単独のケンタッキー工場での自動車生産を開始した。

このように，トヨタは，アメリカ市場において，輸出に続いて，共同出資方式による外国直接投資での現地生産を開始し，その後，単独で自社工場を設立するという段階的な市場参入戦略をとった。これは，外国直接投資を行い，外国で現地生産を行うことが企業にとって輸出よりも困難な事業であることを示唆している。

▷ **市場参入戦略（2）──グリーンフィールド投資と越境 M&A**

外国直接投資による外国市場参入戦略をグリーンフィールド投資

と国際企業合併買収に分けることもできる。**グリーンフィールド投資**は，自社で外国に子会社（工場）を設立することである。グリーンフィールド投資は，野原に自分で新規に工場を建てることをイメージするとわかりやすい。たとえば，空調機器メーカーのダイキンは，アメリカで現地生産を行うため，約500億円を投じて，テキサス州ヒューストン郊外に東京ドーム42個分の広さの巨大工場を新設し，2017年に空調機器の現地生産を開始した。ダイキンの工場では，約8000人が雇用される。このように，グリーンフィールド投資は新規雇用や新規法人税収を生むため，地元政府から歓迎されやすい。

　越境 M&A（企業合併買収）はすでにある既存外国企業を買収することである。越境 M&A は，英語では，cross-border M&A と呼ばれる。M&A は，Merger & Acquisition の略である。グリーンフィールド投資に対して，越境 M&A をブラウンフィールド投資と呼ぶこともある。たとえば，ダイキンは 2017 年に新規工場を稼働開始する前の 12 年に，アメリカの空調機器大手グッドマンを買収した。これは，空調機器の販売に必要な販売網を得る目的だったとされている。東芝が 06 年にアメリカの原子力関連企業ウェスティングハウスを買収したり，武田薬品工業が 19 年にアイルランドの製薬大手シャイアーを買収したり，日本企業による外国企業の買収は多くみられる。これは，越境 M&A により自社では獲得することが困難な能力・資源を手に入れることができるためであろう。越境 M&A は，株主が変更するだけなので新規雇用があまり期待できない。地元政府から越境 M&A はグリーンフィールド投資ほどには歓迎されないし，国外技術流出や人員整理を警戒される場合もある。

3 海外生産

▷ 高まる海外現地生産比率

　日本企業の海外生産はどの程度進んでいるのであろうか。いま海外現地生産比率を

$$海外現地生産比率＝\frac{海外現地生産高}{国内生産高＋海外現地生産高}$$

と定義する。ここで，海外現地生産は，外国子会社での現地生産とする。日本の上場企業の海外現地生産比率は，内閣府の「企業行動に関するアンケート調査」によると，図 3-4 に示されるように 1980 年代からおおむね上昇傾向にあった。86 年にわずか 2.6% だった海外現地生産比率は，20 年後の 2016 年には 23% に達している。

　海外現地生産比率の高まりは，製造業企業の日本での活動の重心を製造からサービスへと移す結果につながっている。伝統的な製造業企業でも，日本では経営，企画，開発，販売など非製造業的活動（サービス）へ多くの人員が割かれる。こうした現象は，近年「製造業のサービス化」と呼ばれるようになっている。

▷ 海外生産委託

　いまみてきた海外生産比率は，海外生産委託による海外生産は含んでいない。自分が所有しない，海外の非子会社に生産を委託することを海外生産委託と呼ぶ。たとえば，ユニクロ（ファーストリテイ

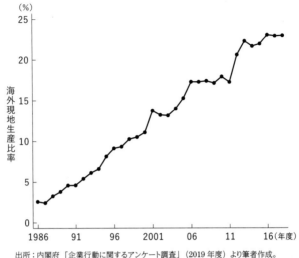

図 3-4　日本の製造業上場企業の海外現地生産比率

出所：内閣府「企業行動に関するアンケート調査」（2019 年度）より筆者作成。

リング）は，図 3-5 に示すように衣料品の縫製を国内外 20 カ国 262
（うち海外 260）の縫製工場に委託している。また，メガネチェーン
のゾフも，メガネフレームの生産を中国や韓国の工場に委託するこ
とで，生産費を下げ，低価格のメガネを販売している。ユニクロや
ゾフは，製造を他社に任せ，企画や小売りに重心を置いている。こ
うしたユニクロやゾフのような企業戦略は，製造小売り（Specialty
store retailer of Private label Apparel: SPA）とも呼ばれる。

　こうした，海外の非子会社への生産委託も含めて考えれば，海外
現地生産は内閣府の調査で示される海外現地生産比率以上に幅広く
行われているといえよう。日本企業の製品であっても，日本で販売
されている財の多くが日本製ではないことが多いのは，普段の買い
物からも読者の多くが感じられることであろう。

図 3-5 ファーストリテイリング主要縫製工場数（国別，2021 年）

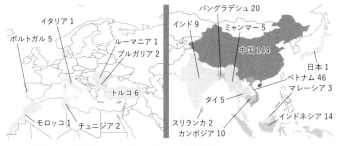

注：地図に示した国以外にマダガスカルとペルーにも工場がある。
出所：ファーストリテイリング取引先工場リストより筆者作成。

空洞化懸念

　日本企業の海外生産が進展するなかで，製造業の空洞化や産業の空洞化と呼ばれる懸念が繰り返し唱えられてきた。日本企業の海外生産によって，日本国内に何らかの負の影響が生じるのではないかという懸念として，この空洞化懸念を捉えることができる。とくによく指摘されるのが，海外生産によって国内雇用が減るのではという懸念，国内の技術基盤が喪失するのではという懸念である。

　この空洞化への懸念は，先進国共通の悩みといえる。アメリカでは「空洞化」（hollowing out）という言葉は見受けられないが，「海外生産への懸念」（fear of offshoring）といった言い回しがなされている。日本企業は，近隣の中国やタイなどアジア諸国で海外生産することが多いが，アメリカ企業は，中国などアジア諸国のほかにメキシコでも海外生産することが多い。アメリカではメキシコに雇用を奪われているという懸念は根強く，トランプ前大統領は就任以来，メキシコで海外生産を行っているアメリカ企業に国内回帰を迫ってきた。同様に，ドイツでは，企業が近隣の東欧諸国（スロバキアな

ど）で海外生産する傾向がドイツ国内の雇用を奪うのではないかと
懸念されてきた。

▷ 空洞化の実証分析

　こうした懸念に応えるべく，これまでに数多くの実証研究がなさ
れてきた。実証研究とは，国際経済学の場合，現実のデータを用い
た研究のことである。国際経済学の分野では，理論研究も盛んであ
り，理論が重視される分野といえるが，理論だけでは答えが出ない
問題もある。また，理論が正しいか現実のデータにより検証する必
要がある場合も多い。そのため，理論研究と実証研究は国際経済学
を発展させる両輪となっている。

　日本では，「企業活動基本調査」や「海外事業活動基本調査」（と
もに経済産業省）などの政府統計の企業レベル・データ（個票データ）
を利用した実証分析によって，日本企業の海外生産によって国内雇
用が減少するか否か検証されてきた。分析には，ミクロ計量経済学
に適した統計ソフト Stata（ステータ，スタータ）が用いられること
が多い。

　この種の分析において因果関係の特定は容易ではない。というの
も，海外生産を行うような企業はもともと勢いのある企業であり，
国内の雇用を増やす傾向にあったかもしれないからである。また，
逆に，海外生産を行わないような企業はもともとジリ貧の企業で，
雇用を減らす傾向にあった可能性もある。このような潜在的な可能
性を考慮すると，海外生産が国内雇用に与える影響を純粋に抽出す
ることは容易ではない。

　海外生産の影響を純粋に抽出するために，傾向スコア・マッチン
グ法と呼ばれる分析手法がよく用いられてきた。この手法では，海

外生産を開始した企業とよく似ているが海外生産を開始しなかった企業をペアにして，国内雇用の変化を比較する。この手法を用いた筆者自身の研究によれば，日本の製造業において，海外生産を行わない企業に比べて，海外生産を開始した企業は，むしろ国内雇用を相対的に増やしていることが確認された。そのため，海外生産が国内雇用に与える影響は必ずしもマイナスではないことが示唆される。同様の分析結果は，国内外問わず，既存研究の多くで確認されている。

▷ 海外生産と国内雇用の関係

海外生産が国内雇用をもし減らさないとしたら，どのような理由が考えうるだろうか。1つは，外国市場を開拓するための水平的外国直接投資に伴う海外生産は，国内雇用を減らさないということが考えられる。たとえば，キッコーマンがアメリカの消費者に醤油を直接供給するためにウィスコンシン州に新規工場を開設したことで，日本の従業員が解雇されるということは考えにくい。また，別の理由としては，外国での最終財の海外生産拡大に伴い，日本からの中間財（部品等）の輸出が増える可能性も指摘できる。たとえば，タイで自動車を現地生産するために，日本で自動車メーカーはエンジンなどの中間財をいままで以上に生産しないといけなくなるかもしれない。さらに，海外生産に伴い，日本の本社機能の仕事が増える可能性もある。為替管理や，部品調達管理（サプライチェーンの管理）など，世界に散らばる工場を管理するための業務は数多い。こうした本社業務をこなすために，従業員をむしろ増やす必要に迫られることもあるかもしれない。

▷ 国内回帰

　企業の海外生産が進む一方で，近年，製造工場の国内回帰（reshoring）にも注目が集まっている。この背景の1つには，災害やパンデミックなどで海外生産のリスクが顕在化したことがある。たとえば，新型コロナウイルス感染症によるマスク不足を受けて，アイリスオーヤマは，政府からの補助金を活用して設備投資を行い，2020年7月に宮城県内の工場でマスク生産を開始した。また，ダイキン工業はこれまで空気清浄機の生産をすべて中国で行ってきたが，パンデミックによって需要が増加したため，日本でも生産を行うことを決めた。

　国内生産が見直されている背景には，この他にも，消費者がMade in Japan（国産品）を好むことや，研究開発や市場と製造現場が近いことによる効果なども考えられる。たとえば，VAIO株式会社は海外生産した製品を長野県安曇野で最終組立し，検査してから，販売することで品質を確保している。また，資生堂は，訪日外国人向けの販売が増えているため，栃木県太田原市に国内で36年ぶりとなる新工場を建設し，2019年から化粧水や乳液などのスキンケア製品を出荷している。

4　生産工程レベルの国際分業

▷ 2段階めのグローバル化

　企業による海外生産の進展は，生産工程レベルの国際分業の進展と捉えられることもある。リチャード・ボールドウィンは，グローバル化の段階を2段階に分けている。まず，近代の第1のアンバ

ンドリング（first unbundling）では，蒸気機関の発達などで，財の貿易費用が低下し，財の国際貿易が拡大した。これにより，財レベルの国際分業が進んだ。現代の第2のアンバンドリング（second unbundling）では，情報通信技術（ICT）の発達などで，通信費用が低下し，1つの財を生産する複数の生産工程のうち一部の生産工程を海外で行うことが可能になった。以前は不可能であった生産工程レベルの国際分業が広がった。こうした現象は，生産工程の断片化（fragmentation）とも呼ばれる。

▷ 業務の海外移転

　ジーン・グロスマンらは，財の貿易に対して，現代では業務の貿易（trade in tasks）が広がっているとする。伝統的貿易理論の創始者とされるリカードは，イギリスとポルトガルが布とワインを交換しあう貿易を例に比較優位を説明したが，グロスマンらは現代の貿易はもはや布とワインの交換ではないという。

　グロスマンらは，業務の貿易という言葉を用いて，国際分業が財よりも細かく深い生産工程レベルで行われるようになった現実を描写している。図3-6は，業務（生産工程）の国際分業を模式的に図示したものである。いま仮に3つの業務を経て，完成品が生産されるとする。低賃金国で海外生産を行えば，生産費用を節約できる面もあるが，各業務ごとに海外生産のしやすさが当然異なる。そのため，業務によっては，国内で行った方がよい業務もある。図3-6では，企業が，海外生産が比較的しやすい業務1と2を海外で行い，業務3を国内で行う場合を描いている。

　一部の業務の海外移転が可能となれば，企業は海外移転が可能でなかった場合に比べて，少ない費用で財を生産することが可能にな

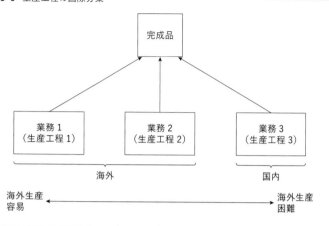

図 3-6 生産工程の国際分業

完成品

業務 1
（生産工程 1）

業務 2
（生産工程 2）

業務 3
（生産工程 3）

海外　　　　　　　　　国内

海外生産
容易 ←――――――――――→ 海外生産
困難

るため，生産性が上昇するのと同じ効果が得られる。一方で，これまで国内生産を担っていた単純労働者への影響は慎重に検討すべき課題である。この点については，第 11 章で改めて取り上げる。

▷ 付加価値貿易

　生産工程レベルでの国際分業が進展したことで，**付加価値貿易**（輸出）という視点が重要になってきた。従来，輸出額の指標としては，取引額で測った輸出額である「輸出取引額」（通常の「輸出額」）が用いられてきた。いまでも新聞などで目にする輸出額はこの輸出取引額である。それに対して，「付加価値輸出額」とは，付加価値（value added）額の源泉に基づく輸出額であり，付加価値を生み出した国から付加価値を消費する国への付加価値額で測った輸出額である。

　財レベルの国際分業では，輸出取引額＝付加価値輸出額となるが，

図 3-7 輸出取引額と付加価値輸出額の比較

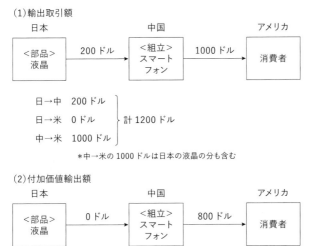

（1）輸出取引額

日本　　　　　　　中国　　　　　　アメリカ

〈部品〉液晶 → 200 ドル → 〈組立〉スマートフォン → 1000 ドル → 消費者

日→中　　200 ドル
日→米　　0 ドル　　　　　計 1200 ドル
中→米　　1000 ドル

＊中→米の 1000 ドルは日本の液晶の分も含む

（2）付加価値輸出額

日本　　　　　　　中国　　　　　　アメリカ

〈部品〉液晶 → 0 ドル → 〈組立〉スマートフォン → 800 ドル → 消費者

200 ドル

日→中　　0 ドル
日→米　　200 ドル
　　　　　（日本で生まれた価値）　　計 1000 ドル
中→米　　800 ドル
　　　　　（中国で生まれた価値）

生産工程レベルでの国際分業が行われるようになると，財が最終的に完成するまでに複数の国を中間財として経由するので，「輸出取引額の合計 ≧ 付加価値輸出額の合計」となる。たとえば，図 3-7 に表すように，日本で生産された 200 ドルの液晶を用いて中国で組み立てられた 1000 ドルのスマートフォンが，アメリカの消費者向けに輸出されるという例を考えてみる。輸出取引額でみると，日本から中国に輸出された液晶の付加価値額 200 ドルは，日本から中国への輸出額に一度計上され，中国からアメリカへのスマートフ

図 3-8 輸出取引額と付加価値輸出額の各産業のシェア（2008 年）

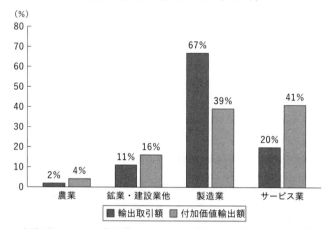

出所：Johnson, R. C.［2014］"Five Facts about Value-added Exports and Implications for Macroeconomics and Trade Research,"*Journal of Economic Perspectives*, 28（2）, pp. 119–142.

　ォンの輸出額にも再度計上される。この二重計上の問題と呼ばれている性質のため，3 カ国全体で輸出取引額の合計は 1200 ドルとなる。一方で，付加価値輸出額でみると，日本で生産された 200 ドルの液晶は中国ではなく最終消費地のアメリカへ輸出されることになる。また中国からアメリカへの付加価値輸出額は日本で生産された液晶の 200 ドル分を引いた 800 ドルになる。結果として，3 カ国全体で付加価値輸出額の合計は 1000 ドルとなる。このように生産工程レベルでの国際分業が行われるとき，中間財の貿易が二重計上されるため，輸出取引額が付加価値輸出額に比べて過大になる。

　また，付加価値輸出は，サービス業が輸出で大きな役割を担っていることを明らかにした。図 3-8 は輸出取引額と付加価値輸出額の各産業のシェアを示したものである。製造業は，輸出取引額でみ

ると輸出の 67% を占めているものの，付加価値輸出額でみると輸出の 39% を占めるにすぎない。逆にサービス業は，輸出取引額でみると輸出の 20% を占めるにすぎないが，付加価値輸出額でみると輸出の 41% を占め，製造業に並ぶ。

5 外資系企業

▷ 乏しい対日直接投資

これまで，日本企業が外国に進出する場合を想定して外国直接投資の説明を行ってきたが，逆に外国企業が日本に進出する場合もある。外国直接投資を通じて日本に進出してきた外国企業のことを**外資系企業**と呼ぶ。また，日本（自国）から外国へ行われる外国直接投資を対外外国直接投資や対外直接投資と呼ぶのに対して，外国から日本（自国）へ行われる外国直接投資を対内外国直接投資や対内直接投資と呼ぶ。

他の先進国と比べて，日本への対内直接投資は少ないといわれてきた。実際，国連貿易開発会議（UNCTAD）のデータベースによると，表 3–1 に示すように，2018 年時点で対内直接投資（ストック）が GDP に占めるシェアは，アメリカでは 30% を超えて，イギリスやカナダでは 50% を超えているが，日本では 4.3% と 5% に満たない。対外直接投資（ストック）が GDP に占めるシェアについては，日本の 33.4% がアメリカの 31.4% よりも大きいこととは対照的である。つまり，日本企業が外国に進出することは多いが，日本へ進出する外国企業は少ないといえる。

外資系企業といっても，フランスのルノーが主要株主になってい

表 3-1　先進国の外国直接投資ストックが GDP に占めるシェア（2018 年）

国	対内直接投資／GDP（%）	対外直接投資／GDP（%）
イギリス	67.1	60.2
カナダ	52.3	77.6
アメリカ	36.2	31.4
フランス	29.7	54.2
イタリア	20.8	26.5
日　本	4.3	33.4

出所：国際連合貿易開発会議（UNCTAD）より筆者作成。

る日産のように，外国企業がもともとあった日本企業を買収した結果，外資系企業（日本生まれの外資系企業）となっている場合もある。それに対して，スイスのネスレ本社が日本に進出し，誕生したネスレ日本のように，グリーンフィールド投資の結果生まれた外資系企業（外国生まれの外資系企業）もある。いずれにせよ，対日直接投資額が少ないことは，外資系企業が日本には少ないことを意味している。

▷ 外資系企業の賃金プレミアム

　対日直接投資が少ないことは，政府からも政策課題として認識され，外資誘致に向けた政策努力がなされてきた。対日直接投資が少ない理由を探る経済学研究もなされてきたが，原因はいまだ十分に解明されていない。

　一方で，外資系企業の賃金が高い傾向にあるという国際的にしばしば観察される特徴は，日本においても確認されている。外資系企業が内資企業に比べて賃金が高いことは，**外資賃金プレミアム**と呼ばれている。「賃金構造基本統計調査」（厚生労働省，2012 年），「経済センサス基礎調査」（総務省，2009 年）を用いた，筆者の試算では，

輸出も外国直接投資も行っていない国内企業の1時間当たりの平均賃金は1928円である。それに対して，外資系企業（外資比率50%以上の企業）の平均賃金は3640円である。輸出も外国直接投資も行っていない国内企業と比較したとき，外資系企業は平均的に実に89%も高い賃金を支払っている。

▷ 外資系企業の波及効果

　外資系企業が国内企業に与える影響は，競争効果と集積効果に分けて議論されてきた。競争効果とは，優れた外資系企業の参入によって，国内企業の国内市場シェアが奪われ，規模の経済が損なわれ，生産性が低下するという負の効果のことである。一方で，外資系企業が持つ優れた技術や経営慣行が国内企業に伝播したり，外資系企業で働いた経験を持つ従業員が国内企業に転職したり，外資系企業から優れた中間財が手に入るようになることなどを通じて，国内企業の生産性が高まる可能性もある。こうした正の効果は集積効果と呼ばれている。競争効果は同じ国内市場に製品を供給している地理的に離れている企業にも及びやすいが，集積効果は地理的に近接している企業にしか及ばない可能性がある。

　また，同一産業内の国内企業が受ける水平的波及効果と，同じ生産連鎖の異なる垂直段階に位置する国内企業が受ける垂直的波及効果は，区別する必要がある。というのも，同一産業の国内企業が受ける水平的波及効果については，外資系企業との市場シェアの奪いあいで，負の競争効果が正の集積効果を上回り，負となる可能性がある。一方で，外資系企業と取引関係にある川上産業や川下産業の国内企業が受ける垂直的波及効果については，外資系企業から負の競争効果を上回る正の集積効果を受け，正となる可能性がある。

外資系企業がもたらす波及効果についての上述のさまざまな予測を裏付ける実証研究も出てきてはいるが，研究手法や研究対象国の違いもあり，定型化されるには至っていない。

本章の問いの答え

　現代の企業は，生産費用を節約するために海外生産を行い，市場を求めて海外市場に輸出や外国直接投資を通じて進出している。輸送費用を節約するために，輸出ではなく外国直接投資を選択する企業は生産性の高い企業であることが第 7 章で明らかにされる。海外生産や市場開拓のため，外国に子会社を有することになった企業はグローバル企業となる。現代では，巨大なグローバル企業が部品の国際調達，輸出，海外生産と多方面にわたって国際化し，膨大な数の従業員を雇用し，世界経済に大きな影響を及ぼしている。このように企業が国際化を行うのは，主に生産費用節約・輸送費用節約という 2 つの大きな目的のためであると経済学者は考えてきた。その根底にあるのは国境を越える企業の利潤最大化行動である。補助金などの政策手段によってマスクなど特定の財の国産化を促す政策が，日本企業の最適化行動を歪めることを通じて，グローバルな企業間競争において日本企業を不利にしないか慎重な検討が求められる。

　巨大なグローバル企業はさまざまな批判に直面してきた。たとえば，法人税率の低い国に名目的に本社を置き，租税を不当に回避しているという批判がなされてきた。また，人権や環境などへの対応も強く求められるようになってきている。生産委託している途上国の工場で劣悪な環境のなか，労働者が働かされていたり，環境破壊

がなされていたりするといった批判がある。近年は，中国の通信機器大手ファーウェイが，安全保障上の理由でアメリカ市場から排除されるということもあった。Google, Apple, Facebook, Amazon（GAFA）などの巨大 IT 企業（プラットフォーマー）が独占的な地位を濫用しているという批判もある。こうした問題は残された課題といえる。

✐✐✐ *Report assignment* レポート課題 ✐✐✐✐✐✐✐✐✐✐✐✐✐✐✐✐✐✐✐✐✐✐✐✐✐✐✐✐✐✐✐✐✐✐

3.1 スターバックスやマクドナルドのように，外国で生まれた飲食店チェーンが日本にも進出している。一方で，モスバーガーやドトールコーヒーのように日本で生まれた飲食店もある。外国から飲食店が日本に進出することで，日本経済に良い影響があるだろうか。悪い影響があるだろうか。

✐✐✐ *Exercise* 演習問題 ✐✐✐

3.1 以下の①〜③の日本企業の外国直接投資が a.〜c. のどれに該当するか選択しなさい。

①アメリカの消費者に製品を販売するにあたって，日本からアメリカへの輸送費用を節減することを目的としてアメリカに子会社を設立する。

②賃金の安いタイに子会社を設立し，タイで生産して日本に輸入することで生産費用を節減する。

③日本企業がアメリカ市場に自動車を供給するのにあたって，賃金の安いメキシコの子会社で生産した自動車をアメリカに輸出する。

  a. 輸出基地型外国直接投資 b. 水平的外国直接投資

  c. 垂直的外国直接投資

3.2 以下の 3 つの文章のうち誤っているものを 1 つ選びなさい。

 a. 自国で生産された原材料を用いてポルトガルがイギリスにワインを輸出する場合，取引額で測った輸出額と付加価値額で測った輸出額は一致する。

b. 日本製の部品を用いた中国製のパソコンを日本が輸入する場合，中国の日本への輸出取引額は付加価値輸出額を超える。

c. 日本で製造された部品を用いて中国で組み立てられた iPod が，アメリカで販売される場合，日本からアメリカへの付加価値輸出額はゼロになる。

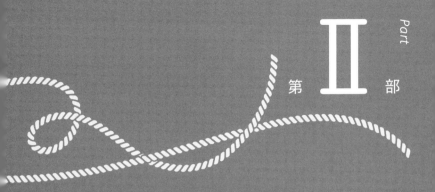

なぜ貿易は行われるのか

Chapter

技術が貿易を決める

リカード・モデル

東南アジアに輸出される青森産リンゴ（写真提供：Wismettac フーズ株式会社）

Quiz クイズ

Q 4.1 日本のコメ農家の平均的な耕作面積は約 1 ha であるが，アメリカ・カリフォルニア州のコメ農家の平均耕作面積はどのくらいか（東京ドームが約 4.7ha）。
a. 約 14 ha **b.** 約 42.2 ha
c. 88.5 ha **d.** 約 161 ha

Q 4.2 日本の農林水産物や食品の輸出は増加傾向にある。水産物の輸出のなかで最も割合の高い品目は次のうちどれか。
a. マグロ **b.** ブリ **c.** さんご **d.** ホタテ

Answer クイズの答え

Q 4.1　d.

約 161 ha（東京ドーム 34 個分）。農林水産省によると 2018 年の日本の
コメの生産費用はアメリカの 7 倍に及ぶという。日本の農業には外国と比
べて生産者の努力だけでは埋めがたい生産性の格差が存在し，その 1 つが
農家の経営規模が小さいことである。

Q 4.2　d.

ホタテ。中国やアメリカでホタテは人気食材ということもあり，近年需
要が増加している。高度な品質を保つ日本の冷凍加工技術や衛生管理体制
が輸出の増加を支え，ホタテは水産物輸出の約 2〜3 割を占める。

Keywords キーワード

比較優位，機会費用，生産技術，国際分業の利益，生産特化，相対価格，
交易条件，貿易三角形，貿易パターン，特殊要素

Chapter structure　本章の構成

比較優位とは	リカードの貿易理論	現実経済への応用
・絶対優位との違い ・相対的に得意なもの に特化し，分業する メリット	・一般均衡モデルへの 描写 ・国際分業の利益が自 由貿易推進の原動力 ・交易条件と貿易パタ ーン	・財が複数の場合の比 較順位 ・産業間で転用できな い生産要素を考慮し た特殊要素モデル ・産業間で異なる貿易 自由化への賛否を考 える

本章の問い

　中国や台湾，タイやベトナムの高級食材店では日本の農林水産物や食品の人気が高く，日本からの輸出が伸びている。たとえば，糖度の高い日本のリンゴはアジアの富裕層から人気があり，タイのバンコクでは日本から輸出された青森産のリンゴが販売されている。一方で，小麦やとうもろこしなどの穀物は日本の国内生産は乏しく輸入に依存している。コストコではカリフォルニア米が国産米に比べてかなり安い値段で販売されており，外国の方が安く生産できるという点で日本の生産性は低い。このため，主食のコメを含め穀類の自給率を上げるためにも輸入を制限すべきだという意見がある。貿易自由化を進め日本の果物を海外に輸出し，穀類は輸入に頼るべきなのか，果物の輸出はやめて穀類の自給率を上げることに国内資源を振り向けるべきなのか，どのように考えたらよいのだろうか。

1 比較優位

▷ **比較優位と絶対優位の違い**──**日本とタイのリンゴとコメ輸出入**

　国際貿易では，**比較優位**の概念が重要となる。ここでは比較優位と絶対優位の違いを具体的な数値例を用いて説明しよう。たとえば，いま日本とタイがリンゴとコメの2つの財をどのくらい生産すべきかを考える。生産には投入物が必要であり，ここでは労働投入のみと考える。生産物1単位の生産に必要な投入量（固定労働投入係数と呼ぶ）は日本とタイの間で異なり，表4-1に示されているように2国の間で生産技術が異なることを描写している。リンゴの生産について日本は1単位生産に2単位の労働が必要で，一方タイは10単位の労働が必要である。コメの生産については日本は1単位生産に4単位の労働が必要で，タイは8単位の労働が必要と考える。

　ここで日本は，リンゴとコメいずれについても絶対優位を有している。絶対優位とは，生産物の1単位生産に必要な生産要素の絶対量を2国間で比べ，投入量が少ない方に優位性があると考える概念である。日本は，リンゴ生産においてもコメ生産においてもタイに比べて少ない労働投入量で生産が可能であり，絶対優位を有している。一方，比較優位とは，他の国に比べて相対的にどの製品が相対的に少ない費用で生産できるかを考える概念である。たとえば表4-1の数値例では，日本は相対的にリンゴ生産に比較優位があり，タイは比較劣位となる。他方で，コメ生産について日本は比較劣位となりタイは比較優位と考える。これは，リンゴ生産の費用が，

表 4-1　固定労働投入係数

	日本	タイ
リンゴ	2	10
コメ	4	8

日本の方がタイよりも低いからである。この費用は**機会費用**を意味する。リンゴ1単位の生産のために犠牲にするコメの生産量は，リンゴ生産の労働投入2単位をコメ生産に回すことで得られる 1/2 単位である。したがって，日本のリンゴ生産の（コメの生産量で測った）機会費用は 0.5 である。一方，タイのリンゴ生産の（コメの生産量で測った）機会費用は，リンゴ生産1単位の生産のために犠牲にするコメの生産量を求めると $\frac{10}{8}=1.25$ 単位となる。2国間でリンゴ生産の機会費用を比べると日本の方がタイよりも低く，リンゴは日本に比較優位があると考えられる。

　同じ手順でコメについても考えてみよう。つまり今度は，「コメ生産1単位の生産のために犠牲にするリンゴの生産量」を考えることになる。日本の場合，コメ生産の労働投入4単位をリンゴ生産に回すことで得られるリンゴ生産量は2単位である。したがって日本のコメ生産の（リンゴの生産量で測った）機会費用は2である。一方タイについては，コメ生産の労働投入8単位をリンゴ生産に回すことで得られるリンゴ生産量は $\frac{8}{10}=0.8$ 単位である。したがって，タイのコメ生産の（リンゴの生産量で測った）機会費用 0.8 は，日本の機会費用2よりも低い。日本とタイの間でコメの機会費用を比べると，タイの方が安く生産することが可能でありタイに比較優位があると考えられる（表4-2）。

表 4-2　生産の機会費用の比較

	日本	タイ
リンゴの機会費用（＝リンゴ投入係数／コメ投入係数）	0.5	1.25
コメの機会費用（＝コメ投入係数／リンゴ投入係数）	2	0.8

比較優位による国際分業の利益

　国際貿易では，なぜ比較優位の概念が重要になるのだろうか。貿易の要因を解き明かした，貿易理論の基礎であるイギリスの経済学者デヴィッド・リカードの比較生産費説はその理由を解き明かしてくれる。リカード・モデルは貿易の要因として，国と国の間の**生産技術**の差異に焦点を当てている。ここでは前項で用いた数値例を使って，貿易が生じるメカニズムを説明しよう。いま日本とタイは，リンゴとコメの2つの財の生産を考えている。ここで生産に必要な投入は労働のみを考える。投入係数の設定に加え，両国は労働保有量を表 4-3 に示すように与えられているとする。

　前項で示したように，日本は，リンゴとコメいずれにも絶対優位を有しているが，貿易では2つの生産費の違いに着目した比較優位の概念が重要となる。日本は相対的にリンゴ生産が比較優位であり，コメ生産は比較劣位である。一方，タイはリンゴ生産が比較劣位であり，コメ生産は比較優位である。いま表 4-4 のように2つのケースを考えてみよう。①日本とタイの両国がそれぞれリンゴとコメを 100 単位ずつ生産するケースと，②両国が比較優位を持つ製品に特化するケースである。②のケースでは，日本は保有するすべての労働量（600）をリンゴ生産に投入してリンゴに生産特化し，リンゴのみを 300 単位生産する。一方，タイは保有するすべての

表 4-3 固定労働投入係数と労働保有量

	日本	タイ
リンゴ	2	10
コメ	4	8
労働保有量	600	1800

表 4-4 生産特化による利益

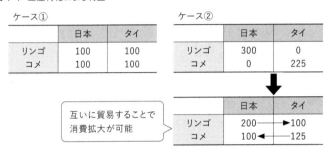

ケース①

	日本	タイ
リンゴ	100	100
コメ	100	100

ケース②

	日本	タイ
リンゴ	300	0
コメ	0	225

	日本	タイ
リンゴ	200——▶100	
コメ	100◀——125	

互いに貿易することで
消費拡大が可能

労働量（1800）をコメに投入し，コメのみを 225 単位生産する。それぞれ得られた生産量から日本はリンゴ 100 単位をタイに輸出し，タイはコメ 100 単位を日本に輸出したとしよう。その結果，ケース①と比べて，日本はリンゴが 100 単位，タイはコメを 25 単位多く得られることになる。すなわち，互いに比較優位を持つ製品に生産特化して貿易しあうことで，両国ともに利益を得ることが可能となる。こうした比較優位に基づいた**国際分業の利益**が自由貿易推進の原動力であったといえる。

2　リカード・モデル

⟍ 生産可能性フロンティア

　次に，より一般的な条件下でも前節の説明が可能か，一般均衡モデルの枠組みを使ってリカード・モデルを描写してみよう。リカード・モデルでは次のような仮定がある。完全雇用（労働者はすべて生産に投入される），完全競争市場（利潤ゼロ），生産技術は規模に関して収穫一定（投入に対して等倍の産出が得られる技術），である。こうした条件下で生産可能性フロンティア（労働を使って最大限生産できる2財の生産量の組み合わせ）はどのような形状になるのだろうか。生産技術が収穫一定であるため，投入と産出の関係を意味する生産関数の形状が，投入に対して産出が一定の直線的な関係として示される。これは，数値例で議論したように投入係数が固定されており，何単位生産しようが日本はリンゴ生産に2単位，コメの生産には4単位の労働投入が常に必要であることを表している。たとえばこの数値例を使うと，日本の生産関数はリンゴとコメについて図4–1のように表せるだろう。

　ここで生産可能性フロンティアを導いてみよう。前掲表4–3で示すように日本の労働保有量は600単位である。図4–2は，この600単位の労働量を，リンゴ生産に投入する労働量（L_x）とコメ生産に投入する労働量（L_y）に振り分ける際の労働制約（$L=L_x+L_y$）を第3象限に示しつつ，第2象限にコメの生産関数を，第4象限にリンゴの生産関数をそれぞれ示している。たとえば労働保有量をすべてリンゴの生産に投入すると，生産関数に対応した産出が得ら

図 4-1 日本の生産関数

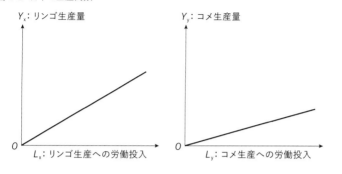

Y_x: リンゴ生産量

O　L_x: リンゴ生産への労働投入

Y_y: コメ生産量

O　L_y: コメ生産への労働投入

れ，リンゴとコメの生産量の組み合わせは図中の A 点（300, 0）で表示される。次にリンゴに労働 200 単位，コメに 400 単位投入した場合の生産量の組み合わせが B 点（100, 100）に示される。すべての労働保有量をコメの生産に充てた場合には C 点（0, 150）に生産の組み合わせが表示できる。これらのことから，労働投入の配分に対応したリンゴとコメの生産量の組み合わせを第 1 象限に描写していくと，右下がりの直線として描くことができる。この線上で示す生産量の組み合わせは，労働をすべて使い切り日本が生産可能な生産量を示しており，生産可能性フロンティアと呼ぶ。

閉鎖経済時の生産と消費

ここでは，生産可能性フロンティアのもとで日本とタイはそれぞれどのように生産を決めるか考える。リンゴの価格を P_x，コメの価格 P_y として，まず 2 国が互いに自給自足している状態から考えてみよう。自給自足では需要＝供給となるはずである。リンゴとコメはどの程度供給されるのか。日本がリンゴに生産特化した場合の収入（生産量×単価）は $300P_x$，一方コメに生産特化した場合の収入は

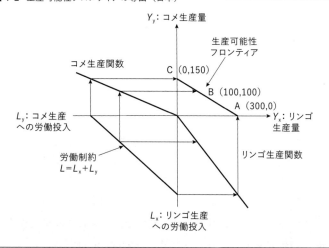

図 4-2 生産可能性フロンティアの導出（日本）

$150P_y$ である。仮に $300P_x > 150P_y$ つまり $\frac{P_x}{P_y} > \frac{1}{2}$ であるならば，リンゴに生産特化する方が合理的である。反対に $\frac{P_x}{P_y} < \frac{1}{2}$ の場合には，コメに生産特化することになる。$\frac{P_x}{P_y} = \frac{1}{2}$ の場合は，リンゴとコメのどちらを選ぶかが無差別となり，一方に生産特化するのではなく両方を生産することになる。閉鎖経済下の**相対価格** $\frac{P_x}{P_y}$ は需要量（消費量）に応じて決定されるが，一方の財に需要が偏っていなければリンゴとコメの両方に需要があるため，両財が生産される $\frac{P_x}{P_y} = \frac{1}{2}$ が閉鎖経済時の相対価格となる。

　閉鎖経済時の2財の消費量は代表的な消費者の効用最大化問題を解くことによって求められる。たとえば，いま日本の代表的な消費者の効用関数が $u = xy$ で与えられるとする。最適な消費量の組み合わせは2財の限界代替率（Marginal Rate of Substitution: MRS）＝相対価格となる消費量である。限界代替率は2財の消費量に対応

図4-3 閉鎖経済時の両国の生産と消費

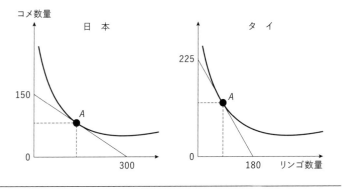

する効用水準を示した無差別曲線（indifference curve）の傾きであり，コメの消費を減らしたとき，リンゴの消費を増やすことで以前と変わらない効用水準を保てるすると，リンゴに対するコメの限界代替率は $\frac{\Delta y}{\Delta x}$ と表せる。これは $\frac{\Delta y}{\Delta x} = \frac{dy}{dx} = \frac{du}{dx} / \frac{du}{dy}$ とも表せる。ここで $\frac{du}{dx}$ と $\frac{du}{dy}$ はそれぞれリンゴとコメの追加的な消費から得られる効用の増加分，すなわち限界効用（marginal utility）を意味している。したがって閉鎖経済時の2財の消費量は，相対価格が $\frac{P_x}{P_y} = \frac{1}{2}$ でリンゴとコメの両方が生産されていて，なおかつ，無差別曲線の傾きと相対価格が一致する図4-3のA点で決定される。このとき生産＝消費となり，両国はそれぞれ国内で消費するものはすべて国内生産でまかなう自給自足が成り立っている。

⟩ **交易条件と自由貿易**

　日本とタイが互いに貿易をする，開放経済時の生産と消費は，どのように決定されるのだろうか。閉鎖経済と開放経済の違いは，閉鎖経済では国内独自の価格条件すなわち相対価格に生産者と消費者

図 4-4　開放経済時の両国の生産・消費と貿易

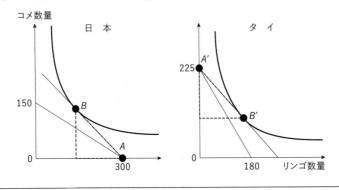

が直面するが，開放経済では国際的な価格条件のもとで生産・消費が決定されることである。閉鎖経済では，日本の相対価格は生産可能性フロンティアの傾きである $\frac{P_x}{P_y}=\frac{1}{2}$，タイの相対価格は $\frac{P_x'}{P_y'}=1.25$ である。互いに自由貿易するならば，国際相対価格 $\frac{P_x^w}{P_y^w}$ は両者の相対価格の中間（$\frac{1}{2}<\frac{P_x^w}{P_y^w}<1.25$）で決まり，両国とも同じ国際相対価格 $\frac{P_x^w}{P_y^w}$ に直面することになる。この相対価格のことを**交易条件**と呼ぶ。このとき，日本とタイはそれぞれ比較優位を持つ財に生産特化することになる。日本にとって $\frac{1}{2}<\frac{P_x^w}{P_y^w}$ のもとで，生産される財は前項で説明したようにリンゴのみである。一方タイでは，同様に考えると $\frac{P_x^w}{P_y^w}<1.25$ のときにコメに生産特化することがわかる。この状況を描写したものが図 4-4 の A と A' 点である。日本はリンゴを 300 単位生産し，タイはコメを 225 単位生産する。得られた収入をもとに両国は消費量を決定する。限界代替率と国際相対価格が一致するのは図中の B と B' 点となり，両国とも 2 財を消費する。このとき生産と消費が分離することで生産超過分と不足分が生じる。まさにこの部分が貿易量であり，A 点と B 点を結ぶ三角形の辺の

長さで示すことができる。これを貿易三角形（trade triangle）と呼ぶ。日本はリンゴが生産超過しておりタイに輸出する代わりに，不足するコメをタイから輸入する。タイはその逆に，余っているコメを輸出して日本からリンゴを輸入するのである。このような，何を輸出して何を輸入するかという組み合わせのことを貿易パターンという。

　貿易は，日本とタイを豊かにしたのだろうか。閉鎖経済時の図4-3と開放経済時の図4-4を見比べて，両国ともに，無差別曲線の位置が閉鎖経済時に比べて右上方に移動していることに注目してほしい。つまり，閉鎖経済時に比べて，貿易後は高い効用が得られるようになったことがわかる。リカードが示すように，比較優位を持つ財に生産特化し，互いに貿易することで，より高い効用水準を達成することが可能となるのである。

3　リカード・モデルの現実への適用

▷　財が多数あるときの比較優位と貿易パターン

　これまではリンゴとコメの2財のみを考えてきたが，実際には多くの財が存在している。この場合の比較優位はどのように考えたらよいのだろうか。ルディガー・ドーンブッシュらは，リカード・モデルを2国多数財に拡張させた（Dornbusch et al. [1977]）。たとえば，リンゴとコメに加え，医薬品，PC，時計，衣服の計6品目について，日本とタイの間には表4-5に示すような生産技術の差があるとする。

　いずれについても日本に絶対優位があることがわかるが，比較優

表 4-5　固定労働投入係数：多数財のケース

	リンゴ	PC	医薬品	時計	衣服	コメ
日本	2	3	6	5	3	4
タイ	10	18	42	20	9	8

位については，財が 3 つ以上の場合には定かではない。この場合には生産技術の差に加えて，賃金コストの差に関する情報が比較優位を判断するために必要となる。たとえば，いま日本はタイに比べて 3.5 倍の賃金コストがかかるとしよう。次の手順で日本とタイの比較優位財を知ることができる。

①日本がタイに比べてどの程度生産技術が優れているかを，投入係数の比率（タイ／日本）で各財について求める。

②縦軸に求めた投入係数の比率，横軸に各財を取り，日本が優れている順に並べる。

③3.5 倍の賃金コストの差を考慮しても，なお日本に生産技術が優れている財が日本の比較優位財，賃金コストの差を埋められない財は，比較劣位すなわちタイの比較優位財となる。

図 4-5 は，この手順に沿って，タイの投入係数／日本の投入係数の比率が高い順に左から並べたものである。この比率は，より少ない労働投入で生産が可能な日本に比べて，タイがどの程度多くの投入を要するかを意味するが，日本がそれだけ効率的に生産することができるとも言い換えることができる。したがって，図の左から順に日本の優位性が高い財といえる。ここで，賃金コストの差との関係に着目すると，日本では 3.5 倍賃金コストが発生するが，医薬品・PC・リンゴ・時計については賃金コストを超える生産効率性が発揮できる。一方で，衣服とコメについては賃金コストの倍率に

図 4-5 多数財の比較優位

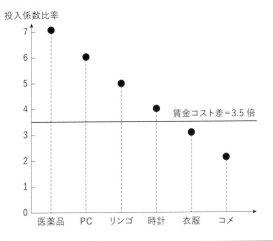

満たない生産効率性であり，これらは日本で生産するよりもタイの方が生産効率的である。したがって，比較優位のある財は，日本は医薬品・PC・リンゴ・時計，タイは衣服・コメとなる。貿易パターンは，互いに比較優位財を生産特化・輸出し，その他の財を輸入する貿易パターンとなる。

▷ アジアの賃金上昇と生産の国内回帰

リカード・モデルに従うと，貿易は生産技術の違いによって生じることが説明できる。では比較優位財を生産・輸出し，比較劣位財を輸入するという貿易パターンは変化しないものなのだろうか。現実には，技術水準や賃金コストの変化によって貿易パターンは変化しうる。図 4-6 は，OECD 平均と日本を含む主要国の平均賃金の推移を，1990 年から 2020 年まで示したものである。他の主要国では，90 年時に比べて 1.3～1.9 倍に堅調な賃金上昇がみられるが，

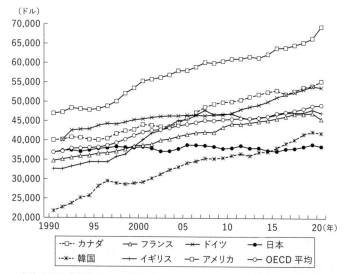

図 4-6 低迷する日本の平均賃金

（ドル）

出所：OECD［2022］Average wages（indicator）. doi: 10.1787/cc3e1387-en（Accessed on 18 June 2022）.

日本は 91 年のバブル崩壊以降の平成不況を経て，2020 年までほとんど賃金が上昇していない。15 年には韓国が日本を抜くなど，賃金水準の低迷が際立っている。

　他のアジア諸国と比べると，賃金水準は日本の方が依然として高いものの，中国をはじめアジア各国は，顕著な経済成長に伴い賃金の上昇が続いている。かつて日本国内では，競争力を失った製品の多くが中国など東アジアに生産が移ったが，当該地域の賃上げや労働争議の増加によって，再び生産を国内回帰（reshoring）させる事例も見受けられる。たとえば，マツダは，タイで生産していた一部を国内に移管することを決め，他の製造業でも，パナソニックやキヤノンが一部の生産拠点を中国などアジアから国内に移管している。

日本とタイの事例においても，タイでは日本に比べて賃上げが顕著であることから，日本との賃金コストの差は縮小しているといえる。これは，比較優位に基づく貿易パターンに変化をもたらす。仮に，賃金コストの差が2倍未満に縮小した場合で先の多数財のケースを考えると，衣服の生産も日本に比較優位があることになり，生産が日本に国内回帰することがうかがえる。

▷ 産業間で生産要素は転用可能か

　リカード・モデルは現実にただちに当てはまるかというと，留保も必要である。たとえば，生産要素がリンゴ生産とコメ生産どちらにも投入可能であるという仮定があるが，現実には異なる品目の間で転用がただちに利かない生産要素も存在する。このような，他の産業で転用不可能な産業特殊な生産要素のことを，**特殊要素**（specific factor）と呼ぶ。転用可能な生産要素に加えて特殊要素を導入したモデルは，その考え方を提示したジェイコブ・ヴァイナーにちなみリカード＝ヴァイナー・モデルと呼ばれる。特殊要素モデルは，貿易政策による所得分配の影響を明らかにすることに役立つ分析ツールである。たとえば日本では，加盟国内で関税撤廃・引き下げを進める環太平洋パートナーシップ協定（Trans-Pacific Partnership Agreement: TPP）への参加を巡り賛否が分かれ，とくに農業分野からは，農業協同組合中央会などを中心に強い反対意見が，製造業からは，経済団体連合会や経済同友会，自動車工業会などを中心に賛成意見が寄せられた。特殊要素モデルは，貿易政策に関わるこうした産業間の意見の隔たりを説明することに役立つ。

　たとえば，製造業と農業の2部門を考えよう。生産要素には，労働に加えて資本と土地を考える。ここで，資本は製造業にのみに

利用可能な特殊要素，土地は農業にのみ利用可能な特殊要素と考え，労働は2部門で転用可能としよう。実際に，日本の農家のなかで専業農家の割合は低く，約8割が兼業農家であり，季節や曜日によってはメーカーで勤務するなど製造業と掛け持ちする農家も多い。製造業（M）と農業（A）の2部門それぞれ生産関数は

$$Q_M=f_M(K_M, L_M), \quad Q_A=f_A(F_A, L_A)$$

と表せる。K_M は製造業の特殊要素である資本を，F_A は農業の特殊要素である農地を意味し，L は2部門間で転用可能な労働であり $L=L_M+L_A$ である。財価格を工業品が P_M，農産品価格は P_A として，生産要素の価格は資本レンタル料を r_M，土地のレンタル料を r_A，賃金を w とすると，利潤関数はそれぞれ次式となる。

$$\pi_M=P_MQ_M-r_MK_M-wL_M, \quad \pi_A=P_AQ_A-r_AF_A-wL_A$$

最適な労働投入量は，労働の限界生産物（Marginal product of labor: $MPL_M=\frac{\partial Q_M}{\partial L_M}$）価値と賃金が等しくなるような水準で決定される。労働の限界生産物価値とは財価格を掛け合わせたものなので，農産品も同様に，この条件は次のように表せる。

$$P_M \times MPL_M=w, \quad P_A \times MPL_A=w$$

2部門の労働者の配分がどのように決まるか図示してみよう。図4-7は，左から右に製造業の限界生産物価値を，右から左に農業の限界生産物価値を示しており，横軸は $L=L_M+L_A$ である。横軸に対して右下がり（農業は左下がり）であるのは，2部門の生産関数で労働投入に対する収穫逓減が仮定されているため，資本が一定のもとで労働投入量を増やすと，労働の限界生産物 MPL_M の値が減少

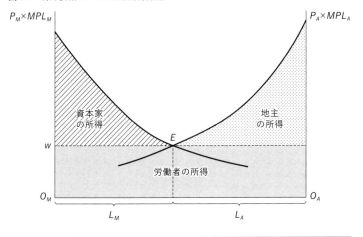

図 4-7 特殊要素モデルによる所得分配

するからである。直感的には，衣服を生産している場面で資本がミシン 2 台であるとしたとき，1 人から 2 人に労働者が増えたときの生産量の増加分と，2 人から 3 人に労働者が増えたときの増加分は後者のケースの方が小さいことを想像すればよい。図 4-7 の E 点で 2 部門の限界生産物価値が等しくなり，労働者の配分と賃金が決定される。限界生産物価値のうち，労働者は w に相当する部分を受け取り，残余の価値は製造業の場合には資本家（斜線部分）が，農業の場合には地主（ドット部分）が受け取ることになる。

　TPP 加盟による貿易自由化の推進は，こうした国内の所得分配にどのような変化をもたらすだろうか。自由化によって農産品にかかる関税の削減撤廃が進むことから，農産品価格 P_A の下落が生じる。工業品は，自由化によって輸出が拡大すれば価格上昇が考えられるが，ここでは輸出拡大は限定的で P_M は不変としよう。これにより，農業の限界生産物価値は図 4-8 に示すように下方にシフト

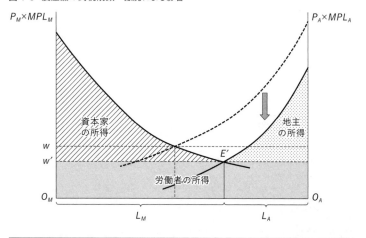

図 4-8 農産品の関税削減・撤廃による影響

するため，均衡点は E' となり，労働者は農業から製造業に転出し，賃金は w' の水準に低下する。資本家と地主の所得分配では，資本家所得は増加し，地主の所得は減少することがわかる。つまり，製造業に特殊な生産要素の提供者は，農産品の関税削減によって所得増加が見込める一方，農業に特殊な生産要素の提供者は打撃を受けることが示唆される。このように特殊要素モデルは，産業間で貿易自由化の賛否が分かれる実態を説明することができる。他方で，産業間で転用可能な労働者への影響は明確ではない。名目賃金は $w \rightarrow w'$ に減少するものの，実質賃金では農産品価格でみると P_A の下落幅の方が賃金の下落幅より大きいので，農産品を多く消費する人にとっては TPP 加盟はプラスの影響があるといえるし，工業品を多く消費する人にとってはマイナスの影響を受けると考えられる。

リカード・モデルが示すように，比較優位を有する製品に生産特化し，他国との貿易を行うことで，世界は生産・消費を増加することが可能となる。海外では日本産の果物やウイスキー等への需要が高まっている。ここでは食料安全保障の問題を考えていないが，基本的には貿易自由化によって果物を輸出し，穀類は輸入に頼るような状況が望ましいことが示される。こうした国際分業による利益が，自由貿易を支持する基礎となっている。

他方で，本章で学んだリカード・モデルは，現実にただちに当てはまるかというと留保が必要である。たとえば，労働者がリンゴ生産とコメ生産どちらにも投入可能であるという仮定があるが，異なる産業間の場合，現実には生産要素の移動がただちに実現できるわけではない。産業間で移動不可能な生産要素を想定した特殊要素モデルで考えると，そうした特殊要素の提供者にとって，貿易自由化の影響は所属する産業に応じて異なることがわかる。貿易自由化の賛否が産業間で分かれる背景には，要素移動が困難であることが影響している。

Report assignment レポート課題

4.1 経済産業研究所が日本全国1万人に実施したアンケート調査（2011年度「貿易政策への支持に関する調査」）によると，貿易自由化への賛否は個人の学歴や収入といった個人属性以外に，所属する産業の属性が強く関連しているという。この結果はリカード＝ヴァイナー・モデルを想定したとき何を意味しているか議

論してみよう。

4.1 いま，2国（自国と外国）が生産要素に労働のみを用いた2財（スマートフォンと電気自動車）の生産について，下の表のような生産技術と労働量が与えられている。次の問いに答えなさい。

	自国	外国
スマートフォン1台の生産に必要な労働投入量	3	9
電気自動車1台の生産に必要な労働投入量	3	6
労働保有量	600	900

(1) 縦軸にスマートフォン数量，横軸に電気自動車数量をとり，両国の生産可能性フロンティアを描きなさい。

(2) 自国のスマートフォンの，電気自動車の生産量で測った機会費用はいくつになるか。

(3) 外国の電気自動車の，スマートフォンの生産量で測った機会費用はいくつになるか。

(4) 両国はそれぞれどちらの財に比較優位があるか。

(5) 両国の間でそれぞれ比較優位財に生産特化するためには，交易条件がどのような条件でなければならないか。

4.2 リカード・モデルを多数財モデルに拡張したとき，いま下表に示すように，a財～e財について，単位当たりの生産に必要な労働投入量が自国と外国に与えられている。いま自国の賃金が外国よりも3.5倍高いとすると，両国の比較優位パターンはどのようになるか。

	a財	b財	c財	d財	e財
自国	2	3	4	6	1
外国	8	15	4	12	3

4.3 図4-7の特殊要素モデルの所得分配上の均衡 E 点にある状況から，貿易自由化の推進によって工業品価格のみが上昇した場合，次の問いに答えなさい。

(1) 資本家と地主の所得分配はどのように変化するか，説明しなさい。

(2) 労働者への所得分配にはどのような変化が生じるか，説明しなさい。

生産要素が貿易を決める

ヘクシャー = オリーン・モデル

広大な大豆畑（写真提供：朝日新聞社）

Quiz クイズ

Q 5.1 大豆など穀物の生産には広い土地が必要である。2018 年の大豆の輸出額上位 2 位はアメリカ，3 位はカナダとなっている。では，大豆の輸出額トップの国はどこか。
a. インド　**b.** オーストラリア　**c.** ロシア　**d.** ブラジル

Q 5.2 本章で学ぶヘクシャー = オリーンの貿易理論では，各国に大卒の人がどの程度の割合いるかがその国の貿易に影響を与えると考える。2014 年のアメリカの 25 歳以上の人口に占める大卒者の割合は約 32%，メキシコは約 14% であった。日本の大卒比率はどれくらいだろうか。
a. 10%　**b.** 20%　**c.** 30%　**d.** 40%

Answer クイズの答え

Q 5.1　d.

　1位ブラジル（332億ドル），2位アメリカ（172億ドル），3位カナダ（22億ドル。以上，国連貿易統計 UN Comtrade より）。章扉の写真は，ブラジル中西部カンポベルジ郊外の大豆畑（朝日新聞 2019 年 12 月 3 日朝刊）。広大な国土を持つブラジルは大豆の主要輸出国である。土地という資源（生産要素）を豊かに持つことが，ブラジルに大豆輸出国としての地位を与えているのかもしれない。

Q 5.2　b.

　日本はアメリカよりも大卒比率が低く，日本の 25 歳以上の人口に占める大卒者の割合は 2010 年時点でおよそ 20% だった（世界銀行 World Development Indicators〔https://data.worldbank.org/indicator/SE.TER.CUAT.BA.ZS〕）。

Keywords キーワード

比較優位，資源，生産要素賦存量，ヘクシャー＝オリーン定理，レオンチェフの逆説，失われた貿易，移民，リプチンスキー定理，オランダ病，資源の呪い，要素価格，要素価格均等化定理，賃金格差，ストルパー＝サミュエルソン定理

Chapter structure 本章の構成

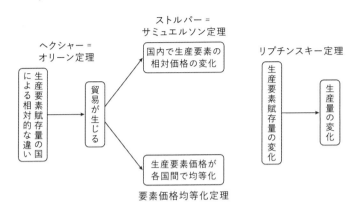

ヘクシャー =
オリーン定理

ストルパー =
サミュエルソン定理

リプチンスキー定理

生産要素賦存量の国による相対的な違い → 貿易が生じる

国内で生産要素の相対価格の変化

生産要素価格が各国間で均等化

要素価格均等化定理

生産要素賦存量の変化 → 生産量の変化

本章の問い

　1980 年代以降，アメリカ国内で賃金格差が拡大する傾向がみられた。高卒労働者に対して，大卒労働者の賃金は，1980 年頃には 1.5 倍程度だったが，2010 年頃には 2 倍近くになっている。この時期，貿易や投資が拡大し，グローバル化が進んだ。国際貿易が賃金格差拡大の主因なのだろうか。

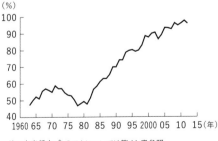

図 アメリカでの大卒賃金プレミアムの上昇

注：大卒賃金プレミアムについては第 11 章参照。
出所：Helpman［2018］より Autor［2014］のグラフを引用。

1 ヘクシャー゠オリーン・モデル

▷ 産業間貿易の理論

国際貿易は，産業間貿易と産業内貿易に大きく分けることができる。産業間貿易とは，A国が産業Xの財をB国に輸出し，B国が産業Yの財をA国に輸出するといった，異なる産業の財を輸出しあう貿易パターンである。たとえば，日本が自動車をインドに輸出し，インドが小麦を日本に輸出するといった貿易パターンである。それに対して，産業内貿易とは，A国が産業Xの財をB国に輸出し，B国も産業Xの財をA国に輸出するといった，同じ産業の財を輸出しあう貿易パターンである。第6章で説明する新貿易理論は，産業内貿易を説明するものである。

一方で，伝統的貿易理論（traditional trade theory）と呼ばれる貿易理論は，産業間貿易を説明するものである。伝統的貿易理論は，**比較優位**のある財を各国が輸出しあうと考える。ある国の比較優位が何から生じるか，という点について，第4章で説明したリカード・モデルと本章で説明するヘクシャー゠オリーン・モデルでは，考え方が異なる。リカード・モデルは，各国の生産性に着目し，各国は，相対的に生産性が高い財に比較優位を持ち，その財を輸出すると考える。

▷ ヘクシャー゠オリーン・モデルの特徴

ヘクシャー゠オリーン・モデル（Heckscher-Ohlin model）は，各国は，相対的に多い**資源**（経済学では生産要素賦存と呼ぶ）を大きな

比率で用いて生産される財に比較優位を持ち，その財を輸出すると考える。スウェーデンの経済学者エリ・ヘクシャーとベルティル・オリーンにちなんで，ヘクシャー＝オリーン・モデルと呼ばれているが，要素比率理論と呼ばれることもある。

ヘクシャー＝オリーン・モデルは，財の貿易の背後にある生産要素に着目する。生産要素とは，財・サービスの生産に投入されるものである。たとえば，労働，資本（機械や工場），土地，原材料などが生産要素として用いられ，財が生産される。

2 生産要素と完全雇用条件

生産技術

本章では，2財2生産要素2国の標準的なモデルを用いて，ヘクシャー＝オリーン・モデルを説明する。ここでは，アメリカとメキシコの2国のみがあり，大卒労働者と高卒労働者のみを用いて，大卒集約財（例：ハイテク製品）と高卒集約財（例：ローテク製品）の2財のみが生産されている世界を仮定する。ここで，「集約的に」とは，相対的に大きな比率でという意味である。たとえば，大卒集約財とは，大卒労働者を相対的に大きな比率で用いて生産される財のことである。以下では，大卒集約財をパソコン（PC），高卒集約財を衣服としよう。

表5-1は，PCと衣服を1単位生産するのに必要な，大卒労働者と高卒労働者の人数（生産要素量）を示したものである。この人数のことを固定技術係数と呼ぶこともある。たとえば，PCを1単位生産するのに必要な生産要素は，大卒労働者2人，高卒労働者2

表 5-1　各財 1 単位の生産に必要な生産要素

	大卒集約財（x） PC	高卒集約財（y） 衣服
大卒労働者	2 人	1 人
高卒労働者	2 人	3 人
大卒／高卒	2 人／2 人	1 人／3 人

人であることを示している。ヘクシャー＝オリーン・モデルでは，技術が各国（アメリカとメキシコ）で共通であると仮定する。そのため，アメリカでもメキシコでも財の生産に必要な人数は変わらないと仮定する。リカード・モデルが各国間の生産技術の違いから貿易を説明するのに対して，ヘクシャー＝オリーン・モデルは，生産技術に違いがなくとも，貿易が生じることを示す。

▷ **資源（生産要素賦存）**

　一方で，ヘクシャー＝オリーン・モデルは，各国に存在する資源の量（生産要素賦存量）は異なると仮定し，保有する資源の違いから貿易が生じることを導き出す。いま，アメリカには大卒労働者が1200 人，高卒労働者が 1800 人，メキシコには大卒労働者が 600 人，高卒労働者が 1200 人いると仮定する。これを表したのが表 5-2 である。

　このとき，大卒労働者と高卒労働者の比率（大卒比率）は，アメリカでは 3 分の 2，メキシコでは 2 分の 1 である。大卒比率が相対的に高いアメリカのことを大卒豊富国，逆に高卒比率が相対的に高いメキシコを高卒豊富国と呼ぶ。**ヘクシャー＝オリーン定理**は，大卒豊富国であるアメリカは大卒集約財（PC）を輸出し，高卒豊富国であるメキシコは高卒集約財（衣服）を輸出すると予測する。

表 5-2　生産要素賦存量

	アメリカ	メキシコ
大卒労働者	1,200 人	600 人
高卒労働者	1,800 人	1,200 人
大卒／高卒	2/3	1/2
国	大卒豊富国	高卒豊富国

▷ 生産可能性フロンティア

　次に，すでに説明した生産技術・資源の仮定のもとで，各国が生産可能な財の量がいくらになるのかを，生産可能性フロンティアと呼ばれる図で示したい。まず，アメリカでは，PC 1 単位の生産に 2 人の大卒労働者，衣服 1 単位の生産に 1 人の大卒労働者が必要であるが，大卒労働者は 1200 人しかいない。アメリカにおける PC の生産量を x，衣服の生産量を y とすると，大卒労働者の完全雇用を前提とすると以下の制約式を満たす必要がある。

$$2x + y = 1200$$

　この式を変形すると，

$$y = -2x + 1200 \qquad (1)$$

が得られる（大卒完全雇用条件）。PC の生産量（x）の係数にマイナスがついているのは，大卒の労働者が 1200 人しかいないという制約のもとでは，PC の生産量（x）を 1 単位増やすと，衣服の生産量（y）を 2 単位減らさないといけないためである。

　同様に，アメリカでは PC 1 単位の生産に 2 人の高卒労働者，衣服 1 単位の生産に 3 人の高卒労働者が必要であるが，高卒労働者は 1800 人しかいない。高卒労働者の完全雇用を前提とすると，以

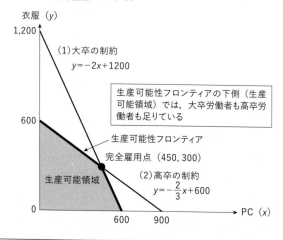

図 5-1 アメリカの生産可能性フロンティア

衣服（*y*）

1,200

(1)大卒の制約
$y=-2x+1200$

生産可能性フロンティアの下側（生産可能領域）では，大卒労働者も高卒労働者も足りている

600

生産可能性フロンティア

完全雇用点（450, 300）

生産可能領域

(2)高卒の制約
$y=-\dfrac{2}{3}x+600$

0

600　900

PC（*x*）

下の制約式を満たす必要がある。

$$2x+3y=1800$$

この式を変形すると，

$$y=-\frac{2}{3}x+600 \qquad (2)$$

が得られる（高卒完全雇用条件）。この式 (2) は，高卒の労働者が1800 人しかいないという制約のもとでは，PC の生産量（*x*）を 1単位増やすと，衣服の生産量（*y*）を 2/3 単位減らさないといけないことを示している。

以上でみてきた大卒と高卒の完全雇用条件式 (1)，(2) を，それぞれグラフに表したものが，図 5-1 である。大卒と高卒の完全雇用条件式両方の下側の部分は，大卒労働者も高卒労働者も足りているため，生産可能領域と呼ばれる。そして，生産可能領域の上辺

図 5-2　メキシコの生産可能性フロンティア

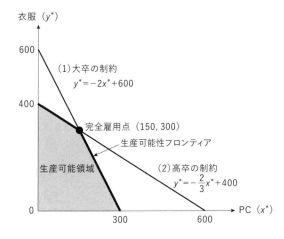

衣服（y^*）

600

(1)大卒の制約
$y^* = -2x^* + 600$

400

完全雇用点（150, 300）

生産可能性フロンティア

生産可能領域

(2)高卒の制約
$y^* = -\dfrac{2}{3}x^* + 400$

0　　　　300　　　　600　　PC（x^*）

を生産可能性フロンティアと呼ぶ。両式の交点は，大卒と高卒の完全雇用条件式の両方を満たす点であるため，完全雇用点と呼ぶことができる。完全雇用条件式 (1), (2) を連立して，PC の生産量 (x) と衣服の生産量 (y) の解を求めることで，この完全雇用点のおける両財の生産量が（PC 450, 衣服 300）であることがわかる。

　メキシコについても同様にして，大卒労働者と大卒労働者の完全雇用条件式を導き，生産可能性フロンティアを描いたのが，図 5-2 である。

▷　ヘクシャー＝オリーン定理と交易条件

　アメリカとメキシコ，それぞれの完全雇用点における生産量をまとめたのが，表 5-3 である。ここから，アメリカは，衣服 1 単位に対して，PC を 1.5 個生産しており，メキシコは，衣服 1 単位に対して，PC を 0.5 単位しか生産していないことがわかる。つまり，

表 5–3　各国の生産量

	大卒集約財 PC（x）	高卒集約財 衣服（y）	衣服／PC （y/x）
アメリカ	450 個	300 個	2/3
メキシコ	150 個	300 個	2

大卒労働者豊富国であるアメリカは大卒集約財（PC）の生産比率が相対的に高く，高卒労働者豊富国であるメキシコは高卒集約財（衣服）の生産比率が相対的に高い。

　いま，アメリカとメキシコの代表的消費者の効用関数が $u=xy$，$u=x^*y^*$ で表せると仮定する。このとき，アメリカにおいて，x 財の限界効用は $MU_x=y$，y 財の限界効用は $MU_y=x$ となる。そのため，限界代替率（MRS）は $MRS=\dfrac{MU_x}{MU_y}=\dfrac{y}{x}$ となる。限界代替率は無差別曲線の傾きの絶対値であり，各国内で自給自足している閉鎖経済において，各国の相対価格 $\dfrac{P_x}{P_y}$ と一致する。

　表5–3より，アメリカでは，完全雇用点において $MRS=\dfrac{y}{x}=\dfrac{2}{3}$ であるので，PC の相対価格 $\dfrac{P_x}{P_y}$ は 2/3 である。PC 1 単位は，完全雇用点において衣服 2/3 単位の価値があるといえる。図5–3は，完全雇用点における無差別曲線を描いている。完全雇用点において，無差別曲線の傾きの絶対値（限界代替率）は 2/3 である。

　同様に，メキシコでは，$MRS=2$ であるので，PC の相対価格は 2 であり，PC 1 単位は衣服 2 単位の価値があるといえる。アメリカでは，PC の生産量が相対的に多いため，PC の相対的な価値が低く，メキシコでは，PC の生産量が相対的に少ないため，PC の相対的な価値が低くなっている。

　そのため，両国の間で，PC 1 単位に対して，たとえば 1 単位の衣服が交換されるならば，両国が貿易を行うことによる利益が生じ

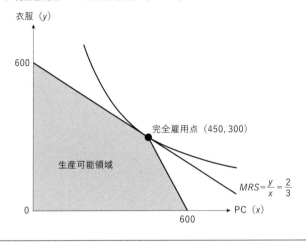

図 5-3 完全雇用点における無差別曲線（アメリカ）

衣服（y）

600

完全雇用点（450, 300）

生産可能領域

$MRS = \dfrac{y}{x} = \dfrac{2}{3}$

0

600

PC（x）

る。アメリカは，PC 1 単位をメキシコに輸出し，メキシコから 1単位の衣服を得られるならば，国内で得られる以上の衣服を手にすることができる。メキシコは，衣服 1 単位をアメリカに輸出し，アメリカから 1 単位の PC を得られるならば，国内で得られる以上の PC を手にすることができる。このような交換比率のことを交易条件と呼ぶ。交易条件は，PC 1 単位に対して衣服 2/3 単位より大きく 2 単位未満の範囲になる。大卒豊富国であるアメリカは大卒集約財（PC）に比較優位を持ち，大卒集約財を輸出し，高卒豊富国であるメキシコは高卒集約財（衣服）に比較優位を持ち，高卒集約財を輸出することになる。

こうした貿易パターンは，一般に，ヘクシャー＝オリーン定理として知られている。この定理は「各国が自国に豊富に存在する生産要素を集約的に用いて生産する財を輸出し，その他の財を輸入する」と予測する。本節では，大卒労働者と高卒労働者を生産要素と

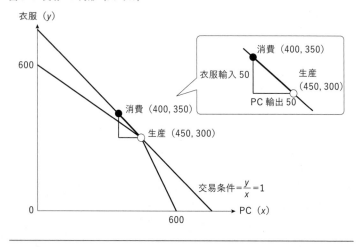

図 5-4 貿易の三角形（アメリカ）

衣服（y）

600

消費（400, 350）

生産（450, 300）

交易条件 $=\dfrac{y}{x}=1$

0   600   PC（x）

消費（400, 350）

衣服輸入 50

生産
（450, 300）

PC 輸出 50

して考えたが，たとえば，資本と労働の 2 つを生産要素として考えることもできる。そのとき，資本豊富なアメリカは工業品（資本集約財）を輸出し，資本労働比率の低い労働集約財を輸入するという貿易パターンがヘクシャー＝オリーン定理からは予測される。

貿易三角形

ヘクシャー＝オリーン定理に従って，PC 1 単位に対して衣服 2/3 単位より大きく 2 単位未満の範囲で貿易が行われれば，貿易利益が生じるのは明らかであるが，この点をグラフで示したのが図 5-4 である。いま，アメリカは完全雇用点（PC 450, 衣服 300）で生産しているが，メキシコに PC 50 単位を輸出し，メキシコから衣服 50 単位を輸入するとする。すると，アメリカの消費は（PC 400, 衣服 350）の点で行われる。この貿易により，アメリカは，完全雇用点を通る無差別曲線よりも上方に位置する無差別曲線上の点で消費が

行える。生産点と消費点を結ぶ直角三角形を貿易三角形と呼ぶ。

▷ ヘクシャー゠オリーン定理の現実妥当性

　ヘクシャー゠オリーン定理が現実を説明できるか否かは50年以上にわたって論争がなされてきた。ワシリー・レオンチェフは，1953年の論文で，資本が豊富なアメリカにおいて，輸出よりも輸入の方がより資本集約的であるというヘクシャー゠オリーン定理に反する事実を発見した。この発見は，**レオンチェフの逆説**と呼ばれている。その後，ダニエル・トレフラーの研究（Trefler [1993]）によって，各国間の生産性格差を許容することで，モデルの説明力が高まることが明らかになった。仮に，アメリカの労働者の生産性がアメリカ以外の国の労働者の生産性の3倍であるとする。その場合，アメリカの労働者1人は，3人として計算しなければならない。また，アメリカの労働者の賃金はアメリカ以外の国の労働者の賃金の3倍でなければならない。このように，国際的な生産性格差を考慮すれば，アメリカは労働豊富国と捉えることができ，アメリカの輸出よりも輸入の方がより資本集約的であることが説明可能となる。

　また，ヘクシャー゠オリーン・モデルが予測するよりも現実の貿易が少ないという，**失われた貿易**（missing trade）と呼ばれる現象がトレフラーによって示されている。ヘクシャー゠オリーン・モデルは，各国間の生産性格差が存在しないと仮定するだけではなく，国際間の輸送費用がなく，各国が生産する財が同じであると仮定している。こうした現実に反する仮定を取り除けば，失われた貿易が全体に占める割合は減り，ヘクシャー゠オリーン・モデルの妥当性が高まることがわかっている。

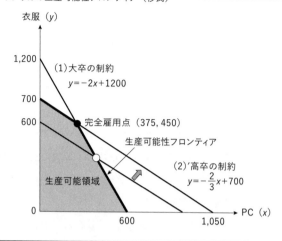

図 5-5 アメリカの生産可能性フロンティア（移民）

衣服（y）

1,200

(1)大卒の制約
$y = -2x + 1200$

700

600

完全雇用点（375, 450）

生産可能性フロンティア

(2)′高卒の制約
$y = -\dfrac{2}{3}x + 700$

生産可能領域

0   600   1,050   PC（x）

リプチンスキー定理

アメリカは，メキシコからの**移民**を多く受け入れてきた。移民の
受け入れは，アメリカ経済にどのような影響を及ぼすのだろうか。
いまメキシコから300人の高卒労働者がアメリカに移住すると仮
定する。すると，アメリカの高卒労働者は1800人から2100人へ
と増加する。結果として，アメリカの生産可能性フロンティアは外
側に広がり，図5-5のようになる。新しい完全雇用点における生
産量は，（PC 375, 衣服 450）であり，従来（PC 450, 衣服 300）に比べ
て衣服の生産量（y）が増えるだけではなく，PCの生産量（x）が
減ることがわかる。このように生産要素賦存量の変化によって，生
産量が変化する現象をリプチンスキー効果と呼ぶ。

この現象に関する**リプチンスキー定理**は，ある生産要素（例：高
卒労働者）の賦存量が増加すると，その生産要素を集約的に用いる
財（例：高卒集約財）の生産量は増加し，その他の財（例：大卒集約

> **コラム3 オランダ病**　　オランダのフローニンゲン州で1959年
> に巨大な天然ガス田が発見された。その結果，オランダでは，天然
> ガス関連産業が発展した。その一方で，オランダの製造業は衰退し
> た。この現象は，**オランダ病**と呼ばれている。リプチンスキー定理
> に基づけば，天然ガスという資源の増加により，天然ガス集約的な
> 産業が発展し，労働者などの資源を吸収する一方で，その他の産業
> である製造業が衰退したのだといえる。ただし，リプチンスキー定
> 理の仕組みだけではなく，天然ガスの輸出がオランダの通貨高を招
> き，製造業の輸出競争力を弱めたということも指摘されている。
> 　イギリスでも，1970年代頃に北海油田が発見されたことで脱工
> 業化が進んだ。16世紀にアメリカ大陸から財宝が流入したことで，
> スペインの工業が衰退したという指摘もある。オーストラリアでは，
> 1850年代に金が発見されたことが工業の発展を阻害したといわれ
> る。資源の増加が製造業を衰退させる現象は一般に**資源の呪い**と呼
> ばれ，資源国においてしばしば観察される。

財）の生産量は減少することを予測する。上で扱った数値例では，
高卒労働者が増加することで，確かに高卒集約財である衣服の生産
量が増え，大卒集約財であるPCの生産量が減っている。

　ただし，現実のアメリカ経済に対して，メキシコからの移民がリ
プチンスキー定理が予測するような影響を，意味のある大きさでも
たらしたかを検証するのは容易ではない。これは，移民以外のさま
ざまな要因でも労働者の数や生産量が変化しうるからである。

3 要素価格とゼロ利潤条件

要素価格と財価格

これまで財の生産量と生産要素賦存量（資源）に基づき，貿易パターンがどのようなものになるのかの分析を行ってきたが，国際貿易と格差の関係を分析するには，財の価格（財価格）と生産要素の価格（要素価格）の関係をみていく必要がある。財価格については，アメリカにおいて，大卒集約財である PC の価格は 400，高卒集約財である衣服の価格は 300 であると便宜的に仮定する。

もう一度，各財 1 単位の生産に必要な大卒労働者と高卒労働者の人数（1 日当たり）を前掲表 5–1 で確認しておこう。ここで，表 5–1 は，PC1 単位の生産には大卒労働者 2 人と高卒労働者 2 人が 1 日働く必要があることを示しているものとする。財市場について完全競争を仮定すると，財の価格は財 1 単位当たりの単位費用と等しくなり，利潤がゼロとなるはずである。したがって，2 人の大卒労働者と 2 人の高卒労働者への賃金支払額合計が，400 と一致するはずである。つまり，大卒労働者の 1 日当たりの賃金を r，高卒労働者の 1 日当たりの賃金を w で表すと，大卒集約財について，

$$2r+2w=400$$

が成り立つはずである。式を変形すると，

$$w=-r+200 \qquad (3)$$

が得られる（PC のゼロ利潤条件式）。同様に，衣服について，

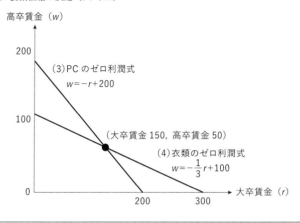

図5-6 要素価格の決定（アメリカ）

$$r+3w=300$$

が成り立つはずである。式を変形すると，

$$w=-\frac{1}{3}r+100 \qquad (4)$$

が得られる（衣服のゼロ利潤条件式）。PC のゼロ利潤条件式と衣服の
ゼロ利潤条件式の2つを描いたグラフが図5-6である。両式を満
たす交点において，均衡要素価格（大卒賃金・高卒賃金）が定まる。
計算すると，大卒労働者の1日当たりの賃金は150，高卒労働者の
1日当たりの賃金は50となる。大卒賃金は高卒賃金の3倍高い。

要素価格均等化定理

次に，国際貿易が行われることで，財価格と要素価格がどのよう
に変化するのか考察する。ヘクシャー＝オリーン定理に従って，ア
メリカとメキシコが比較優位ある財を輸出しあう貿易が行われたと

しよう。当初は，大卒豊富国であるアメリカでは大卒集約財である
PC が相対的に安く，高卒豊富国であるメキシコでは高卒集約財で
ある衣服が相対的に安い。しかし，その価格差を利用して貿易が行
われることで，その差は次第に縮まることが予想される。長期的に
は，輸送費用を無視できるとすれば，貿易によって，アメリカとメ
キシコの間で，財の価格は均等化していくであろう。もし価格差が
残るのであれば，さらに価格差を利用した貿易が行われ，価格差が
消滅するはずだからである。

　このようにして，PC と衣服の財価格がアメリカとメキシコの間
で均等化すれば，アメリカのゼロ利潤条件式とメキシコのゼロ利潤
条件式は全く同じになる。これは，ヘクシャー＝オリーン・モデル
では，各財 1 単位の生産に必要な大卒労働者と高卒労働者の人数
（技術係数）がアメリカとメキシコでは同じであると仮定しているか
らである。このとき，2 つのゼロ利潤条件式の交点で与えられる均
衡要素価格も両国間で等しくなる。

　この結果は，「財の貿易が行われると，生産要素価格も各国間で
均等化する」という**要素価格均等化定理**（Factor Price Equalization
Theorem）として知られている。生産要素の貿易の代わりに，財の
貿易（グローバル化）が行われることで，理論上は，長期的には，
国際間の**賃金格差**が縮小するといえる。

　要素価格均等化定理の予測が現実に実現しているか否かについて
は議論がある。たとえば，経済協力開発機構（OECD）のデータに
よれば，1990 年のメキシコの平均賃金は 1.4 万ドルでアメリカの
4.6 万ドルに比べて約 3.2 万ドルも低い水準であった。2018 年のメ
キシコの平均賃金は 1.6 万ドルで上昇しているものの，アメリカの
平均賃金も 6.3 万ドルに上昇しており，両国間の賃金格差は約 4.7

万ドルに広がっている。一方で，OECD 諸国全体では，要素価格均等化定理の予測通り賃金格差は縮小傾向にあるとする研究（Mokhtari and Rassekh［1989］）もある。

　また，既述のモデルでは，2 財が 2 国で同じ生産技術で生産されるものとして分析してきたが，現実には，そうならない場合がある。たとえば，資本豊富な先進国では機械を大量に使い，労働者をあまり使わずに靴が生産される一方で，労働豊富な途上国では機械をあまり使わず，労働者を大量に動員して靴が生産されるとする。こうした場合（**要素集約度の逆転**と呼ぶ），要素価格均等化定理が成り立たないことが知られている。

ストルパー＝サミュエルソン定理

　要素価格均等化定理が，貿易と国際間の賃金格差（要素価格格差）の関係について述べるものであるのに対して，**ストルパー＝サミュエルソン定理**（Stolper-Samuelson theorem）は，貿易と国内の賃金格差の関係についてのものである。ストルパー＝サミュエルソン定理は，ある財（例：PC）の相対価格の上昇は，その財の生産に集約的に用いられている生産要素の価格（例：大卒賃金）を上げ，その他の生産要素の価格（例：高卒賃金）を下げることを予測する。この定理をこれまでの数値例をもとに確認しよう。

　すでにみたように，ヘクシャー＝オリーン定理に従えば，大卒豊富国であるアメリカは，比較優位を持つ大卒集約財である PC をメキシコに輸出し，代わりに比較優位を持たない高卒集約財である衣服をメキシコから輸入する。当初は，大卒豊富国であるアメリカでは，PC の価格は相対的に低く，高卒豊富国であるメキシコでは，PC の価格は相対的に高い。しかし，貿易によって，アメリカにお

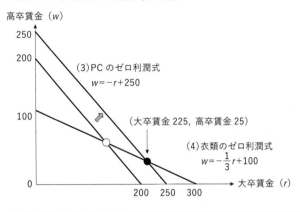

図 5-7 ストルパー＝サミュエルソン定理（アメリカ）

高卒賃金（w）

(3)PC のゼロ利潤式
$w = -r + 250$

（大卒賃金 225, 高卒賃金 25）

(4)衣類のゼロ利潤式
$w = -\dfrac{1}{3}r + 100$

大卒賃金（r）

いて，PC の価格の上昇が生じ，次第に両国の価格差は縮まる。い
ま，アメリカにおける PC の価格が 400 から 500 へ上昇すると仮定
しよう。そのとき，PC のゼロ利潤式はグラフ上で上にシフトする。
それを描いたのが図 5-7 である。新しい均衡では，大卒労働者の
賃金は 225，高卒労働者の賃金は 25 となる。従来に比べて，大卒
賃金が 150 から 225 へ上昇する一方，高卒賃金は 50 から 25 へ下
落する。従来は，大卒賃金は高卒賃金より 3 倍高かったが，貿易
により，大卒賃金は高卒賃金より 9 倍高くなる。大卒と高卒の賃
金格差が貿易により拡大したのである。ストルパー＝サミュエルソ
ン定理はこのように，先進国の国内における賃金格差拡大を予測す
る。

本章の問いの答え

各国の資源量の違いから貿易が行われるとするヘクシャー＝オリ

ーン・モデルは，貿易により，先進国の国内の賃金格差が拡大することも予測する（ストルパー＝サミュエルソン定理）。貿易によって賃金上昇が期待できる熟練労働者の方が，非熟練労働者に比べて貿易自由化に賛成する傾向が強いことを見出した研究もある（Beaulieu [2002]）。しかし，個々人の貿易政策に対する選好が貿易理論の予測に必ずしも合致しないとする研究も多い（Blonigen [2011]）。また，貿易がアメリカの国内の賃金格差の主原因ではないという実証研究が多数出されている。むしろ大卒労働者に有利に働く技術変化（情報通信技術の普及など）がアメリカ国内の賃金格差の大きな要因であると指摘されてきた。ただし，第11章で説明するように，近年では，再び，貿易が国内の賃金格差に与える影響を明らかにする，新しい理論に基づく研究も出てきている。

Report assignment レポート課題

5.1 本文では，アメリカ国内で賃金格差が拡大するか否か，ストルパー＝サミュエルソン定理に基づき考察した。では，ストルパー＝サミュエルソン定理に基づけば，メキシコでは賃金格差が拡大するか否か考えなさい。また，現実にメキシコ国内で賃金格差が拡大しているか否か調べてみなさい。

Exercise 演習問題

5.1 2国（日本とインド），2財（工業品と農産品），2生産要素（資本と労働）のみの世界を考える。財1単位を生産するのに必要な生産要素量は表1で与えられ，生産要素賦存量は表2で与えられるものとする。
　このとき，ヘクシャー＝オーリン・モデルにしたがって，問いに答えなさい。
　(1) 日本の生産要素賦存量の資本労働比率（＝資本／労働）はいくらか。

表1 財1単位を生産するのに必要な労働と資本

	工業品1個当たり 必要投入量	農産品1個当たり 必要投入量
労働	2人	4人
資本	5台	5台

表2 生産要素賦存量

	労働	資本
日本	120人	180台
インド	150人	200台

（2）インドの生産要素賦存量の資本労働比率（＝資本／労働）はいくらか。

（3）日本は資本豊富国・労働豊富国のいずれか。

（4）インドは資本豊富国・労働豊富国のいずれか。

（5）工業品の資本労働比率（＝資本／労働）はいくらか。

（6）農産品の資本労働比率（＝資本／労働）はいくらか。

（7）工業品は資本集約財・労働集約財のいずれか。

（8）農産品は資本集約財・労働集約財のいずれか。

（9）ヘクシャー＝オリーン定理に従えば，日本は工業品と農産品のいずれの財を輸出するか。

規模経済性と貿易

新貿易理論

HP創業者ヒューレットとパッカードが1939年に起業したガレージ前の記念碑。「シリコンバレー誕生の地」と銘がある（米カリフォルニア州パロアルト市にて筆者撮影）

Quiz クイズ

Q 6.1 日本の自動車産業が集積している地域として，当てはまらないところは次のうちどれか。
a. 愛知県豊田市　**b.** 群馬県太田市　**c.** 広島県広島市　**d** 愛媛県今治市

Q 6.2 産業集積を政策的に推進するため，立地した企業に優遇措置を与える経済特別区がある。中国で改革開放政策を掲げ，沿岸部に経済特別区を設置した当時の指導者は次のうち誰か。
a. 江沢民　**b.** 鄧小平　**c.** 胡錦濤　**d.** 毛沢東

Q 6.3 中国の深圳（しんせん）はアジアのシリコンバレーと呼ばれるほどにハイテク企業の集積が進んでおり，とくに海外留学から帰国した人たちによってその発展が支えられてきた。こうした人たちを中国ではなんと呼ぶか。
a. 海猫族　**b.** 海蛇族　**c.** 海亀族　**d.** 海豚族

Answer クイズの答え

Q 6.1　d.

　豊田市はトヨタ，群馬県太田市はスバル，広島県広島市はマツダを中心とした自動車関連の企業が多く集まっている。愛媛県今治市は一般には今治タオルで有名であるが，タオル産業以外にも国内シェア・トップの今治造船をはじめ造船会社が集積しているほか，船用工業や海運会社，船舶関連の金融・保険会社も集積する海事産業都市である。

Q 6.2　b.

　鄧小平は，1979 年に広東省の深圳，珠海（しゅかい），汕頭（せんとう），福建省の廈門（アモイ）を経済特別区に指定し，優遇措置を講じて外資企業を積極的に受け入れた。深圳市内を見渡す蓮花山公園には，改革開放のシンボルとして鄧小平の銅像が建てられている。

Q 6.3　c.

　中国語で海外から帰国することを意味する「海帰」と「海亀」の発音が"ハイグイ（haigui）"と似ていることに由来する。

Keywords キーワード

規模経済性，産業集積地，知識スピルオーバー効果，シリコンバレー，経済特別区，収穫逓増，歴史的偶発性，産業内貿易指数，固定費用，製品差別化，価格支配力，独占的競争市場，自国市場効果

Chapter structure 本章の構成

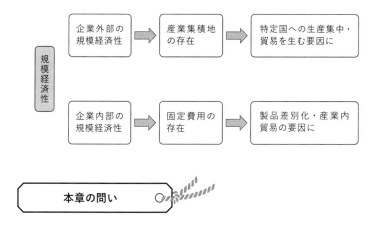

規模経済性

企業外部の規模経済性 → 産業集積地の存在 → 特定国への生産集中・貿易を生む要因に

企業内部の規模経済性 → 固定費用の存在 → 製品差別化・産業内貿易の要因に

本章の問い

　新型コロナウイルス感染症のワクチンは，なぜ特定の国で開発・生産が進んだのだろうか。技術水準の高さに基づく比較優位が働いているのかもしれないが，比較優位がなくとも特定の国に生産が集中し，貿易を引き起こす要因がある。

　また，貿易は異なる産業間で輸出入が行われる以外にも，現実には同一産業内で輸出も輸入も同時に行われる場合がある。たとえば日本ではメルセデスベンツやフォルクスワーゲンなどのドイツ車が多く輸入されている一方で，トヨタやホンダなどの国産車もドイツに輸出されている。こうした同一産業内で輸出入されている財はPC や高性能掃除機など私たちの身の回りにも多い。どのようなメカニズムで産業内の貿易が生じるのだろうか。

1　規模経済性と貿易

企業外部の規模経済性と産業集積地

　リカード・モデルやヘクシャー＝オリーン・モデルでは，貿易の利益を考えるうえで比較優位の概念が重要であった。国と国の間の生産技術の差異や要素賦存量の違いが比較優位を生み出し，貿易パターンが決まるという理論であったが，比較優位がなくとも貿易が起きうることが，2008 年にノーベル経済学賞を受賞したポール・クルーグマンによる新貿易理論によって明らかにされている。ここでは，その主要な要因として取り上げられる**規模経済性**（economies of scale）について説明する。規模経済性は，企業の外部的な要因によって生じる規模経済性（external economies of scale）と，企業の内部的な要因によって生じる規模経済性（internal economies of scale）とに分けられる。このうち前者は，個別の企業だけでなく産業全体に関わることから産業レベルでの規模経済性とも呼ばれ，後者は企業内部の要因から企業レベルの規模経済性とも呼ばれる。いずれの概念でも，企業や産業の生産規模の拡大に応じて個別企業が直面する平均費用が低下していく現象を意味する。本節では産業レベルの規模経済性の説明に焦点を当て，企業レベルの規模経済性については第 2 節で後述する。

　産業レベルの規模経済性をイメージしやすい例として，**産業集積地**がある。産業集積地とは一般に，特定の産業に属する企業が偏重して立地している地域をさし，立地することで企業はさまざまな恩恵を受けることが可能となる。特定産業の企業が集まることでそこ

で雇われる労働者も集まる。専門化された高い技術を持った労働者が集まることは採用側にとってメリットであり，雇い入れの費用も抑えることができる。企業のなかには最終財を生産するメーカーに限らず，生産に必要な部品や原材料などを供給する中間財メーカーも集まる。専門化した中間財メーカーの集積によって，分業ネットワークが構築され，取引相手を探す費用や輸送費用を抑えることが容易になる。製造業企業にとってはジャスト・イン・タイム生産方式をとることが費用削減につながるが，こうした企業にとっても部品調達先が近接していることは重要な要素になってくる。同一産業の企業や労働者が集まることは知識の波及も容易にする。漏れ伝わる他社の動向などは，意図せずしてコスト低減につながるかもしれない。こうした知識の波及によるプラスの影響のことを，**知識スピルオーバー**（Knowledge spillover）**効果**と呼ぶ。これらの集積のメリットは市場取引を介さずに受ける正の影響であり，マーシャルの外部性（Marshallian externalities）とも呼ばれる。

　具体的に産業集積地の例として，たとえばアメリカ・カリフォルニア州の**シリコンバレー**がある。1930年代に計測器を開発したヒューレットパッカードにはじまり，60年代にはシリコンを原料に使用する集積回路（Integrated Circuit: IC）を扱うIntelなど半導体産業の企業が多く進出したことから，この名称が使われるようになった。現在ではGoogle（Alphabet），Apple，Facebook（Meta）といった情報通信技術（ICT）を駆使したハイテク産業が集積しており，日系企業も数多く進出している。

　アジアでは，中国の深圳も「中国のシリコンバレー」と呼ばれるほど産業集積が進んでいる。鄧小平による改革開放政策によって1980年に**経済特別区**（Special Economic Zone）に指定され，当時漁

秋葉原の 10 倍の規模を持つ深圳の巨大電気街（左）とユニークな形状のテンセント本社ビル（筆者撮影）

村だった深圳はダイナマイトで土地が切り開かれ，外国資本の企業を積極的に受け入れた。これにより製造業の産業集積が急速に発展した。現在の深圳は電子機器の製造が盛んであるほか，ファーウェイ（通信機器），テンセント（インターネットサービス），BYD（電気自動車），ZTE（通信機器），DJI（ドローン）といった中国を代表するハイテク企業の本拠地となっている。

▷ 企業外部の規模経済性が貿易を生む理由

冒頭の「本章の問い」について考えてみよう。2020 年の新型コロナウイルス感染症はグローバル・パンデミックとなり，ワクチンの開発がいまだかつてないスピードで進められた。表 6-1 は，新型コロナウイルス感染症の予防ワクチンについて，使用承認国数の多い上位 10 位までをまとめたものである。使用承認が下りたからといって必ずしも実際に使用されたことを意味しないが，少なくともワクチンについて需要があったと考えてよいだろう。また，ワクチンがすべて開発国で生産されたわけではないことにも留意が必要

表 6-1 新型コロナウイルス感染症のワクチンと使用承認国数

開発者（国）／ワクチン名	使用承認国数
ファイザー（米）・ビオンテック（独）／Comirnaty	111
アストラゼネカ・オックスフォード大（英）／Vaxzevria	100
ジョンソンエンドジョンソン（ヤンセン）（米）／Ad26.COV2.S	85
セラム（印）／Covishield	79
モデルナ（米）／Spikevax	76
国立ガマレヤ研究所（露）／Sputnik V	76
シノファーム（中）／BBIBP-CorV	69
シノバック（中）／CoronaVac	42
ノババックス（米）／Nuvaxovid	38
国立ガマレヤ研究所（露）／Sputnik Light	25

出所：UNICEF COVID-19 Vaccine Market Dashboard より。

である。実際にはワクチンの製造もグローバル・サプライチェーンによって構成されており（Bown and Bollyky [2022]），必ずしも開発国＝生産国とは限らないが，ここでは単純化のため開発国ですべて生産されるものとして議論を進めよう。

　表 6-1 に示すように，日本でも広く接種が進められたファイザー社製ワクチンが，最も使用承認国数が多く 111 カ国で，アメリカの製薬企業が開発したワクチンは他にヤンセン社，モデルナ社，ノババックス社がランクインしている。中国・ロシアでもワクチンが開発され，南米やアフリカなどを中心に使用された。このようにワクチンは特定の国で開発され，多くの国に輸出されたのである。

　この現象は，前項で説明した規模経済性によってある程度説明することができる。表 6-1 にランクインしている国々，とくにアメリカにはワクチン開発の知見を持つ多くの製薬企業が集積しているとすると，外部性が働き個別の製薬企業は規模拡大に伴って平均費用を削減することが可能と考えられる。たとえば，日本とアメリカの 2 国を想定して，それぞれの製薬企業がワクチンを開発・生産

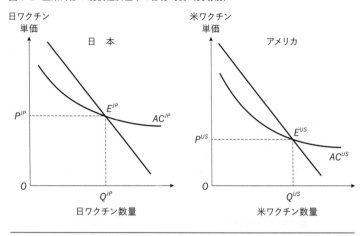

図 6-1 企業外部の規模経済性下の部分均衡（貿易前）

して国内のみに供給している状況から考えてみよう（ワクチンの効能や安全性は全く同じであると仮定する）。日本でも製薬企業が一定程度集積しており，ある程度の外部性によって規模拡大による平均費用の削減が可能としよう。これは企業にとって，図 6-1 の部分均衡の図に示すように，右下がりの平均費用（*AC*）曲線すなわち供給曲線に直面している状況を意味する。ただし平均費用の水準は技術差を反映してアメリカよりも日本の方が高いと仮定しよう。ワクチンの価格は需給が一致する *E* 点でそれぞれ決定される。

　ここで日米間で貿易が自由化したらどうなるか。日本製のワクチンは，より安価に供給されるアメリカ製のワクチンに取って代わられる。アメリカ製ワクチン・メーカーは，アメリカの需要に加えて日本の需要にも直面することになるので，図 6-1 のアメリカ側では需要曲線が右方にシフトする。これにより右下がりの *AC* に沿ってアメリカの価格は低下し，供給は増える（$P^{US}\downarrow$, $Q^{US}\uparrow$）。日本

でも，アメリカ製のワクチンが P^{US} で輸入されるため，貿易前に比べて価格が低下することになる。このように規模経済性を考慮すると，貿易によってアメリカのワクチン生産の規模が拡大していくことになり，規模拡大はさらなる外部性を誘発し平均費用を低減させ，アメリカに生産を集中させる効果をもたらす。このような生産集中は財だけでなく，Google，Amazon，Facebook，Apple，Microsoft といった巨大 IT 関連企業がアメリカに集中しているように，サービス産業にも当てはまるものと考えられる。

▷ 企業外部の規模経済性と貿易パターン

　規模経済性を導入すると，貿易はどのように説明できるのだろうか。ここでは一般均衡分析を使って，これまでと同様に 2 つの国と 2 つの財による 2 国 2 財モデルで考えてみよう。2 国には日本とオーストラリアを考え，2 財には自動車と牛肉を考える。生産要素は単純化のため労働のみを考えることにし，リカード・モデルやヘクシャー＝オリーン・モデルで示された，貿易の要因である生産技術と要素賦存量は 2 国の間で同一とする。ここで，自動車は産業集積が進んでいて，個別企業も，前に説明したような知識スピルオーバー効果などのさまざまな恩恵を受け，平均費用を削減できるとしよう。これは生産技術に，規模経済性を発揮する技術（収穫逓増）を仮定することを意味する。一方，牛肉の生産技術には，規模に関して収穫一定の技術を仮定しよう。規模経済性をモデルに取り入れただけで果たして貿易は説明できるだろうか。

　まず生産可能性曲線を導出してみよう。図 6-2 のように自動車生産に規模に関して**収穫逓増**の技術を仮定すると，生産可能性曲線は原点に対して凸型の形状になることに注意したい。また，いま日

図6-2 収穫逓増を仮定した場合の生産可能性曲線

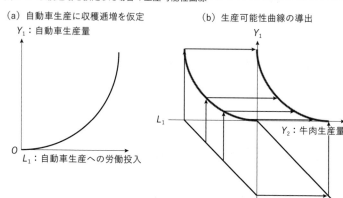

（a）自動車生産に収穫逓増を仮定

Y_1：自動車生産量

O

L_1：自動車生産への労働投入

（b）生産可能性曲線の導出

Y_1

L_1

Y_2：牛肉生産量

L_2

本とオーストラリアの2国間で生産技術や要素賦存量に差異はないと仮定しているため，両国の生産可能性曲線は全く同じ形になることにも留意してほしい。

　次に，貿易が起こる可能性を考察してみよう。仮に開放経済後，自動車の価格が相対的に上昇した場合を考える。このとき日本にとっては，図6-3のA点で利潤最大化を決定し，自動車生産に特化する。日本が自動車生産に特化するのであれば，オーストラリアは図6-3のB点で牛肉生産に特化することで互いに貿易する余地が生じる。貿易量は図中の貿易三角形で示した線分に相当することになり，日本はオーストラリアに自動車を輸出し，牛肉をオーストラリアから輸入することになる。ただし，これまで学んだリカード・モデルやヘクシャー＝オリーン・モデルといった伝統的貿易理論と異なり，貿易パターンはこの1つに限らない点に注意が必要である。生産技術や要素賦存量に基づく比較優位は，今回考えていない

図 6-3　規模経済性と貿易

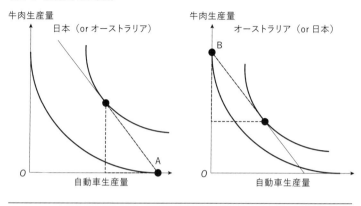

ので，図 6-2 で留意したように日本とオーストラリアの生産可能性曲線の形状は同一である。したがってオーストラリアが自動車生産に特化し，日本が牛肉生産に特化するケースも考えられるのである。

　ではこの理論の帰結に従うと，現実に日本が自動車の輸出国になったのはどのような理由からと考えられるだろうか。これは，さまざまな歴史的な経緯によって自動車の産業集積地が国内に形成されたという，**歴史的偶発性**（historical contingency）によるところが大きいと考えられる。たとえばカリフォルニア州のシリコンバレーでも，スタンフォード大の大学院生だったヒューレットとパッカードの 2 人がガレージで起業したのが起源とされる。彼らの小さな事業が成功しなかったならば，その後の産業集積は進まなかったかもしれない。日本では，愛知県豊田市に代表される自動車の産業集積が進み，規模経済性から平均費用が低下し，輸出を増加させることが可能となった。これによりさらに産業集積が進み，規模経済性が

発揮され，輸出増加につながる。こうした循環的な過程によって日本の自動車輸出の立場が固定化されることになる。経済特別区の設置などにより政策的に産業集積を設けようという試みは，産業育成や輸出促進につながるものと考えられる。

2 産業内貿易

▷ 産業内貿易指数

貿易の中身をみると，自動車を輸出して牛肉を輸入するといった産業間貿易に限らず，同じ自動車という産業内で輸出も輸入も行われる場合が一般的である。ここでは，実際に産業内貿易がどの程度活発に行われているか，日本の貿易統計を利用してみてみる。産業内貿易がどの程度活発化を測る指標として，グルーベル・ロイドによる**産業内貿易指数**（Index of Intra-industry Trade: IIT）がある。ある産業 i の IIT は次式で求められる。

$$IIT_i = 1 - \frac{|EX_i - IM_i|}{(EX_i + IM_i)}$$

EX_i は輸出額を，IM_i は輸入額を示す。IIT は 0 から 1 の値をとり，輸出と輸入が同程度ある産業ほど指数は 1 に近づき，産業内貿易が活発であることを示す。たとえば輸出額と輸入額が同額であれば，IIT は 1 となる。反対に輸出額のみ，あるいは輸入額のみ計上されている場合には IIT はゼロとなる。図 6-4 は日本の主要な産業について，IIT の推移を示したものである。期間を通じて産業内貿易が盛んな産業は鉄鋼・非鉄金属であり，鉄鉱石などの原料を輸

図6-4 日本の産業内貿易指数の推移

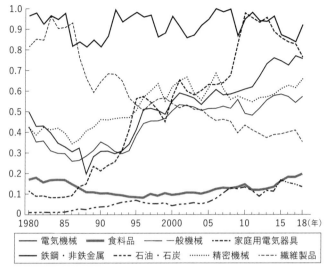

出所：経済産業研究所 TID データより筆者作成。

入し，加工した鋼材を輸出する特徴を表している。家庭用電気器具，電気機械器具，一般機械器具，精密機械器具などでは，1990年代初頭から顕著な上昇トレンドが認められる。下降トレンドとしては，繊維産業に顕著な傾向が読み取れる。これらの上昇下降トレンドには，どちらもアジアでのオフショアリング（海外生産）の増加が背景にある。機械産業は90年代以降に，低賃金労働者が豊富に存在するアジア地域に最終組み立ての工程など最終製品の生産拠点が集中するようになり，日本からの部品輸出が増加し，現地で生産された最終製品を輸入するといった形で産業内貿易が拡大したのである。繊維製品は生産がアジアに集中するようになり，原材料を調達（輸入）して国内生産・輸出していた状態に比べ，もっぱら最終製品の

輸入に依存することになり産業内貿易指数が低下したものと考えられる。

企業内部の規模経済性と製品差別化

規模経済性は，産業内貿易の要因にもなりうる。規模経済性には，前述の通り企業内部の要因で生じる企業レベルの規模経済性があり，これには**固定費用**の存在が影響している。簡単な数値例でこのことを説明しよう。たとえば，ある家電メーカーが高性能の掃除機を生産する際，最初に研究開発をする必要があるとしよう。研究開発の成果は，一度技術を確立すればあとは何度でも生産に使えるという点で，掃除機生産の固定費用と考えられる。いま固定費用（*FC*）を3億円，1台当たりに発生する製造費用（限界費用：*MC*）を1万円としたとき，生産台数（*Y*）を10万台とすると1台当たりの平均費用（*AC*）は，$AC = \dfrac{MC \times Y + FC}{Y}$ より1万3000円となる。ここで，生産量を10倍の100万台に増やすと，平均費用は1万300円に低下する。固定費用は一定であるため，生産量の拡大によって1台当たりの平均費用は低減していくのである。

産業内貿易を説明するにあたって，この企業レベルの規模経済性は重要な役割を果たす。多くの企業は，研究開発に従事しながら，基本的な機能は他社と同じ製品であっても自社製品のデザインや仕様を独自なものにすることで**製品差別化**（product differentiation）を施している。製品差別化の例を挙げれば，身の回りに数多く存在する。たとえば，自動車やPC，スマートフォンといった工業製品でみても，製品の基本的な機能は各社同じであっても，デザインや仕様は各社差別化を図っている。こうした製品差別化には研究開発が欠かせず，一定の固定費用が発生するが，開発に成功すれば企業が

図6-5 独占的競争下の生産量と価格

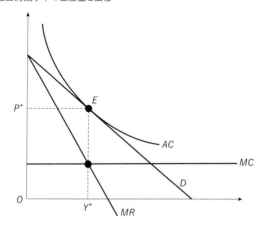

価格を独自に設定できる**価格支配力**を持つことができる。つまり，他社製品に比べて独自のデザインや機能を付加することで，価格を高く設定することが可能になるのである。このように，現実経済では複数の企業が製品差別化に取り組みながら一定の価格支配力を行使する市場が存在し，こうした市場を**独占的競争市場**という。独占的競争市場では，個々の企業は独占的に振る舞うが，多数の企業が市場に参入するため独占利潤は得られない。

図6-5は，閉鎖経済下での独占的競争下の企業の利潤最大化行動を描いたものである。たとえば，高性能掃除機を生産するダイソンを事例に考えてみよう。ダイソンは，従来広く使われていた紙パック式の掃除機に代わる，フィルターの交換や洗浄が可能な掃除機を開発し，高機能掃除機の分野で大きな市場シェアを獲得した。他の家電メーカーも高性能掃除機の分野に参入し，デザインや機能で各社差別化を図っている。ここで，ダイソンが閉鎖経済時にある国

内市場向けにどのように価格設定するかを考える。ダイソンは多国籍企業であるが，ここでは本拠地であるシンガポール市場にのみ供給していると考える。生産量を Y，価格は P，限界費用を c，研究開発費にあたる固定費用を f とすると，利潤は総収入－総費用＝$P \times Y - (c \times Y + f)$ と表せる。製品差別化により価格支配力を持つので，利潤最大化条件は，独占企業のように限界費用（MC：1単位追加生産による費用の増分）と限界収入（MR：1単位追加生産による収入の増分）が等しくなる生産量である。なぜなら，もし $MC < MR$ であるなら追加的な供給をすることで収入を増やそうとするであろうし，もし $MC > MR$ の状態であれば供給を絞ることで追加的な費用を抑えようとするであろう。したがって，$MC = MR$ となるような供給量を達成することが利潤最大化の条件となる。このとき達成される価格は，需要曲線に対応した P^* となる。独占的競争市場では，複数の企業が参入・退出し，利潤が正のとき（$P^* > AC$）に参入を，利潤が負（$P^* < AC$）になるときに退出すると考えられ，参入・退出が止まるのは利潤がゼロ（$P^* = AC$）となるとき，すなわち独占的競争が均衡している状態と考えられる。図6-5には E 点で $P^* = AC$ が成立する均衡状態が描かれており，ダイソンは価格 P^* で数量 Y^* をシンガポール市場に供給している。

　たとえば，いま需要が $D = -P + 2000$，限界費用が $MC = 500$ としよう。需要関数を P について解いた逆需要関数 $P = -D + 2000$ から D を Y に置き換え，総収入（R）を表すと，$R = P \times Y = (-Y + 2000)Y = -Y^2 + 2000Y$ となる。これを Y について微分すると，限界収入は $MR = -2Y + 2000$ となり，需要曲線の傾きを2倍にしたものであることがわかる。利潤最大化条件 $MC = MR$（$500 = -2Y + 2000$）より $Y = 750$ となり，最適な供給量は750，価格は需要曲

線に対応した $P^* = 1250$ となる。

次に，ダイソンが日本の消費者向けにも供給（輸出）するケース，つまり独占的競争下で貿易が行われるケースについて図6-6で考えてみよう。ダイソンは，これまで直面していたシンガポール市場の需要に加えて，日本市場の需要にも直面することになる。同時にダイソンは，日本市場で同類の掃除機を供給するメーカーとの競合にも直面する。製品差別化が施されているものの，掃除機という基本的な機能は同じなので，あまり高価格に設定すると日本の消費者から敬遠されてしまうかもしれない。したがって日本への輸出を考えた場合，需要が貿易前よりも価格に対して弾力的になる（敏感に変化しやすい）といえる。これは，需要曲線の傾きが緩やかになることを意味する。ダイソンが直面する需要曲線は，シンガポールの需要と日本の需要を合わせた D_{S+JP} であるが，競合企業の供給が加わることにより需要曲線は左方にシフトし，参入・退出が止まる均衡では E^* 点で AC と一致する。

こうした需要の変化を反映させて，たとえば $D_{S+JP} = -2P + 3600$ として考えてみよう。逆需要関数 $P = -\frac{1}{2}D_{S+JP} + 1800$ より，収入は $R = -\frac{1}{2}Y^2 + 1800Y$，限界収入は $MR = -Y + 1800$ なので，利潤最大化条件（$MC = MR$）より $Y = 1300$ が得られる。つまりダイソンの供給量は，日本への輸出分も含めて $Y^* = 750$ から $Y^{*\prime} = 1300$ に拡大する。この供給増により，価格は $P^* = 1250$ から $P^{*\prime} = 1150$ に下落する。いま，シンガポール市場の需要を $D_S = -P + 1800$ とすると，$P^{*\prime} = 1150$ を代入しシンガポール市場の需要分は $Y_S = 650$ となる。総供給 $Y^{*\prime} = 1300$ からシンガポール市場の需要分を差し

図6-6　独占的競争下の貿易

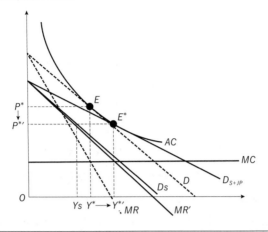

引いた残りは，日本市場向けの輸出であり，図6-6の $Y^{*\prime}-Ys$ に相当する。

　貿易前後で，消費者には2つの利益がもたらされる。1つは，価格低下の利益である。シンガポールの消費者は，貿易前よりも安い価格で掃除機にアクセスできるようになる。さらに，互恵的な貿易自由化を前提とすれば，日本の家電メーカーが生産する掃除機がシンガポールに輸出されることになりうるため，シンガポールの消費者はダイソン製に加え，たとえばパナソニック製の掃除機も選べるようになる。同じことは日本の消費者にも当てはまり，貿易前にパナソニック製の掃除機のみが供給されていた場合に比べて，貿易後はダイソン製の輸入により選択肢が増える。このように独占的競争市場では，消費者は国産品に加え外国産の商品も消費の選択肢になることから，自由貿易のもとで消費多様化の利益を享受できる。実際に，貿易を通じて取引される品目数や相手国数は増加傾向にあり，

差別化された財の貿易が拡大していることがうかがえる。

▷ 自国市場効果

　第1節ではワクチンを例に，貿易によって需要曲線が右にシフトし，アメリカに生産が集中していくことを説明した。規模経済性が発揮される場所に生産が集中する要因には，需要と輸送費用が強く影響している。企業内部の規模経済性が，固定費用の存在によって生じていると考えよう。市場規模（需要）が大きくなると，多数の企業が参入し固定費用を投入することで財の供給が増える。逆に市場規模が小さい場合，規模経済性が発揮できず平均費用は高くなってしまうため企業の参入は滞る。国内の市場規模が大きいほど，財の生産は増える。さらに，既存の伝統的貿易理論では考慮されてこなかった輸送費用を，明示的に取り入れて考えてみよう。他国に輸出する際に輸送費用が発生する場合，生産拠点を需要の大きい国に配置し生産を集中させ，需要の小さい国に対しては輸送費用を負担して輸出した方が，生産拠点を分散させて固定費用がかさむ場合よりも効率的であろう。こうした規模経済性が働き輸送費用が大きい場合，需要が大きい国で国内販売向け以上に生産が大きくなる効果を，**自国市場効果**（home market effect）と呼ぶ。

　現実に，企業の立地選択や貿易にも，自国市場効果の影響とみられる現象がうかがい知れる。たとえばトヨタは，1963年に国外最初の生産工場として設置したアルトナ工場を2017年に閉鎖し，オーストラリアでの生産から撤退した。これにより，現地生産から日本からの輸出に切り替えた経緯があり，日本のオーストラリア向け自動車輸出の増加につながった。この背景には，オーストラリアの生産コストの上昇のほか，オーストラリア市場の縮小などが影響し

ているとされており，米 GM（ゼネラルモーターズ）もオーストラリアでの生産から撤退し，オーストラリアは完全な自動車輸入国になったという経緯がある。

本章の問いの答え

　新貿易理論が示すように，比較優位がなくとも規模経済性によって貿易は生じうる。新型コロナウイルス感染症のワクチン開発・生産が特定国に集中した実態は，技術水準以外にも規模経済性の力によるところが大きいと考えられる。

　私たちの身の回りのある製品の多くに，国産と外国産のものがある。そうした製品は，基本的な機能は同じであっても，デザインや仕様が異なる特徴がある。製品差別化が施された製品には固定費用の存在による企業内部の規模経済性が生じ，独占的競争のもと企業の参入退出の末，製品の供給が決まる。国内で生産できる種類には限界が生じ，貿易によって外国産も選べるようになるのである。こうした産業内貿易による価格低下と消費の選択肢の多様化が貿易利益となる。

Report assignment　レポート課題

6.1　国内の産業集積地の発祥について調べ，どのような要因で形成されたのか議論してみよう。また，該当する産業の輸出額がどの程度か貿易統計で調べてみよう。

6.2　製品差別化に取り組む企業や製品の事例を挙げ，国産ブランドと海外ブランドにどの程度ラインアップがあるか調べてみよう。

⁄⁄⁄ *Exercise* 演習問題 ⁄⁄⁄

6.1 次の輸出額と輸入額の組み合わせについて，産業内貿易指数（IIT）を求めなさい。また，最も産業内貿易が盛んな組み合わせはどれか答えなさい。

a. 輸出 800 億円，輸入 200 億円

b. 輸出 4500 億，輸入 5500 億円

c. 輸出 40 億円，輸入 60 億円

d. 輸出 1 兆円，輸入 9 兆円

6.2 閉鎖経済で差別化された製品を供給する企業が，自国で独占的競争市場に参入していると考える。いま自国の需要が $D = -p + 1600$ で与えられ（D は需要量，p は価格），均衡状態（価格＝平均費用）にあるとする。生産 1 単位当たりの費用（限界費用）は 200 と考え，研究開発費として固定費用 f が発生する。

（1）最適な供給量はいくつになるか。

（2）均衡価格はいくらになるか。

6.3 **6.2**について，開放経済のケースを考える。自国市場に加えて外国市場の需要に直面することになり，需要曲線は $D^* = -2p + 2800$ で独占的競争市場が均衡状態にあると考える。限界費用と固定費用は変わらないものとする。なお，自国市場向けに直面する需要は $D' = -p + 1400$ とする。

（1）自国向け外国向けを合わせた最適な総供給量はいくつになるか。

（2）均衡価格はいくらになるか。

（3）国内供給量はいくつになるか。

（4）外国向け輸出量はいくつになるか。

新・新貿易理論

メリッツ・モデル

米テスラ社の上海工場 "Tesla Giga Shanghai"。米中関税戦争の最中，2019 年末，テスラ社は電気自動車の生産を行う工場の操業を開始した（写真提供：朝日新聞社）

Quiz クイズ

Q 7.1 ファーストリテイリングが展開するユニクロの商品は，日本だけではなく中国，韓国，フィリピン，アメリカ，イギリス，フランスなど世界の多くの国の店舗で販売されている。国内の店舗は 811 店舗である。海外の店舗数はどの程度だろうか。
a. 約 200 店舗　**b.** 約 500 店舗　**c.** 約 1000 店舗
d. 約 1500 店舗

Q 7.2 東洋経済新報社『海外進出企業総覧 2020 年版』によれば，日本企業 5253 社が，国外に子会社（現地法人）を 3 万 2336 社持っている。中国には 6933 社，アメリカには 4147 社の子会社がある。中国とアメリカに次いで日本企業の子会社が多い国はどこだろうか。
a. ドイツ　**b.** シンガポール　**c.** タイ　**d.** オーストラリア

Answer クイズの答え

Q 7.1　d.

　海外には 1547 店舗ある（2021 年 11 月現在）。最も多いのは中国大陸の 864 店舗である。現在では，ユニクロは国内売上より海外売上が多くなっている（https://www.fastretailing.com/jp/group/shoplist/）。

Q 7.2　c.

　タイには 2662 社の子会社がある。タイには自動車部品企業が多く進出し，サプライチェーンの要になっている。ドイツには 900 社，シンガポールには 1524 社，オーストラリアには 637 社の子会社がある。アメリカやドイツ，オーストラリア，シンガポールに進出する目的としては，現地市場の開拓を挙げる日本企業が多い。中国やタイに進出する目的としては，現地市場の開拓だけではなく，労働力の利用や海外生産ネットワークの構築を挙げる日本企業が多い。

Keywords キーワード

輸出，企業の異質性，生産性，閾値，再配分効果，外国直接投資，近接集中背反仮説，企業レベルデータ，外国生産委託，ゼロ貿易，貿易の外延，貿易の内延

Chapter structure 本章の構成

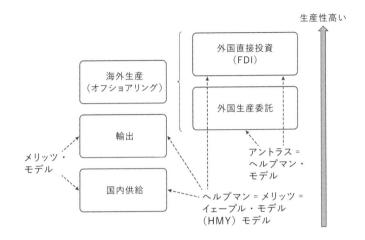

本章の問い

　企業レベルデータを用いた各国の研究によって，貿易や外国直接投資，外国生産委託を通じて国際化している企業は全企業のうちのごく少数であることがわかっている。では，そうした少数の企業のみが国際化を果たせる理由は何か。

1 ミクロデータが明らかにした貿易の実像

　1990年代頃から，企業や事業所レベルのミクロデータを用いた研究が増加した。これまでマクロデータを用いた研究が主流だった学界の状況が変化した。この背景には，コンピューターの能力の向上やデータの電子化の進展があるだろう。

　そうしたミクロ実証研究によって，**輸出**を行っている企業（輸出企業）は少数であることがわかってきた。たとえば，アメリカの550万社のうち，輸出企業は4%にすぎない。さらに，上位10%の輸出企業がアメリカの輸出全体の96%を占める。表7–1にある

表7–1　上位輸出企業の輸出総額占有率（製造業全体）

（単位：%）

輸出国	輸出額の順位 上位1%	輸出額の順位 上位5%	輸出額の順位 上位10%
日　本	62	85	92
ドイツ	59	81	90
フランス	44 [68]	73 [88]	84 [94]
イギリス	42	69	80
イタリア	32	59	72
ハンガリー	77	91	96
ベルギー	48	73	84
ノルウェー	53	81	91
アメリカ			96

注1：日本は従業者数50人以上の企業のみ，フランス，ドイツ，ハンガリー，イタリア，イギリスは大企業のみ。ベルギーとノルウェー，アメリカのデータは全企業を含む。フランスの括弧内の数値は全企業の場合の値である。

　2：アメリカ以外の各国は2003年のデータ，アメリカは2000年のデータである。

　3：表の数値は，輸出額の順位が上位1%，5%，10%の企業によって，輸出総額の何%が占められているかを示している。日本では，輸出額の順位が上位1%，5%，10%の企業によって，それぞれ輸出総額の62%，85%，92%が占められている。

出所：日本のデータは，経済産業省『企業活動基本調査』より筆者らが算出。ヨーロッパ各国は，Mayer and Ottaviano [2007]。アメリカは，Bernard et al. [2007]。

ように，日本やヨーロッパ諸国でもほんの一握りの企業が輸出の大部分を占めている。加えて，輸出企業の生産性は非輸出企業より高い。

しかし，既存理論はこうした事実を説明できなかった。リカードやヘクシャー＝オリーンの伝統的貿易理論にしても，クルーグマンらの新貿易理論にしても，企業を考えていないか，あるいは企業を画一的に捉えていたからである。

マーク・メリッツの2003年の論文（Melitz [2003]）は，企業の生産性は大小さまざまであるという**企業の異質性**を貿易理論に組み入れ，生産性の高い少数の企業のみが輸出できるということを理論的に示した。その後，このメリッツ・モデルを拡張し，企業の国際化のさまざまな側面の解明が進んだ。本章では，そうした一連の研究を新・新貿易理論と呼び，簡略化したモデルを紹介する。

2　新・新貿易理論の登場

▷　企業の生産性

第4章で扱ったリカード・モデルでは，国の生産性によって貿易を説明していたが，本章で扱うメリッツ・モデルは，企業の生産性に基づき貿易を分析する。**生産性**とは，一定のインプット（労働や資本）でどれだけのアウトプット（付加価値額や売上高）を生み出せるかを示す指標である。よく使われる指標としては，労働生産性がある。労働生産性は，一定の労働者でどれだけのアウトプットを生み出せるかを示す指標である。インプットとして，労働のみを考慮することで，計算が容易になっている。

生産性は企業によって大きく異なることが知られている。たとえば，2006 年にトヨタの付加価値額は約 2 兆円，従業員数は約 30 万人であったから，労働生産性は，付加価値額／従業員数を計算して，約 660 万円と計算できる。同じように，ホンダと日産についても計算してみると，ホンダの労働生産性は約 347 万円，日産の労働生産性は約 388 万円である。同じ自動車産業内であっても，企業によって労働生産性が大きく異なることがわかる。

▷ **メリッツ・モデル**

メリッツ・モデルは，企業間の生産性格差を仮定したうえで，企業の輸出行動を理論化している。財市場については，無数の企業が同種の財を少しずつ差別化して販売し，競争しあっている独占的競争市場を仮定している。以下，簡略化した部分均衡モデルを用いて，メリッツ・モデルのエッセンスを紹介する。いま，企業の生産性を φ（バーファイ）で表す。このとき，国内利潤（π^D）を

$$\pi^D = 10\varphi - 20 \qquad (1)$$

で表す。ここで，20 の部分は国内供給の固定費用を表している。販路を開拓する費用，工場を維持するための費用など，国内市場に財を供給するうえで必要となる固定的費用である。この国内利潤式（1）からは，生産性の高い企業ほど，利潤が大きくなることがわかる。

さらに，輸出利潤（π^X）を

$$\pi^X = 2\varphi - 40 \qquad (2)$$

で表す。ここで，40 の部分は輸出の固定費用を表している。外国

図 7-1　企業の生産性と国内利潤・輸出利潤

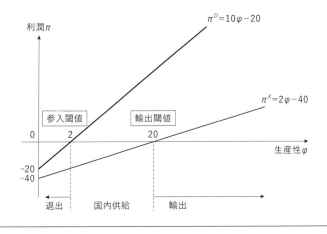

市場における広告宣伝費・販路開拓費・情報収集費など，輸出を行ううえでの固定的な費用である。外国市場で販路を開拓するのは，国内市場よりもはるかに困難であると考えられるので，輸出固定費用は，国内生産固定費用よりも高いと仮定している。たとえば，主要な自動車メーカーのなかで，マツダは国内生産比率が相対的に高く，国内工場で生産した車をアメリカなど外国へ輸出している。自動車に関する規制内容や消費者の嗜好は，国によって異なるし，変化する。そのため，マツダは，アメリカの規制や消費者の嗜好を調査し，国内仕様車とは異なる海外仕様車をアメリカに輸出しなければならない。こうして生じるアメリカ市場向けの追加的費用が，輸出固定費用の一例といえる。

　また，輸出利潤式の傾き（生産性の係数）は 2 であり，国内利潤式の傾きよりも緩やかであると仮定している。これは，外国への輸送費や関税のため，利潤が小さくなることを反映している。

コラム 4　全要素生産性の測定　労働のみならず資本などの生産要素も考慮できる生産性指標として，全要素生産性（Total Factor Productivity: TFP）がある。全要素生産性の計算には，複数の方法があるが，国際貿易の分野では近年，生産関数を用いた計算方法がよく用いられている。いま，企業 i の t 年の付加価値額を Y_{it}，資本を K_{it}，労働を L_{it} をする。そして，各企業についてコブ = ダグラス生産関数 $Y_{it} = AK_{it}^{b}L_{it}^{c}$ を仮定する。この生産関数を対数線形化した式を

$$\ln Y_{it} = a + b\ln K_{it} + c\ln L_{it} + \varepsilon_{it}$$

と表すことができる。ここで，$\ln A = a$ は定数項，b と c は係数である。また，ε_{it} は誤差項である。この式を最小 2 乗法で推定した結果，

$$Y_{it} = \hat{a} + \hat{b}\ln K_{it} + \hat{c}\ln L_{it} + e_{it}$$

が得られたとする。ここで，e_{it} は残差である。このとき，企業 i の t 年の全要素生産性 TFP_{it} は，

$$TFP_{it} = \exp(e_{it})$$

として計算できる。つまり，企業の全要素生産性は，資本や労働では説明できない企業固有の要素である。

　図 7-1 は，企業の生産性を横軸にとり，式（1）と（2）に基づき，生産性と国内利潤・輸出利潤の関係を表したものである。生産性が高い企業ほど，国内利潤も輸出利潤も多く得ることができる。

　生産性に応じて，企業の戦略が異なる。まず，生産性が 2 を下回る企業は国内利潤が負となり，国内市場で生き残ることはできず，退出することになる。生産性が 2 を上回る企業については国内利潤が正となるので，国内市場へ財を供給することが可能である。国

内供給のために最低限必要な生産性水準 2 のことを参入**閾値**と呼ぶ。生産性が 20 を上回る企業は，輸出利潤が正となるため，外国市場へ輸出することが可能となる。輸出に最低限必要な生産性水準 20 のことを，輸出閾値と呼ぶ。

　以上から，生産性が参入閾値に満たない 0〜2 の企業は国内供給も輸出もできず，市場から退出する。参入閾値は超えているが，輸出閾値には達していない，生産性が 2〜20 の企業は，国内供給はできるが輸出はできない「非輸出企業」となる。輸出閾値を超えている，生産性が 20 より大きい企業は国内供給も輸出も行う「輸出企業」となる。

▷　**貿易自由化の効果**

　次に，貿易自由化が企業レベルでどのような影響を及ぼすのか考察する。いま世界に自国と外国の 2 国のみが存在し，両国の間で輸入関税をともに下げる貿易自由化が実行されるとする。輸入関税の低下により，輸出利潤式の傾きがこれまでの 2 から 5 へ大きくなるとしよう。このとき，輸出利潤式は，

$$\pi^X = 5\varphi - 40 \tag{2$'$}$$

となる。輸出は容易になり，自国から外国へ輸出する際の利潤は得やすくなる。図 7-2 に示すように，これまでは生産性が 20 を超える企業のみが輸出可能であったが，関税低下により，輸出閾値が低下し，生産性が 8 を超える企業は輸出が可能になる。つまり，生産性が 8〜20 の範囲の企業は輸出を開始する。また，図 7-2 の濃い網掛けの領域で示されるように，もともと輸出していた生産性が 20 以上の範囲の企業の輸出利潤は増加する。

図 7-2 輸入関税低下が輸出に与える効果

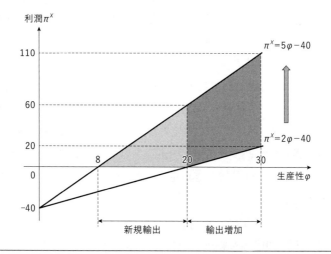

一方で，自国の輸入関税の低下により，外国からの輸入も増える。競争激化により，国内利潤は得にくくなる。国内利潤式の傾きがこれまでの 10 から 8 へ小さくなるとしよう。このとき，国内利潤式は，

$$\pi^D = 8\varphi - 20 \qquad (1')$$

である。図 7-3 に示すように，参入閾値が 2 から 2.5 へと上昇する。競争激化により，生産性が 2〜2.5 の企業は国内市場からの退出を迫られる。そればかりではなく，生産性が 2.5 以上の企業も，図 7-3 の網掛けの領域で示される分だけ国内利潤が減少する。

▷ **再配分効果**

以上の分析から，輸入関税の低下によって，輸出を新規に開始す

図 7-3 輸入関税低下が国内市場へ与える効果

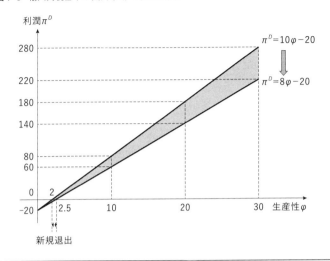

る企業がいる一方で，輸入競争の激化によって，国内市場から新たに撤退する企業がいることがわかった。また，競争激化によってすべての企業の国内利潤が減少する。一方，生産性が高い企業ほど，輸出利潤が増加する。そのため，輸出ができない，または十分な量の輸出ができない生産性の低い企業の利潤合計額は減少するが，生産性が十分高い企業の利潤合計額は増加する。このようなメカニズムを通して，メリッツは，低生産性企業の淘汰と低生産性企業から高生産企業への市場（利潤）シェアの変化が生じることを明らかにした。高生産企業へ市場シェアが移転することに伴い，経済全体の生産性が上昇し，豊かになる，という貿易利益が生じるとメリッツは考えた。これを**再配分効果**（メリッツ効果）と呼ぶ。

　生産性が低い企業は，輸入関税の低下によって，利潤や生産量を減らし，倒産する場合もある。その結果，職を失う労働者が発生す

る。一方で，生産性が高い企業は，輸出利潤も増え，生産量も増え，人手がより多く必要となる。そのため，労働市場に摩擦がなければ，生産性が低い企業から高い企業へと労働者が転職することが予想される。もちろん現実には労働市場に摩擦があるため，失業などの雇用調整費用が問題になることがあるだろう。

　生産性が高い企業は，労働者1人当たりが生み出す付加価値・生産量・利潤が大きい企業である。そのため，生産性が低い企業から高い企業へ労働者が転職することで，経済全体として生み出す，付加価値・生産量・利潤の合計が増加することとなる。

3　輸出と外国直接投資

▷　外国直接投資と近接集中背反仮説

　企業が海外の消費者に自社製品を販売する際，国内工場で生産した製品を輸出するという手段以外に，**外国直接投資**（Foreign Direct Investment: FDI）で設立した現地子会社で生産した製品を供給するという手段がある。ここで，FDI とは，外国における事業活動への経営参加を目的とする外国投資である。FDI は外国現地生産に先立って行われる。ある企業が FDI により外国に子会社を設立すれば，その企業は複数の国に会社を持つことになるので，多国籍企業となる。本節で考える，外国の消費者に製品を供給するための市場開拓型の FDI は，水平的 FDI と呼ばれる。

　輸出と FDI という2つの市場参入戦略には，それぞれ長所と短所がある。輸出の場合，工場を国内に集約することで，工場レベルの規模の経済を生かすことができる。一方で，外国へ輸出するため

に，関税を含む輸送費用を負わなければならないため，可変費用は大きくなる。FDI の場合，関税を払う必要はなく，輸出の場合よりも輸送費用は安くすむ。一方で，国内工場と外国現地工場の少なくとも 2 カ所の工場を設立・維持しなければいけないため，固定費用は大きい。企業は，輸出により生産を「集中」する利点，FDI により消費者に「近接」する利点の比較を行い，いずれかを選択するものと考えられる。これは，**近接集中背反仮説**と呼ばれている。

HMY モデル

エルハナン・ヘルプマン，メリッツ，ステファン・イェープルの 3 人は，近接集中背反仮説に基づき，メリッツ・モデルを拡張し，企業の生産性と輸出・FDI の関係を分析した。彼らの頭文字をとって，その理論モデルを HMY モデルと呼ぶことにする。まず，国内利潤と輸出利潤については，メリッツ・モデルと全く同じであると仮定する。つまり，国内利潤（π^D）を

$$\pi^D = 10\varphi - 20 \tag{1}$$

で表し，輸出利潤（π^X）を

$$\pi^X = 2\varphi - 40 \tag{2}$$

で表す。FDI から得られる利潤（FDI 利潤：π^I）については，近接集中背反仮説に基づき，

$$\pi^I = 10\varphi - 360 \tag{3}$$

を仮定する。まず，FDI 利潤式の傾きは，国内利潤式と同じ 10 である。これは，輸出の場合と違い，FDI の場合，関税を含む国際間

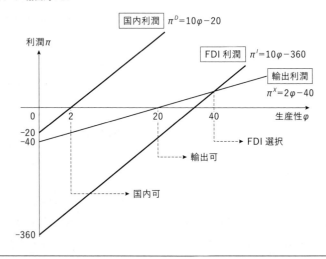

図 7-4 輸出対 FDI

国内利潤 $\pi^D = 10\varphi - 20$

FDI 利潤 $\pi^I = 10\varphi - 360$

輸出利潤 $\pi^X = 2\varphi - 40$

利潤 π

生産性 φ

FDI 選択

輸出可

国内可

の輸送費用がかからないことを反映している。次に，FDI 利潤式の切片の絶対値（FDI 固定費用）は，輸出利潤式よりも大きく，360 であるとしている。これは，外国において子会社を設立・維持する費用や流通・サービスネットワークの費用が，FDI の場合，大きいことを反映している。

　図 7-4 は，国内利潤式，輸出利潤式，FDI 利潤式を描いたものである。生産性が大きいほど，いずれの利潤も大きくなる。生産性が参入閾値の 2 を超えれば，国内供給が可能に，生産性が輸出閾値の 20 を超えれば，輸出が可能になるのは，すでにみた通りである。企業は，外国市場に参入する際に，輸出と FDI を比較するため，FDI の利潤が輸出の利潤を上回れば，FDI を選択することになる。FDI 利潤と輸出利潤が等しくなるとき，

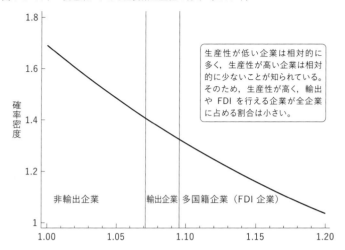

図 7-5 日本の製造業における全要素生産性の分布（2003 年）

> 生産性が低い企業は相対的に多く，生産性が高い企業は相対的に少ないことが知られている。そのため，生産性が高く，輸出やFDI を行える企業が全企業に占める割合は小さい。

非輸出企業　　　輸出企業｜多国籍企業（FDI 企業）

出所：R. Wakasugi ed. [2014]. *Internationalization of Japanese Firms: Evidence from Firm-level Data*, Springer.

$$10\varphi - 360 = 2\varphi - 40$$

が成り立つ。このとき，$\varphi = 40$ となる。よって，生産性が 40 を超える企業は，外国市場に参入する際，輸出ではなく FDI を選択することになる。FDI を選択する生産性の下限の値を FDI 閾値と呼ぶ。

　HMY モデルの分析からは，FDI 企業（多国籍企業）の生産性が最も高く，輸出企業の生産性が次いで高く，国内企業の生産性が最も低いことが予測される。この理論予測は，日本を含む世界中の企業レベルデータによる実証分析結果に裏付けられてきた。図 7-5 は，日本企業の生産性をパレート分布に当てはめ，描いたものである。『企業活動基本調査』（経済産業省）からの企業レベルデータをもと

に，生産関数を Olley-Pakes 法と呼ばれる手法で推定し，全要素生産性を算出している。この図 7–5 からは，非輸出企業（輸出も FDI もしていない企業）に比べ，輸出企業の生産性が高く，多国籍企業（FDI 企業）の生産性が最も高いことが確認できる。

4　国際調達

▷ 企業の外国生産委託

　先進国の多くの企業が，自国ではなく外国の企業に生産委託し，世界中から部品や製品を調達し，消費者に財を供給している。アメリカの Apple は，鴻海精密工業の中国の工場で作られた iPhone をアメリカをはじめとする国々の消費者に供給している。日本のユニクロは，生産委託している中国の工場で生産された衣類を日本をはじめとする国々の消費者に供給している。こうした現象は，**外国生産委託**（外国アウトソーシング）と呼ばれている。

　アントラス゠ヘルプマン・モデルは，メリッツ・モデルを応用して，外国生産委託を分析した。自国の消費者に供給する製品を生産するにあたって，先進国の企業は，先進国内の企業に生産委託する手段（国内生産委託）と低賃金の外国の企業に生産委託する手段（外国生産委託）の 2 つの選択肢を持っている。国内生産委託（Domestic Outsourcing: DO）の利潤式を

$$\pi^{DO} = \varphi - 10 \tag{4}$$

で表し，外国生産委託（Foreign Outsourcing: FO）の利潤式を

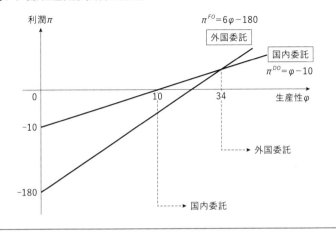

図7-6 国内生産委託対外国生産委託

利潤 π

$\pi^{FO}=6\varphi-180$

外国委託

国内委託

$\pi^{DO}=\varphi-10$

生産性 φ

0   10   34

-10

外国委託

-180

国内委託

$$\pi^{FO}=6\varphi-180 \tag{5}$$

で表すことにする。外国生産委託を利用すれば，低賃金を利用することができるため，利潤が得やすくなる。そのため，外国生産委託の方が国内生産委託よりも傾きが大きくなっている。一方で，外国生産委託は，委託先を探索したり，監視したりするための固定費用が国内生産委託よりも高くかかる。そのため，外国生産委託の利潤式の切片の方が国内生産委託の利潤式の切片よりも大きな値となっている。

図7-6は，国内生産委託の利潤式と外国生産委託の利潤式を描いている。生産性が10を超える企業は国内生産委託が可能である。また，両者の利潤が一致するとき，生産性は34である。そのため，生産性が34を超える企業は，国内生産委託ではなく外国生産委託を選択するはずである。以上の分析からは，国内生産委託を行って

いる企業に比べて，外国生産委託を行える企業は生産性が高い傾向にあることがわかる。

▷ 企業の調達戦略

ここまでみてきた国内生産委託と外国生産委託以外にも，先進国の企業の調達手段としては，国内自社生産と外国自社生産がある。図7-7は，先進国の企業（親会社）の4つの調達戦略を図式化したものである。国内の非子会社に生産委託する国内生産委託，国内自社工場で生産する国内自社生産の2つは，国内生産である。一方，賃金の安い外国の非子会社に生産委託する外国生産委託，外国自社工場で生産する外国自社生産の2つは，海外生産（offshoring, オフショアリング）と呼ぶことができる。アントラス＝ヘルプマン・モデルは，ナッシュ交渉や財産権理論を援用したモデルになっているが，ここではそうした詳細は省いて説明する。

国内生産委託・外国生産委託は資本関係のない会社への生産委託であるが，国内自社生産・外国自社生産は自社内生産という特徴を持つ。外国自社生産の場合，FDI により，外国に子会社を設立することが必要となる。ここで考える FDI は，先進国（北）の消費者に供給するための製品を，低賃金国（南）で安く生産するための費用節約目的の FDI であり，垂直的 FDI と呼ばれる。

先進国の企業は，外国生産委託で生産された製品を企業外輸入（arm's length import）するのに対して，外国自社生産で生産された製品は企業内輸入（intrafirm import）することになる。このように貿易形態にも違いが出てくる。

アントラス＝ヘルプマン・モデルは，先進国の企業の4つの調達戦略と生産性の関係を分析している。国内自社生産（domestic

図7-7 企業の調達戦略

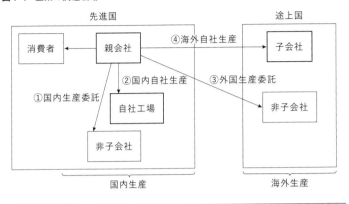

production) の利潤式を

$$\pi^D = 2\varphi - 40 \tag{6}$$

で表し，外国自社生産（FDI）の利潤式を

$$\pi^I = 10\varphi - 360 \tag{7}$$

で表すことにする。ここで，自社生産の固定費用が生産委託の固定費用よりも高く，海外生産の固定費用が国内生産の固定費用よりも高いと仮定している。そのため，外国自社生産の切片の絶対値が最も大きな値となっている。また，海外生産が比較的困難であり，外国生産委託の固定費用は国内自社生産の固定費用よりも高いと仮定している。

生産委託よりも自社生産の方が利潤が得やすく，利潤式の傾きは大きいと仮定している。これは，生産委託の場合，委託先企業に収入の一部を外注費として支払わなければならないためである。一方

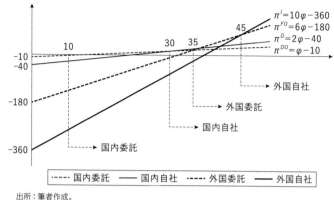

図7-8 企業の調達戦略と利潤

$\pi^I = 10\varphi - 360$
$\pi^{FO} = 6\varphi - 180$
$\pi^D = 2\varphi - 40$
$\pi^{DO} = \varphi - 10$

外国自社
外国委託
国内自社
国内委託

凡例：------ 国内委託　—— 国内自社　------ 外国委託　—— 外国自社

出所：筆者作成。

で，低賃金を利用できる外国生産委託の利潤式の傾きは，国内自社生産の利潤式の傾きよりも大きいと仮定する。

　これらの仮定のもとで，図7-8は，企業の4つの調達戦略の利潤式を描いたものである。生産性が10を超える企業は，国内生産委託が可能になる。次いで，生産性が30を超える企業は，国内生産委託よりも国内自社生産の利潤が大きくなるため，国内自社生産を選択する。さらに，生産性が35を超える企業は，国内自社生産よりも外国生産委託の利潤が大きくなるため，外国生産委託を選択する。最後に，生産性が45を超える企業は，外国生産委託よりも外国自社生産の利潤が大きくなるため，外国自社生産を選択する。

5 新・新貿易理論に基づく貿易データの分析

▷ ゼロ貿易

2国間の貿易量がゼロであることを**ゼロ貿易**と呼ぶ。このゼロ貿易は広く観察される。日本のような先進国でも，輸出総額でみれば，世界中のほとんどすべての国に輸出を行っているが，特定の製品の輸出に限定してみれば，一部の国にしか輸出していないことは多々ある。途上国ではより顕著にゼロ貿易が観察される。メリッツ・モデルに基づけば，輸出閾値を超える生産性の企業がその国に存在しないとき，ゼロ貿易が生じる。

▷ 貿易の外延と内延

メリッツ・モデルは，貿易データの分析方法も変えてきた。集計的貿易量は，**貿易の外延**（extensive margin）と**貿易の内延**（intensive margin）に分解することができる。貿易の外延とは，貿易企業数，貿易国数，貿易品目数などを意味する。それに対して，貿易の内延とは，1企業当たりの貿易額，貿易相手国1国当たりの貿易額，1品目当たりの貿易額，などを意味する。たとえば，国 j から国 i への輸出総額を，輸出企業数と1企業当たりの平均輸出額に以下のように分解できる。

$$輸出総額_{ji} = \underbrace{輸出企業数_{ji}}_{外延} \times \underbrace{1企業当たりの平均輸出額_{ji}}_{内延}$$

伝統的貿易理論や新貿易理論は，輸出企業数（貿易の外延）が果たす役割を考察してこなかったが，新・新貿易理論は，輸出企業数

（貿易の外延）とその背後にある企業の生産性が，輸出総額を決める重要な要因であると考える。重力方程式を用いたこれまでの実証研究は，輸出企業数（貿易の外延）が集計的貿易量の横断面の変動の多くを説明する要因であることを確認している。これは，貿易の外延の拡大，すなわち，輸出企業数の増加が，長期的には1国の輸出水準の成長にとって重要であることを示唆する。

本章の問いの答え

　すべての企業が，貿易や外国直接投資，外国生産委託を通じて国際化できるわけではない。その背後には，国際化には巨額の固定費用がかかるということがある。固定費用を払って国際化を果たすことができるのは，一定の生産性水準を超える企業のみである。メリッツ・モデル，HMYモデル，アントラス＝ヘルプマン・モデルは，企業の生産性が企業の国際化を決める重要な要因であることを示している。

Report assignment　レポート課題

7.1 トヨタとマツダがどこの国に外国子会社を持っているか比較し，両社の違いが生まれる原因を考えてみなさい。

Exercise　演習問題

7.1 企業の生産性を φ で表す。また，国内利潤式が $\pi^D = 2\varphi - 10$，輸出利潤式が $\pi^X = \varphi - 20$ であるとする。このとき，メリッツ・モデルに基づき，以下の問

いに答えなさい。

（1）国内で生産を行えるのは，生産性がいくら以上の企業か。

（2）輸出を行えるのは，生産性がいくら以上の企業か。

（3）生産性が 10 の企業の国内利潤はいくらか。

（4）生産性が 40 の企業の国内利潤はいくらか。

（5）生産性が 40 の企業の輸出利潤はいくらか。

（6）生産性が 40 の企業の利潤の合計額はいくらか。

7.2 企業の生産性を φ で表す。また，国内利潤式が $\pi^D = 5\varphi - 10$，輸出利潤式が $\pi^X = 4\varphi - 20$，FDI 利潤式が $\pi^I = 5\varphi - 40$ であるとする。このとき，HMY モデルに基づき，以下の問いに答えなさい。

（1）参入閾値はいくらか。

（2）輸出閾値はいくらか。

（3）FDI 閾値はいくらか。

（4）生産性が 5 の企業が，国内市場と外国市場から得る利潤の合計はいくらか。

（5）生産性が 10 の企業が国内市場と外国市場から得る利潤の合計はいくらか。

7.3 企業の生産性を φ で表す。また，国内生産委託の場合の利潤式が $\pi^{DO} = \varphi - 1$，国内自社生産の場合の利潤式が $\pi^D = 2\varphi - 4$，外国生産委託の場合の利潤式が $\pi^{FO} = 4\varphi - 12$，外国自社生産の場合の利潤式が $\pi^I = 6\varphi - 30$，であるとする。このとき，アントラス＝ヘルプマン・モデルに基づき，以下の問いに答えなさい。

（1）国内生産委託ではなく国内自社生産を選択するのは，生産性がいくら以上の企業か。

（2）国内自社生産ではなく外国生産委託を選択するのは，生産性がいくら以上の企業か。

（3）外国生産委託ではなく外国自社生産を選択するのは，生産性がいくら以上の企業か。

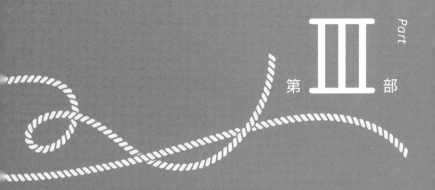

Part

第 **III** 部

貿易問題と解決の枠組み

Chapter

貿易政策（基礎編）

小国・完全競争

第 **8** 章

Chapter

レモンで有名な広島県尾道市瀬戸田町。1964 年の輸入自由化後，国内で流通するレモンの大半はアメリカ産とチリ産をはじめとする輸入品となった。しかし，国産シェア 1 位の広島県は，国産レモンのブランド化をはかり，瀬戸内海の島々でレモン生産を続けている（写真提供：フォトライブラリー）

Quiz クイズ

Q 8.1 主要 6 農産品（コメ，小麦，牛肉，豚肉，乳製品，砂糖）の農業保護による消費者 1 人当たりの負担額は，月額何円程度だろうか。
a. 約 500 円　**b.** 約 1000 円　**c.** 約 2000 円　**d.** 約 3000 円

Q 8.2 コンビニエンス・ストアのおにぎりなどに大量の海苔が使われている。海苔の輸入について，日本はどのような政策をとっているだろうか。
a. 自由な輸入が認められている
b. 輸入数量に上限が決められている
c. 輸入に関税がかけられている
d. 輸入が禁止されている

Answer クイズの答え

Q 8.1 c.

主要 6 農産品の農業保護により消費者は月額 2000 円程度の負担を強いられているという『全国消費実態調査』をもとにした推計がある（猿山ほか［2013]）。

Q 8.2 b.

海苔は九州や瀬戸内海の国内産地でも生産されているが，韓国や中国からも輸入されている。日本は国内産地を保護するため海苔の輸入割当を実施してきたが，輸出国からの批判を受け，輸入枠の段階的な拡大が図られてきた。また，海苔の輸入は当初韓国にのみ許可されてきたが，2005 年度以降中国など他のすべての国からの輸入が認められるようになっている。

〈参考〉
・朝日新聞「韓国ノリの輸入制限問題，WTO が月内に結論」2006 年 1 月 15 日
・朝日新聞「韓国ノリの輸入枠拡大」2006 年 1 月 21 日
・日本経済新聞「韓国からのノリ輸入枠を拡大　25 年に 27 億枚へ」2015 年 12 月 9 日（https://www.nikkei.com/article/DGXLASFS09H5E_Z01C15A2EE8000/）
・経済産業省「水産物の輸入割当」（https://www.meti.go.jp/policy/external_economy/trade_control/03_import/04_suisan/index.html）

Keywords キーワード

輸入関税，共通農業政策，輸入自由化，従価関税，従量関税，輸入数量制限，関税と数量制限の同等性命題，輸出自主規制，輸出税，輸出補助金

Chapter structure 本章の構成

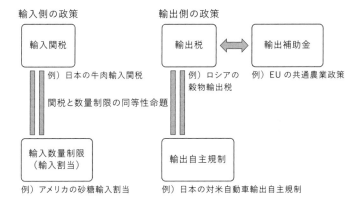

輸入側の政策

輸出側の政策

輸入関税

例）日本の牛肉輸入関税

関税と数量制限の同等性命題

輸入数量制限
（輸入割当）

例）アメリカの砂糖輸入割当

輸出税

例）ロシアの
穀物輸出税

輸出補助金

例）EU の共通農業政策

輸出自主規制

例）日本の対米自動車輸出自主規制

総余剰：自由貿易＞貿易政策がある状況＞閉鎖経済

本章の問い

　スーパーには野菜や果物，肉など海外から輸入された農産物がたくさん並んでいる。日本の 2021 年度の食料自給率は，生産額ベースで 63％，カロリーベースで 38％ であり，日本は農産物の供給の多くを輸入に頼っているといえる。輸入を制限することで，食料自給率を上げるべきだという意見もある。そうした意見は経済学的観点から妥当なものだろうか。

1 　貿易の部分均衡分析

▭ **貿易政策の評価**

　日本のみならず多くの国において，政府が農産物の貿易に深く関わっている。たとえば，日本では米の輸入には1キロ当たり402円の**輸入関税**が課されている。欧州連合（EU）は，農産物の輸出に補助金を与える**共通農業政策**（Common Agricultural Policy: CAP）をとっている。アメリカは，砂糖の輸入を一定量に制限する輸入割当政策をとっている。これらの政策はいずれも消費者の利益を損なうものとして経済学者から批判されてきた。

　貿易政策を評価するうえで基本となるのは，経済厚生を測る「余剰」の分析である。ミクロ経済学では，生産者（企業）と消費者という2つの主体を基礎に置き，政策の効果を分析する。

　本章では，貿易政策の効果を説明するために特定の財（レモン）の市場のみを考察した部分均衡分析を行う。部分均衡分析では，レモン以外の財の市場は無視して分析を行う。実際には市場は相互に影響しあっている可能性があるが，本章では部分均衡分析を採用し，その他の財の市場がレモンの市場に与える影響は無視する。

　また，貿易当事国が小国であると仮定する。小国とは，国際価格に影響を与えない国のことである。この小国の仮定を置くことで，貿易政策による国際価格の変化を考慮しなくてすむため，分析が容易になる。しかし，現実には，アメリカのような輸入大国が輸入制限的な政策をとることで，国際価格を低下させ，従来よりも相対的に安価に外国産品を輸入できるようになることもある。また，石油

輸出国機構（Organization of the Petroleum Exporting Countries: OPEC）の産油国が石油の輸出を制限する政策をとることで，従来よりも相対的に高く石油を輸出できるようになる場合もあるだろう。こうした交易条件効果と呼ばれる貿易政策の価格効果については，次章で扱う。

▷ 消費者余剰と生産者余剰

いまレモンを例にとり，余剰の分析方法について説明を進めよう。日本では，1964 年の**輸入自由化**の結果，国産レモンの生産は激減した。日本で出回るレモンの多くがアメリカやチリからの輸入レモンである。しかし，80 年代頃から国産レモンが再評価され，広島県や愛媛県をはじめとする産地でいまでも国産レモンの生産が行われている。

煩雑さを避けるため，レモンの品質は均質であると仮定して分析を行う。また，価格を P で表し，国内需要 （D） が

$$D = -\frac{1}{2}P + 100$$

であり，国内供給 （S） が

$$S = \frac{1}{2}P$$

であると仮定して説明を行う。このとき，市場価格は 100 円，均衡取引量は 50 個となる。

消費者は，同じ品質であればなるべく安い価格でレモンを購入できた方が得である。たとえば，150 円払ってもよいと思っていたレモンを 100 円で買えれば，50 円分得することになる。

計算を容易にするために，単純な数値を用いてグラフを分析して

図 8-1 需要曲線と消費者余剰

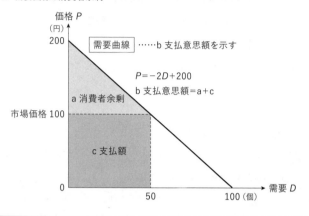

いく。市場におけるレモンの購入数量は 50 個である。また国内需要を $D=-\frac{1}{2}P+100$ と仮定していたため，図 8-1 に示した右下がりの需要曲線 $P=-2D+200$ が描ける。需要曲線は消費者の支払意思額を示しており，需要曲線の下の台形の面積が支払意思額の総額（a+c）になる。台形の面積の公式から，$(200+100)\times50\times\frac{1}{2}=7500$ 円となる。

一方，消費者が実際に支払うのは市場価格 100 円である。市場全体では，市場価格 100 円と購入数量 50 個を掛け合わせれば得られるので，$50\times100=5000$ 円が支払総額になる。グラフでは市場価格の下の長方形 c に当たる。

需要曲線と市場価格で囲まれた三角形 a が消費者余剰に当たる。消費者余剰は，$50\times100\times\frac{1}{2}=2500$ 円である。

次に生産者余剰は，生産者の売上から可変費用を引いたものとして定義できる。なお，生産者余剰の計算では固定費用は考えない。その意味で，生産者余剰は粗利潤と呼べる。国内供給が $S=\frac{1}{2}P$ で

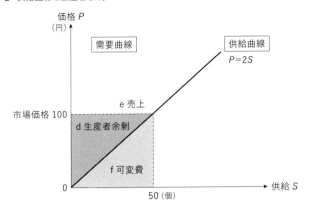

図8-2 供給曲線と生産者余剰

あると仮定したので，価格が上がると供給が増え，右上がりの供給曲線 $P=2S$ が図8-2のように描ける。供給曲線は限界費用曲線でもあるため，可変費用は供給曲線の下側の面積 f で表現できる。市場価格を100円，販売個数を50個とすると，$50 \times 100 \times \frac{1}{2} = 2500$ 円となる。一方で，売上は販売個数×市場価格で求められるので，$50 \times 100 = 5000$ 円である。売上から可変費用を差し引いた三角形 d の面積が生産者余剰となる。この生産者余剰 d の面積は，$50 \times 100 \times \frac{1}{2} = 2500$ 円である。

▷ **総 余 剰**

社会全体の余剰は，総余剰や社会的余剰と呼ばれる。いま考えている単純な事例では，消費者余剰と生産者余剰を合わせたものが総余剰となる。つまり，

総余剰＝消費者余剰＋生産者余剰＝2500＋2500＝5000

図 8-3 総余剰 ─────────────────────────

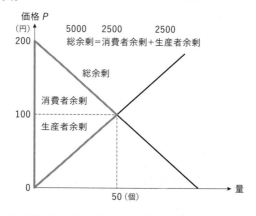

となる。図 8-3 では，需要曲線と供給曲線に囲まれた大きな 3 角形が総余剰に当たる。

2 輸入に対する政策の効果

▷ **輸入の利益**

これまでは，日本で生産されたレモンが 100 円で 50 個販売され，消費される，貿易がない閉鎖経済と呼ばれる状況をみてきた。日本では，1945 年から 64 年までレモンの輸入は実際に禁止されていた。しかし，64 年に輸入が許可されてから，輸入レモンが日本に多く出回るようになった。そこで，次に，外国からレモンが 80 円で関税なしに輸入できるようになった自由貿易の場合を考察していく。

ここで，日本はレモンを 80 円で好きなだけ輸入できる小国であり，レモンの国際価格に影響を与えないと仮定する。この仮定のも

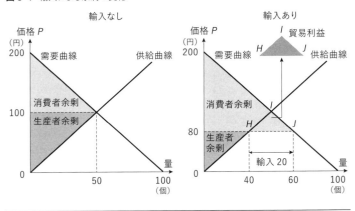

図8-4 輸入による余剰の変化

とで，日本のレモンの均衡価格は輸入価格80円に等しくなるまで低下すると考えられる。

　価格が輸入前の100円から輸入後の80円へと低下することで，図8-4に示すように，消費者余剰は2500から3600へと増加し，生産者余剰は2500から1600へと減少する。これは，消費者が価格低下の恩恵を受ける一方で，生産者のもうけが減ることを意味している。図8-4が示すように，生産者余剰の減少があるものの，消費者余剰の増加が大きいため，総余剰は5000から5200へ増加する。貿易による総余剰の増加200は貿易利益（gains from trade）と呼ばれ，三角形HIJで表すことができる。

　なお，価格が80円に低下したとき，消費者が購入量を50から60に増やす一方で，国内生産者は供給量を50から40へ減らす。国内需要と国内供給の差である20が外国からの輸入量となる。

表 8-1　日本の関税率（2019 年）

（単位：%）

品　目	平均関税率	無税品目比率	最大関税率	輸入総額に占めるシェア	無税品目の輸入シェア
動物製品	16.6	45.7	584	2.0	2.8
乳製品	101.0	0	633	0.2	18.8
果物・野菜・植物	9.7	19.6	356	1.5	15.4
コーヒー・茶	13.7	22.2	149	0.4	58.4
穀類，穀物	66.0	8.2	723	1.3	58.9
脂質，オイル	8.0	46.2	397	0.8	73.9
砂糖	29.3	7.3	105	0.1	23.9
飲料・たばこ	16.7	19.1	60	1.3	47.3
綿	0.0	100.0	0	0	100.0
その他農産品	3.5	66.5	247	0.8	66.3
魚・魚加工製品	4.9	4.9	15	2.3	2.6
鉱物・メタル	1.0	69.9	10	20.6	91.8
石油製品	21.6	54.2	8	11.6	95.6
化学製品	2.3	37.4	7	10.7	60.1
木材・パルプ等	1.0	78.8	10	3.2	67.8
繊維製品	5.5	7.6	25	2.2	8.7
衣料品	9.2	0	13	4.0	3.5
皮革製品・靴など	9.1	50.3	357	1.9	36.9
非電気機械製品	0.0	100.0	0	9.8	100.0
電気機械製品	0.2	95.5	5	14.4	99.7
輸送用機械製品	0.0	100.0	0	4.3	100.0
その他工業製品	1.1	77	8	6.4	93.7

出所：The World Trade Organization（WTO），*World Tariff Profiles 2019* より筆者作成。

輸　入　関　税

　レモンの輸入にはいまでは関税が課されていないが，農産品の輸入には輸入関税が課されていることが多い。表 8-1 は日本の関税率を示したものである。輸送用機械の平均関税率がゼロであるなど工業品の平均関税率が低いのに対して，乳製品の関税率が 100% を超えるなど，農産物の平均関税率は高い傾向にある。

　輸入に対する関税として代表的なものに，従量関税と従価関税が

図 8-5　輸入関税の効果

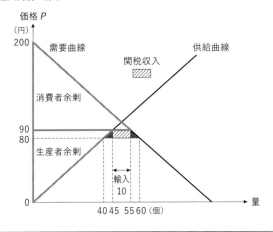

あるが，レモンの場合は従価関税である。**従価関税**（ad valorem tariff）は価格に関税が課される。たとえば，日本は牛肉の輸入に38.5% の従価関税を課している（椋 [2020]）。そのため，1000 円の牛肉に385 円の関税が課される。従価関税は消費税と同じ方式であると言える。それに対して，**従量関税**（specific tariff）は輸入数量に応じて関税を課す。たとえば，日本は米の輸入に1 kg 当たり402 円の従量関税を課している。このように，従量関税の場合，1 個当たり100 円や1 t 当たり100 円といった形で関税が課される。以下では計算が簡単な従量関税を用いて説明を行っていく。

　いまレモン1 個当たり10 円の輸入関税が課されると仮定する。その結果，レモンの価格が80 円から90 円へ上昇する。図 8-5 が示すように，価格の上昇に伴い，消費者は購入量を60 から55 に減らす一方，生産者は生産量を40 から45 に増やす。国内需要量55 から国内供給量45 を引いた差額の10 が輸入量となる。

関税がなかったときに比べて，消費者余剰は減少し，生産者余剰は増加する。加えて，斜線の四角形で示されている関税収入が生じる。輸入関税が1個当たり10円であるので，関税収入は10円×輸入量10個＝100円として計算できる。総余剰は，この場合，生産者余剰2025と消費者余剰3025に関税収入100を加えた5150となり，図8-4で示された自由貿易のときと比べて，濃い網掛けの2つの3角形の部分だけ総余剰が減少している。このような関税など貿易政策による総余剰の減少は厚生損失（死荷重，deadweight loss）と呼ばれる。厚生損失の額は，2つの3角形の面積を計算することで50円であることがわかる。自由に輸入ができるときに比べて，総余剰が50円分減るということである。

▷ 輸入数量制限

輸入関税をかけるのではなく，輸入数量を直接制限する貿易政策が取られることもある。こうした政策は**輸入数量制限**や輸入割当（輸入数量割当，import quota）と呼ばれる。本項でみていくように，小国の場合，輸入割当は国内価格を引き上げる効果を持つ。アメリカが砂糖に輸入割当を課していることは有名な実例である（クルーグマンほか［2017］）。アメリカでは，砂糖へ輸入割当を課しているため，砂糖の国内価格が世界価格よりも3割程度高い。そのため，砂糖を原材料として用いる菓子製造業社がアメリカ国内から砂糖価格が安いメキシコやカナダに工場を移転する一因となっている。

これまでのレモンの例を用いて，輸入数量制限の効果をみていくことにする。いま80円のレモンの輸入を10個までに制限するという輸入数量制限を考えてみる。具体的には，政府から許可証を得た商社のみが80円で10個のレモンを外国から輸入することが可

図 8-6 輸入数量制限

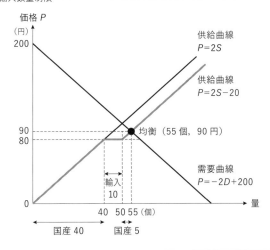

能で，そうした商社が国内価格でレモンを販売する状況を分析する。

図 8-6 に示されているように，価格が 80 円のもとでは，国産レモンの供給量は 40 個にとどまる。輸入できるレモンの個数は 10 個であるので，国産と輸入レモン合わせて 50 個が国内に供給される。この 50 個の供給量では，国内需要に対して十分ではない。もともとの供給曲線を 10 個の輸入分だけ右方向にずらした新しい供給曲線と需要曲線が交わる交点で，需要と供給が均衡する。この均衡点では，90 円の価格で 55 個のレモンが取引される。輸入レモンが 10 個，国産レモンが 45 個である。

図 8-7 は，輸入数量制限が課されたときの均衡（55 個，90 円）において，余剰がどうなるかを示したものである。均衡価格（90 円），国内消費量（55 個），国産レモン供給量（45 個），レモン輸入量（10 個）が，10 円の輸入関税が課されたときと 10 個の輸入数量制限が

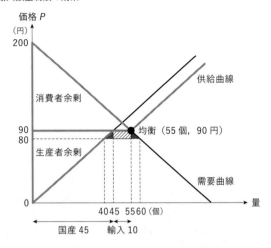

図8-7 輸入数量制限の効果

課されたときとで全く同じである。そのため，消費者余剰と生産者余剰も輸入関税のときと等しくなっている。一方，輸入関税の場合に関税収入となっていた斜線部分は，輸入数量制限の場合には商社のもうけ（輸入割当レント）となる。商社は輸入レモンを80円で10個輸入して，国内価格90円で販売するため，その差額10円×10個＝100円のもうけを得る。

　ここでは商社の利益も含めて，総余剰は，消費者余剰（3025円）と生産者余剰（2025円），商社のもうけ（100円）の合計であり，5150円となる。総余剰も，輸入数量制限の場合と輸入関税の場合とで等しくなる。自由に輸入できる場合に比べて，濃い網掛けの2つの三角形の面積分だけ総余剰は小さい。この輸入数量制限による厚生損失は50円であり，輸入関税による厚生損失と同額である。このように，完全競争のもとでは，同じ量の輸入に制限する輸入関

税と輸入数量割当の総余剰への効果は等しくなる。これを**関税と数量制限の同等性命題**と呼ぶ。

　ただし，現実には，輸入数量制限に比べて，輸入関税が望ましい面がある。その理由の1つは，輸入数量制限の場合，政府が誰に輸入許可を与えるのかをめぐって汚職などのコストが生じるためである。また，アメリカの砂糖輸入割当のように輸入許可を国内商社ではなく外国（ドミニカ，フィリピンなど）に与えた場合には，関税収入相当額が外国に移転してしまう。

　輸入国の要請で，輸出国が輸出量を一定量に抑える**輸出自主規制**も，輸入許可を外国政府に与えた輸入割当とみなすことができるため，輸入国政府は関税収入を失うことになる。輸出自主規制の実例として，1980年代に日本からアメリカへの自動車の輸出台数の制限が行われたことが有名である。この自動車の輸出自主規制は，アメリカにとっては，輸入関税に比べて関税収入を失うという意味で望ましいものではなかったといえる。

▷　総余剰の比較

　ここまで分析してきた結果から，自由にレモンの輸入ができる自由貿易のときの総余剰は5200円，10円の輸入関税または同等の輸入数量制限が課されたときの総余剰は5150円であることがわかった。それに対して，輸入が全くできない閉鎖経済のときの総余剰は5000円であった。つまり，総余剰の大小関係は以下のようになる。

自由貿易＞輸入関税・輸入数量制限＞閉鎖経済

貿易への制限が大きいほど，総余剰が低下することがわかる。

3　輸出に対する政策の効果

▷　**輸出の利益**

　これまで輸入国側について検討してきたが，輸出国側の余剰や貿易政策についても検討を行う。いまチリでは，レモンの国内価格が60円であるとする。輸出すると，80円でレモンが売れるとする。簡単化のため，チリの国内需要は $D=-\frac{1}{2}P+60$，国内供給は $S=\frac{1}{2}P$ として，日本と傾きが同じものを用いる。このとき，

$$S=\frac{1}{2}P=\frac{1}{2}\times 80=40$$

より，チリの生産者はレモンを40個生産する。また，

$$D=-\frac{1}{2}P+60=-\frac{1}{2}\times 80+60=20$$

より，チリの消費者はレモンを20個消費する。図8-8に示すように，国内生産量と国内需要量の差の20個が輸出される。

　輸出がなされないときに比べて，輸出により生産者余剰は900から1600へ増加し，消費者余剰は900から400へ減少する。輸出がなされないときの総余剰は $900+900=1800$ であるが，自由に輸出できるときの総余剰は $1600+400=2000$ である。輸出による生産者余剰の増加が大きいため，総余剰は図8-8の三角形の面積分増加する。この輸出による総余剰の増加は，貿易利益であり，三角形の面積の計算からも200であることがわかる。

図 8-8 輸出と貿易の利益

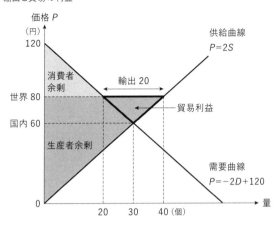

輸 出 税

　輸入に対して関税を課すケースをこれまでみてきたが，自国から
の輸出に対して**輸出税**（export tax）を課すこともある。たとえば，
2007～08 年に，ロシアなどが小麦などの穀物に輸出税を課したこ
とがある。世界的な穀物価格高騰により輸出が増えることで国内で
食料が不足する懸念から，輸出税が課されたといわれている。また，
10～15 年頃，中国が携帯電話やパソコンに用いられる希少な金属
であるレアアースの輸出に税を課したことがある。

　以下ではチリが 80 円で輸出していたレモンに 1 個当たり 10 円
の輸出税を課した結果，レモン農家の手取りが 1 個当たり 70 円に
減少したと仮定して説明を行う。図 8-9 に示すように，手取りが
70 円に減少したため，レモン農家はレモン生産量を 35 個に減らす。

　結果として，自由貿易のときに比べて，生産者余剰は減少し，
1225 になる。一方で，価格の低下により消費者余剰は 625 に増加

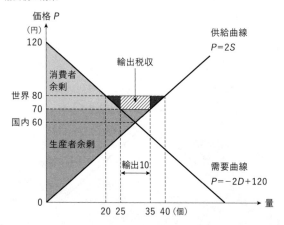

図8-9 輸出税の効果

価格 P
（円）
120
消費者余剰
輸出税収
世界 80
70
国内 60
生産者余剰
供給曲線
P＝2S
輸出10
需要曲線
P＝-2D+120
0
20 25　35 40（個）
量

する。輸出が10個になるため，輸出税からの税収は，10円×10個＝100円である。生産者余剰と消費者余剰，輸出税収を足し合わせることで総余剰が1225＋625＋100＝1950と求められる。輸出が自由にできるときに比べて，総余剰は50減少している。輸出税による総余剰の減少，つまり厚生損失は図8-9においては濃い網掛けの小さな2つの三角形で示されている。輸出税は，国内消費者向けの財供給量を増加させる効果は持つが，生産者には不利益な政策であり，全体としても総余剰を減らすことがわかる。

　なお，輸出できない時の総余剰（1800）に比べれば輸出税が課されたときの総余剰（1950）の方が大きいが，自由に輸出できるときの総余剰（2000）が最も大きい。このように，貿易への制限が大きいほど総余剰が低下することは輸入の場合と同じである。

　以上でみてきたように，輸出税は，輸出を減らす効果を持ち，国内価格を引き下げることを通じて，消費者余剰を増やす。しかし，

輸出が減少し，価格が低下するため，生産者余剰は減少する。結果として，厚生損失が発生する。そのため，ロシアや中国による輸出税政策は，総余剰の観点からは，ロシアや中国にとっても望ましいものではなかったといえる。

▷ 輸出補助金

政府が輸出に対して，**輸出補助金**（export subsidy）を与えることがある。この輸出補助金の実例としては，すでに述べたように，欧州連合（EU）の共通農業政策が有名である。農産物について，EU域内価格は国際価格よりも高い。そのため，本来 EU から農産物を輸出することは不可能である。しかし，EU は農家に対して輸出補助金を支払い，農産物の輸出を促進している。輸出補助金のおかげで，EU からの輸出が可能になる一方で，EU 域内の消費者は，国際価格よりも高い価格の農産物を購入し，補助金の費用を負担しなければならない。

レモンの例に戻って，いまチリ政府が，レモンの輸出に対して1個当たり 10 円の輸出補助金を農家に与えるとして，輸出補助金の効果を説明する。このとき農家は世界価格 80 円に輸出補助金 10円を足した 90 円を得ることになる。国内価格もそれに合わせて 90円になる。図 8-10 が示すように，国内価格が 90 円のとき，生産者は 45 個のレモンを生産する一方，消費者は 90 円の価格のもとではレモンを 15 個しか消費しない。

生産と消費の差である 30 が輸出となる。レモン 1 個当たり 10円の輸出補助金が与えられたため，輸出全体では 10 円×30 個＝300 円の補助金となる。国内価格が 90 円へと上昇した結果，消費者余剰は 225 へと減少するが，生産者余剰は 2025 へと増加する。

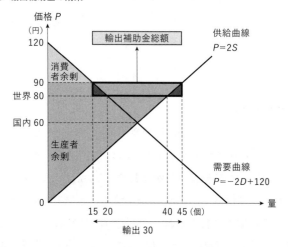

図 8-10 輸出補助金の効果

（図中のラベル）
価格 P
（円）
120
輸出補助金総額
供給曲線
$P=2S$
消費者余剰
90
世界 80
国内 60
生産者余剰
需要曲線
$P=-2D+120$
0
15 20 40 45（個）
量
輸出 30

　総余剰は消費者余剰と生産者余剰の合計から輸出補助金の支出額を引いた値として計算でき，225＋2025－300＝1950 となる。自由に輸出が行われるときに比べて，総余剰は 50 減る。輸出補助金によって生じるこの厚生損失は，図 8-10 において，濃い網掛けの 2 つの三角形として示されている。このように，輸出補助金は輸出を増やす効果を持つが，消費者に負担を強いることになり，厚生損失が発生する。

　輸出補助金は，消費者に負担を強いて，生産者を支援する政策である。輸出は増え，生産者余剰も増えるが，高い価格に直面する消費者の負担は重い。さらに納税者は，輸出補助金相当額を負担する必要がある。EU は共通農業政策によって，農産物へ輸出補助金を支払っている。その納税者負担額は 2013 年に 580 億ユーロに達する（クルーグマンほか［2017］）。

　本章は，小国を仮定して，輸入と輸出双方に関する貿易政策の部分均衡分析を行った。輸入・輸出のいずれについても貿易制限的な政策は厚生損失を生むことが明らかになった。貿易制限的な政策がなく自由に輸出入できることが，総余剰を最大化する観点からは望ましい。この観点からは，農産物の輸入を制限することで，食料自給率を上げるべきという主張は支持されない。もちろん，このことは，たとえば食の安全，子供への教育，食糧安全保障など多様な観点から食料自給率を上げるべきとする意見を否定するものではない。

Report assignment レポート課題

8.1 日本は新型コロナウイルス感染症のワクチンを，スペインやベルギー，アメリカなどから輸入している。ワクチンの輸入関税はゼロである。国内でワクチンを製造しようとしている日本企業を保護するために，輸入ワクチンに高い輸入関税を課す政策は経済学的に妥当であるか考えなさい。ただし，ワクチン輸出国，輸入国である日本ともに小国であると仮定して考えなさい。

Exercise 演習問題

8.1 小麦の価格を P としたとき，日本の小麦の需要 (D)，供給 (S) が以下の式で与えられているとする。

$$D = 100 - 20P$$
$$S = -20 + 20P$$

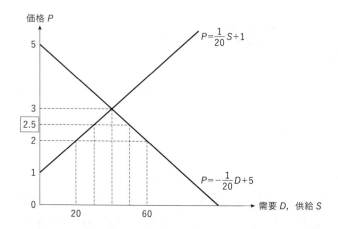

これまで国内価格は3であったが，アメリカから安い小麦の輸入が可能になり，国内価格が2へ低下したとする。しかし，日本政府が小麦1単位当たり0.5の輸入関税を課した結果，小麦の価格が2.5へ変化したとする。このように輸入関税が課されたとき，以下の問いに答えなさい。

(1) 国内需要量はいくらになるか。

(2) 国内生産者による供給量はいくらになるか。

(3) アメリカからの輸入量はいくらになるか。

(4) 消費者余剰はいくらになるか。

(5) 生産者余剰はいくらになるか。

(6) 日本政府の関税収入はいくらになるか。

(7) 輸入関税による厚生損失はいくらになるか。

貿易政策（応用編）

大国・不完全競争

第 **9** 章

築地市場で競りにかけられる生マグロ。札に
「ノースカロライナ」の文字が書かれている
（写真提供：フォトライブラリー）

Quiz クイズ

Q 9.1 次の品目のうち，世界シェアで日本がトップのものはどれだと思いますか。
　　　a. DRAM　b. パソコン　c. 電気自動車　d. タブレット端末
　　　e. 携帯用リチウムイオン電池

Q 9.2 次の品目・サービスのうち，上位 5 社で世界シェアのほぼ 100% が占められているものはどれだと思いますか。
　　　a. たばこ　b. ネット広告　c. ルーター　d. 即席めん

Answer クイズの答え

Q 8.1 e.

携帯用リチウムイオン電池は日本のアンプレックステクノロジーが世界トップシェア。PCやスマホのメモリに使用されるDRAMはサムソン電子（韓国），パソコンはレノボ（中国），電気自動車はテスラ（米），タブレット端末はアップル（米）。

Q 8.2 b.

ネット広告はアクセンチュア（アイルランド）・デロイト（米）・IBM（米）・PwC（米）・WPP（英）の5社による寡占。ルーターはシスコシステムズ（米）やファーウェイ（中）など5社で93%，たばこは中国煙草総公司（中）やフィリップ・モリス（米）など5社で82%，即席めんは頂新国際集団（台），日清食品（日）など5社で45%。70品目のうちデジタル関連の製品やサービスで市場占有率が高い傾向がある。

　＊クイズはいずれも日本経済新聞「点検　世界シェア70品目」2020年の結果より。

Keywords キーワード

大国，交易条件効果，近接窮乏化政策，独占市場，寡占市場，反応関数，レントシフティング，戦略的貿易政策，補助金，貿易紛争，利得表，囚人のジレンマ

Chapter structure 本章の構成

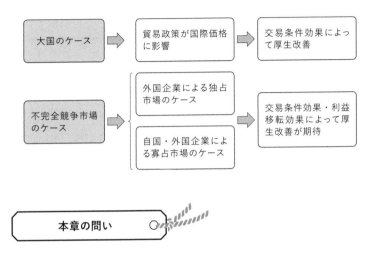

本章の問い

　アメリカのトランプ政権下の保護主義的な貿易政策のように，なぜ政府は関税を維持したり引き上げたりするのだろうか。第8章ではこうした政策が市場に歪みをもたらし，経済厚生を下げてしまうことを学んだ。しかし国際市場に影響を持つ国や市場の競争環境が制限されている場合など特定の状況下では，貿易制限的な政策が経済厚生を高める可能性があるという。保護貿易政策の効果はどのような状況下で変化するのだろうか。

1　大国の貿易政策

大国とは

　第8章で扱ったように，小国とは，ある商品について国際価格に影響を与えない国をさす。小国の仮定は政策発動による国際価格の変化を考慮する必要がないので，分析が容易になるが，現実にはある国の政策が国際価格に影響を与えるケースがある。この場合の国を**大国**と呼ぶ。このことを踏まえると，大国かどうかは国の規模が関連しているが，財によってその程度は異なると考えられる。たとえば，日本が大国となるような財には何があるだろうか。日本人が世界的に消費する割合が高い財をイメージすると，「マグロ」を思いつく。水産庁によると，日本のマグロ類の漁獲量は2019年で16.4万トンであり，世界の総漁獲量228万トンの7%ほどである。他方で，輸入と国内養殖を含めた国内供給量は2020年で37.3万トンあり，世界の総漁獲量と比べると，日本のマグロ消費は世界供給の約6分の1を占めていると考えられる。図9–1に示すように，輸入先は台湾・中国・韓国といった近隣国のシェアが大きいものの，太平洋・インド洋・大西洋の国々からも幅広く輸入している。マグロ類の国際市場において日本は大口顧客であり，日本の需要動向によって国際価格は影響を受けるであろう。この意味において，マグロ市場を考えるとき日本は大国であるといえる。

大国の関税

　第8章で学んだ部分均衡分析によって，マグロへの関税の効果

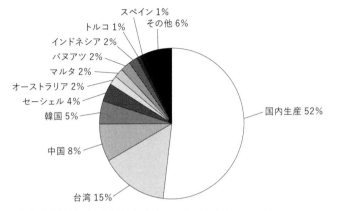

図 9-1 日本のマグロ類供給量（2020 年）

- スペイン 1%
- その他 6%
- トルコ 1%
- インドネシア 2%
- バヌアツ 2%
- マルタ 2%
- オーストラリア 2%
- セーシェル 4%
- 韓国 5%
- 中国 8%
- 台湾 15%
- 国内生産 52%

出所：水産庁「かつお・まぐろ類に関する国際情勢について」より筆者作成。

を考えてみよう。ただし今回は大国になるので，日本市場だけでなく国際市場を考える必要がある。いま国際市場でのマグロ 1 匹の値段が 100 だとしよう。日本と外国のマグロの需要と供給が次のように与えられていると考えると，この様子を部分均衡分析に描いたものが図 9-2 の（1）日本と（3）外国である。

日本のマグロの需要（D^J）と供給（S^J）

$$D^J = -P^J + 300, \quad S^J = P^J - 40$$

外国のマグロの需要（D^f）と供給（S^f）

$$D^f = -P^f + 160, \quad S^f = P^f - 20$$

日本のマグロの輸入需要は $IM = D^J - S^J = -2P^J + 340$ となり，外国のマグロの輸出供給は $EX = S^f - D^f = 2P^f - 180$ となる。この

図 9-2 大国の関税政策による価格・数量変化

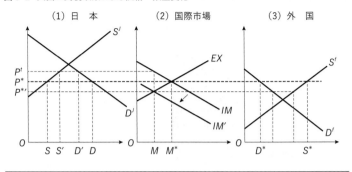

関係を描いたものが（2）国際市場であり，自由貿易時に達成される国際価格は $P^* = 130$ である。自由貿易であれば，日本のマグロ需要は（1）の横軸の D（$D^J = -130 + 300 = 170$）まで，国産マグロの供給は S（$S^J = 130 - 40 = 90$）までとなり，不足する供給分の $D - S$ 分（$170 - 90 = 80$）だけ外国産マグロを輸入する。一方，（3）外国では $P^* = 130$ のもとで漁獲可能な S^*（$S^f = 130 - 20 = 110$）まで供給があるが，マグロ需要は小さく D^*（$D^f = -130 + 160 = 30$）までしか需要されず，余剰の $S^* - D^*$ 分（$110 - 30 = 80$）が輸出されている。

いま，日本政府が国内のマグロ漁師や関連する水産業を保護する目的で，輸入マグロに関税を賦課したとしよう。現実にマグロには 3.5％ の従価関税がかかっているが，ここでは単純化のため単位当たり 20 の従量関税をかけると考えよう。関税賦課後の日本のマグロ輸入は $D' - S'$（$160 - 100 = 60$）に減少し，この輸入需要減は（2）国際市場に影響を及ぼす。$D' - S'$ の輸入量は輸入需要量（M）に対応する。このとき達成される国際価格は，関税賦課によって減少した輸入需要 IM' と輸出供給 EX が等しくなる $P^{*'} = 120$ に下

落する。つまり，大口顧客の日本の需要減少によって，国際市場でマグロが値崩れしたのである。$P^{*\prime}$ は関税賦課後に外国の消費者と生産者が直面する価格であり，外国では自由貿易時よりも輸出価格が下落（交易条件が悪化）し，輸出量も減少する。一方，日本の消費者と生産者が直面する価格は関税 20 を賦課した 140 となる。この場合，自由貿易時に比べ国内価格は高くなるが，関税を抜いた輸入価格は下がることになる。このように大国の関税は輸入価格を引き下げることが可能であり，交易条件改善によるプラスの効果が期待できる。次の厚生効果で検証してみよう。

▷ 大国の関税による厚生効果

引き続きマグロを例に，関税の厚生効果を考えてみよう。自由貿易時のマグロ 1 匹の国際価格が $P^*=130$，関税賦課後の輸入需要の減少によって国際価格が $P^{*\prime}=120$ まで下落した。ここで自由貿易時の経済厚生と関税賦課後の経済厚生を比べてみよう。図 9-3 (1) には自由貿易時の経済厚生が，(2) には関税賦課後の経済厚生が示されている。自由貿易時の消費者余剰（CS）は図の斜線の面積部分であり，需要量が 117 なので，需要曲線と国際価格 $P^*=130$ に挟まれた斜線の面積は $CS=170\times170\times\frac{1}{2}=14450$，生産者余剰（$PS$）は図中の薄い網掛けの面積部分であり，国内供給量 90 なので $PS=90\times90\times\frac{1}{2}=4050$ となり，総余剰は 18500 である。

図 9-3 の (2) には関税賦課後の日本の経済厚生が示されている。国内価格が $P^*=130$ から $P^{\prime}=140$ に上昇するため消費者余剰は 12000（$=160\times160\times\frac{1}{2}$）に減少し，生産者余剰は 5000（$=100\times100\times\frac{1}{2}$）に増加する。さらに関税収入として $20\times60=1200$ が加わるため，総余剰はこれらの合計 1 万 9000 となる。自由貿易時

図 9-3　大国の関税が経済厚生を高める可能性

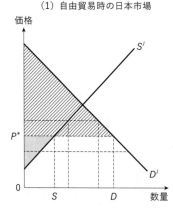

(1) 自由貿易時の日本市場　　　　(2) 関税賦課時の日本市場

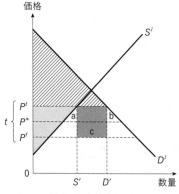

の総余剰よりも 500 だけ増加することがわかる。これは，輸入価格が低下したことによる**交易条件効果**が，経済厚生を改善させていることを示している。交易条件効果の一部は図中の c 部分に相当し，c が関税による生産と消費の非効率性を反映したマイナス分（a＋b）よりも大きい場合には関税によって経済厚生が改善する。数値例では改善するケースを紹介した。一方，外国は輸出価格の下落と輸出量の減少により，経済厚生は悪化する。大国の関税は貿易相手国に負担を強いて自国の経済厚生を改善させようとする**近隣窮乏化政策**である。

▷　大国の輸出補助金による厚生効果

　第 8 章では小国のケースの輸出補助金の厚生効果について考えた。輸出補助金は，輸出を増やし，生産者余剰を拡大させるが，価格の上昇を招くため消費者に負担を強いることになり，輸出補助金

相当額の税支出も生じるため経済厚生が下がることを示した。では大国のケースではどうなるだろうか。ここでは綿花を例に考えてみたい。綿花はインド・中国・アメリカの順に生産が盛んだが，輸出量ではアメリカがトップである。この綿花に対してアメリカは手厚い補助金を支給したことから，国際市場に影響を及ぼし，価格低下による打撃を受けたとしてブラジルがアメリカを 2002 年 WTO に提訴した経緯がある。WTO はこの補助金が協定で禁じられている輸出補助金に当たると認定しアメリカは敗訴した。この綿花へのアメリカの輸出補助金は国際価格に影響を及ぼしたという点で大国のケースとして考えてよいだろう。

　ここで，アメリカの綿花へ 1 単位当たり s の補助金を支給すると考えると，小国と同じように国内の価格は補助金分上昇する。輸出量も増加するが，大国の場合，これは世界市場での超過供給を意味するので国際価格が下落することになる。図 9–4 の右側に示すように，輸出補助金の s 分下落する形で新しい国際価格 $P^{*\prime}$ がブラジルの綿花生産者が直面する価格となる。価格の低下は，ブラジルの生産者にとっては輸出量の減少や輸出機会の喪失になるため，打撃を受けることになる。

　一方，アメリカでは経済厚生にどのような効果があるのだろうか。図 9–4 の（1）には自由貿易時の経済厚生が示されており，斜線部分が消費者余剰で薄い網掛け部分が生産者余剰である。（2）では，輸出補助金を支給した後の経済厚生を示している。国内価格は上昇するため，消費者余剰は減少する。しかし，生産者余剰の拡大によってその一部は相殺される。輸出補助金は輸出量×s となるので（2）の□で囲んだ部分が補助金の財源として必要となり，これは税金によってまかなわれるので経済厚生上は損失となる。拡大した

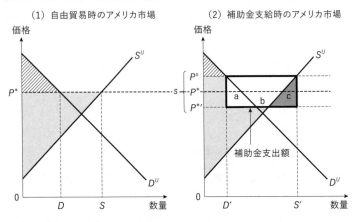

図9-4 大国の場合の輸出補助金の効果

(1) 自由貿易時のアメリカ市場 　　(2) 補助金支給時のアメリカ市場

生産者余剰の大部分は相殺されてしまうことになる。そのうち，需要関数に接している△aは消費の非効率性を，供給曲線に接している△cは生産の非効率性を反映したものであり，▱bは輸出品である綿花の輸出価格が自由貿易時の国際価格 P^* から新しい国際価格 $P^{*\prime}$ に下落したことによるマイナスの交易条件効果を表している。△aと▱bは生産者余剰を相殺し，図の濃い網掛けの△cの部分は純損失となる。総余剰を比べると，明らかに（1）自由貿易時と比べ経済厚生が悪化することがわかる。

また，第8章で示した小国の場合と比べても，▱bのマイナスの交易条件効果が加わるため，経済厚生の悪化の程度が大きいことがいえる。このように，大国の輸出補助金は関税のように経済厚生を高めることはできず，小国の場合よりも経済厚生は必ず悪化する。それにもかかわらずこうした政策が実現される背景には，生産者保護を優先する政治的な背景がある（➡第2章3節）。輸出補助金によ

って経済厚生は悪化するが，生産者にとっては余剰が拡大し，生産・輸出も増える。綿花の生産者にとっては政治に輸出補助金の導入を働きかける動機付けになるのである。

2 不完全競争下の関税の効果

▷ **独占企業の行動**

　ここまで，貿易政策の効果が小国と大国で異なりうることを示した。ここでは，関税の効果が，市場の競争環境に応じて異なることを説明する。市場の競争環境として，**独占市場**のケースを考えてみよう。具体的な製品例として，たとえば身近なスマートフォンがある。日本のスマートフォンのシェアは過半超が米 Apple の iPhone によって占められており，国内メーカー各社のシェアは圧倒的に低い。現実には日本の場合スマートフォンなどほとんどの電気機器の関税は無税だが，ここではこうした市場支配力を持つ外国企業が独占的に日本市場に製品を供給する場合を想定して，仮に日本政府が輸入関税を賦課したらどうなるかを検証してみよう。

　いまスマートフォン市場では Apple が独占していると考えているので，他社の動向を気にすることなく自社の利潤を最大化するように行動することが可能である。図 9–5 に示すように，Apple が直面するスマートフォンの日本国内の需要が $D=-P+1600$ であるとする。独占企業は，競争相手がいないため供給量をすべて売り切るように価格設定が可能であり，そのときの価格は需要関数を価格に対応させた逆需要関数（$P=-Y+1600$）から求められる。

　Apple の利潤が最大化される供給量は，第 6 章第 2 節で説明した

図 9-5 独占企業の利潤最大化行動

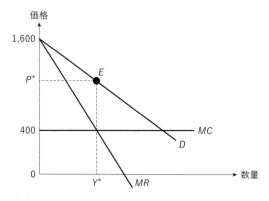

ように，1単位の追加的な供給によって得られる追加的な収入（限界収入：MR）と，1単位の追加的な供給による追加的な費用（限界費用：MC）が等しくなる水準で決定される。限界収入は収入（価格×供給量：$P \times Y = (-Y + 1600) \times Y = -Y^2 + 1600Y$）を供給量 Y について微分したものなので，$(MR = -2Y + 1600)$ である。限界費用は $MC = 400$ で与えられていると考えると最適な供給量は $MC = MR$ を満たす $Y^* = 600$ となる。これをすべて売り切る価格は逆需要関数で E 点に対応した $P^* = 1000$ となる。

▷ 外国の独占企業に対する関税の効果

スマートフォンを独占的に供給する外国企業に対して，政府が関税を賦課したときの国内の経済厚生に与える影響について，図 9-6 を用いて部分均衡分析で考えてみよう。まず自由貿易時の経済厚生は，スマートフォンの供給量が $Y^* = 600$，価格は $P^* = 1000$ なので需要曲線と価格で挟まれた面積である消費者余剰は 600×600

図 9-6 外国の独占企業に対する関税の効果

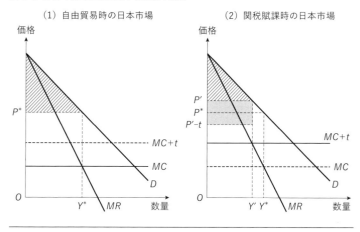

(1) 自由貿易時の日本市場　　　　(2) 関税賦課時の日本市場

$\times \dfrac{1}{2} = 180000$ となる。いま市場は Apple の独占で日本企業は供給していないと考えているので生産者余剰は生じない。したがって総余剰は消費者余剰となる。では関税として iPhone 1 台に 200 の関税をかけたとしよう。Apple は関税分を考慮して価格付けをすると考えると限界費用 $MC = 400$ に関税 200 を加えて利潤最大化条件を解く必要がある。この場合，$MC +$ 関税 $= MR$ を満たす $Y' = 500$ が供給量となり，国内価格は $P' = 1100$ に上昇する。関税賦課後の消費者余剰は，図の斜線の面積部分のように，価格上昇により $500 \times 500 \times \dfrac{1}{2} = 125000$ に減少する。生産者余剰は生じないが，関税収入が $200 \times 500 = 100000$ だけ網掛けの面積部分に発生する。総余剰は自由貿易時よりも増加し 225000 になる。このように関税賦課後に外国企業の税引き後価格が関税賦課前の価格より低下する場合には，交易条件効果によって国内市場に独占的に供給する外国企業への関税は経済厚生を改善させる。一方，外国企業は供

給量が減少し，価格（関税を抜いた税引き後価格）も下落するため利潤が減ることになる。

▷ 寡占市場での関税の効果

　市場が1社によって独占される想定はやや極端かもしれないが，数えるほどの企業によって市場が支配されているようなケースは多々みられる。身近な事例では ANA と JAL に代表される航空運送業や，アサヒ・キリン・サントリー・サッポロの4社に支配されるビール業界などが思いつくが，とくに近年はハイテク製品や GAFA（Google［Alphabet］, Amazon, Facebook［Meta］, Apple）など巨大 IT 企業に代表される情報通信産業等において市場の寡占化がみられる。

　こうした**寡占市場**において，自国企業と外国企業が覇権をめぐってしのぎを削るような状況では，各国政府が自国企業の有利となるよう外国企業を排除しようとする政策を発動することがある。たとえば 2018 年アメリカは，トランプ政権下で中国との間で貿易摩擦が先鋭化し，安全保障上の懸念を理由に中国の通信機器大手・華為技術（ファーウェイ）などのとくにハイテク分野で中国製品を排除する方針を示し，追加関税や中国企業向けの部材供給を禁止するなどさまざまな規制を発動した。たとえばスマートフォン向けアプリケーション・プロセッサー（AP）市場では，アメリカから制裁を受けた中国ファーウェイ（Huawei）の半導体設計部門である HiSilicon が，2021 年第 1 四半期に AP の出荷数量を 88% も急激に減少させている。ファーウェイが市場から排除された代わりに，シェア争いをしていたアメリカの半導体大手クアルコム（Qualcomm）は大きくシェアを拡大することとなった。こうした状況を踏まえ，ア

メリカ政府がファーウェイ製 AP を関税によって排除することを想定してその影響を考えてみよう。

　いま両者は，自社が直面する需要だけでなく，競争相手の動向をうかがいながら戦略的に行動すると考えよう。米・クアルコム（Q）と中・ファーウェイ（H）は互いに相手の供給量を前提に自社の利潤が最大化できるような最適な供給量をアメリカ市場向けに決定すると考える。このような 2 企業のアメリカ市場における競争を数量競争（クールノー競争）と呼ぶ。両企業のアメリカ市場向け供給量をそれぞれ y^Q, y^H としよう。費用は生産量に応じてかかり，クアルコムもファーウェイも同じと考えそれぞれ $C_Q = 20y^Q$, $C_H = 20y^H$ とする。なお，固定費用は発生しないと考える。両社の製品は同質なもので，アメリカ市場の製品に対する需要関数が $D = -P + 500$（D は需要量，P は単価）で与えられると考える。ここで両社の利潤について式に表してみよう。両者ともに需要だけでなく，相手の供給量も所与として利潤を考えると，クアルコムの利潤（π^Q）は収入－費用より，$\pi^Q = Py^Q - 20y^Q$ となる。数量を価格に対応させた逆需要関数は，需要を供給に置き換え $D = Y = y^Q + y^H$ から，この場合 $P = -(y^Q + y^H) + 500$ と表せ，これを利潤に代入すると，

$$\pi^Q = \{-(y^Q + y^H) + 500\} \times y^Q - 20y^Q = -y^H y^Q - y^{Q^2} + 480y^Q$$

が得られる。同様にファーウェイの利潤（π^H）は $\pi^H = P \cdot y^H - 20y^H$ から

$$\pi^H = \{-(y^Q + y^H) + 500\} \times y^H - 20y^H = -y^Q y^H - y^{H^2} + 480y^H$$

となる。ここで両社にとって利潤を最大化する供給量は，次のように利潤式を自社の供給量で偏微分したものとなる。

$$\frac{\partial \pi^Q}{\partial y^Q} = -2y^Q - y^H + 480$$

$$\frac{\partial \pi^H}{\partial y^H} = -2y^H - y^Q + 480$$

この式から利潤を最大化する供給量はこれ以上供給量を増やしても利潤が増えない水準を意味するので，それぞれ $\frac{\partial \pi^Q}{\partial y^Q} = 0,\ \frac{\partial \pi^H}{\partial y^H} = 0$ となるような供給量である。したがって，両社の供給量はそれぞれ

$$y^Q = -\frac{1}{2}y^H + 240$$

$$y^H = -\frac{1}{2}y^Q + 240$$

となり，自らの利潤を最大化する供給量は相手の供給量に依存して決まることがわかる。このことからこれらを**反応関数**と呼び，相手の供給量に反応して自分の供給量が変化する。R^Q：クアルコムの反応関数と，R^H：ファーウェイの反応関数 R^H を図示したものが図9–7である。縦軸はファーウェイ，横軸はクアルコムの供給量であり，反応関数の係数の符号がマイナスであるように互いに逆相関の関係にある。すなわち相手が供給を減らせば（増やせば）自分は増やす（減らす）という関係にある。両社の均衡供給量は両社の反応関数を同時に満たす供給量であり，図中の E 点で決定される。この場合2つの反応関数を連立させて解くとそれぞれ $y^Q = 160,\ y^H = 160$（万個）供給する均衡が得られ，これをクールノー均衡と呼ぶ。

図 9–7 寡占市場の均衡供給量と関税による変化

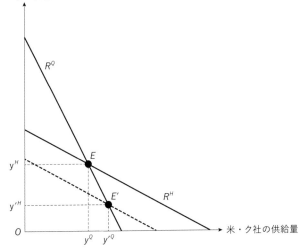

中・フ社の供給量

ここで，アメリカ政府がファーウェイを排除するため関税（従量関税 t）をかけたとしよう。ファーウェイの供給（すなわち輸入）に関税がかかるので，ファーウェイの利潤と反応関数は次のように変化する。

$$\pi^H = -y^Q y^H - y^{H^2} + 480 y^H - t y^H$$

$$y'^H = -\frac{1}{2} y^Q + 240 - \frac{1}{2} t$$

この式からわかるように，ファーウェイへの関税賦課は，図 9–7 の破線で示すようにファーウェイの反応関数の切片を下方にシフトさせる。したがって関税によってファーウェイのアメリカ市場向け

の輸出は減少し，クアルコムがシェアを増やすことになる。しかし，ファーウェイの供給の減少幅（$y'^H \rightarrow y'^H$）がクアルコムの供給の増加幅（$y^Q \rightarrow y'^Q$）より大きく，アメリカ市場での総供給は減少する。たとえば関税 $t = 60$ とすると，クールノー均衡は $y'^Q = 180, y'^H = 120$ となり，自由貿易時の総供給（$y^Q(160) + y^H(160) = 320$）を下回ることがわかる。

▷ 寡占市場での関税の厚生効果

　米・クアルコムと中・ファーウェイの 2 企業の複占市場において，アメリカのファーウェイ製品に対する関税がアメリカの経済厚生に与える影響について前項で用いた数値例をもとに考えよう。図 9-8 (1) に示すように自由貿易時のアメリカの消費者余剰は，国際価格 $P^* = 180$ と需要曲線で囲まれた面積部分（$320 \times 320 \div 2 = 51200$）となり，生産者余剰はファーウェイの供給を差し引いた残余の需要に基づくクアルコムの供給量と単位当たり $P^* - MC$ の利潤を掛け合わせた斜線の面積部分（$160 \times 160 = 25600$）である。両者を合わせたものが総余剰（76800）となる。

　一方，関税賦課後はファーウェイの供給が減少し，クアルコムの供給が増えるが，全体として供給が減少するので価格は $P' = 200$ に上昇する。このため消費者余剰は減少するが（$300 \times 300 \div 2 = 45000$），クアルコムの生産者余剰は拡大する（$180 \times 180 = 32400$）。このうち図の太い枠部分の生産者余剰については，もともとファーウェイの利潤であった部分であり，関税によるファーウェイの排除によって自国企業のクアルコムに利潤を移転させる「利益移転効果」（rent-shifting：レントシフティング，$160 \times 20 = 3200$）がもたらしたものである。

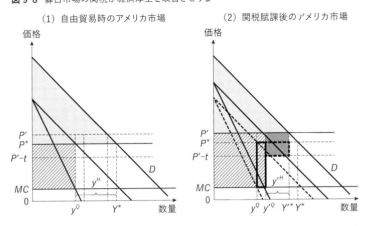

図 9-8 寡占市場の関税が経済厚生を改善させうる

（1）自由貿易時のアメリカ市場　　（2）関税賦課後のアメリカ市場

　図 9-8（2）の濃い網掛け部分は，単位当たり関税×輸入量なので関税収入（60×120＝7200）をさしている。ここでも，太い破線の枠部分は，税引き後価格（$P'-t=140$）が自由貿易時の国際価格（$P^*=180$）よりも低下することから生じる交易条件効果（40×120＝4800）を意味している。関税賦課時の総余剰（84600）は自由貿易時から増加している。このように寡占市場で国内外の企業が数量競争している場合には，関税によって外国企業を排除することが，交易条件効果と利益移転効果を生み，経済厚生を改善させる可能性がある。こうした不完全競争市場で，外国企業の利益を自国企業に移転させるように，両者の戦略的な関係に影響を及ぼすような政策を総称して**戦略的貿易政策**と呼ぶこともある。

3　不完全競争下の補助金の効果

▷　**ボーイングとエアバスの貿易紛争**

　大規模な初期投資が必要な規模経済性が働くような産業では，相手国より先に産業を育成することで輸出を促進できる可能性がある。こうした産業には，各国が競って**補助金**を支出しようとする事態が生じうる。航空機産業がその代表例で，補助金によって航空機メーカーの研究開発を促進できれば新しい機体が開発され，第三国向け（アジアやその他の新興諸国等）に輸出することで利益を得られる。そのため，中大型機市場を代表するアメリカのボーイングと EU のエアバスとの間では，補助金を巡る**貿易紛争**が長く続いた。

　輸出補助金は WTO ルールでは違反となることから，アメリカは2004 年に，EU とその加盟国によるエアバスへの補助金の支給は WTO 協定違反として提訴した。これに EU 側も，アメリカ政府によるボーイングへの補助金が協定違反に当たるとして同年に提訴し，貿易紛争となった。両者の補助金の支給について，WTO は 18 年に EU の補助金を違反と認定し，アメリカは 19 年に報復関税として EU 製品に対して報復関税を発動した。一方，アメリカの補助金も 19 年に違反が認定され，20 年には EU 側にも報復措置を執ることが認められた。しかし 21 年にアメリカでバイデン政権が発足すると，対中国で足並みを揃える必要性から和解に至り，17 年に及ぶ勝者なき貿易紛争は終わった。

　なぜアメリカと EU は競って補助金を支給したのか。このような寡占市場における輸出補助金の効果を最初に検証したのが，ジェー

ムズ・ブランダーとバーバラ・スペンサーの研究である（Brander and Spencer [1985]）。いまボーイングとエアバスが第三国市場にすべて輸出しているような状況を考えてみよう。この場合，生産者余剰の拡大が経済厚生の改善を意味する。第2節の図9-7で示したクアルコムとファーウェイの反応関数を思い出して，クアルコムをボーイング，ファーウェイをエアバスに置き換えて考えてほしい。いま，アメリカ政府がボーイングに補助金を支給すると，ボーイングの利潤が増加するため反応関数（図9-7ではR^Q）が右上方にシフトする。ライバルであるエアバスの利潤には影響を与えないので，エアバスの反応関数は変化しない。したがって，クールノー均衡はもとの位置から右下方に移動し，その結果ボーイングの第三国向け輸出は増え，エアバスの輸出は減少することになり，アメリカ政府による補助金は，エアバスからボーイングへの利益移転効果を生む。アメリカの経済厚生は，いま消費者余剰は発生しないので，ボーイングの利潤（収入−費用＋補助金受給額）−補助金支出額となるが，補助金支出額はボーイングの受け取りによって相殺される。ボーイングの利潤の改善は経済厚生の改善を意味し，これはエアバスからの利益移転効果によってもたらされるものである。

▷ ゲーム理論による説明

　ボーイングとエアバスとの間の補助金を巡る貿易紛争をゲーム理論を援用して考えてみよう。世界の中大型機市場はボーイングとエアバスの寡占市場となっており，両社は世界市場への輸出を競い合っている。市場にこの2社しかいないため，前節の例で示したクアルコムとファーウェイと同じように互いに相手の動向をうかがいながら行動すると考える。いま両社は新しい大型機を開発する技術

表 9–1　ボーイングとエアバスの利得表

		ボーイングの利得	
		開発する	開発しない
エアバスの利得	開発する	(−5, −5)	(100, 0)
	開発しない	(0, 100)	(0, 0)

を手に入れ，開発に着手するかしないかを考えている。開発できれば航空需要が旺盛な新興国市場に向け輸出を拡大でき，莫大な利益を期待できるとしよう。もし両者とも開発すると市場で競合し，投資を回収できずに損失を被ると考える。こうした状況を**利得表**で示したものが表 9–1 である。

　縦と横，それぞれ両社の「開発する」「開発しない」に対応した4つのパターンで，エアバスの利得（左）とボーイングの利得（右）が括弧内に表示されている。この場合，両社は相手の出方を予測して，もし相手が開発してこなければ開発に着手することになる。たとえばエアバスからみて，ボーイングが開発してくると見込んだ場合，エアバスも開発に着手すると市場を取り合いマイナスの利得となるので開発を避け，左下の (0, 100) の利得となる。エアバスには開発する動機付けがない。

　ここで，EU は，エアバスに補助金を支給することで開発に着手させることが可能となる。たとえば，EU がエアバスに対して開発した場合に限り補助金を 30 支給するケースを考えてみよう。この補助金は，生産された機体はすべて輸出すると考えているので，輸出補助金とみなされる。補助金 30 の支給によって利得表は次の表9–2 のように変化する。

　エアバスが EU から機体開発のための補助金を得る場合，ボーイ

表 9-2 アメリカ政府がボーイングに補助金を支給した場合

		ボーイングの利得	
		開発する	開発しない
エアバスの利得	開発する	(25, −5)	(130, 0)
	開発しない	(0, 100)	(0, 0)

表 9-3 アメリカ・EU 両政府が補助金を支給した場合

		ボーイングの利得	
		開発する	開発しない
エアバスの利得	開発する	(25, 25)	(130, 0)
	開発しない	(0, 130)	(0, 0)

ングの出方がどちらであろうが，エアバスは開発することによって
プラスの利得が期待できるので必ず開発することになる。ボーイン
グはこの場合，追随して開発してしまうとマイナスの利得となるの
で開発しない方が適切な判断となる。このように，EU の補助金は
ボーイングを市場から排除する効果を有し，自国のエアバスの利益
を増やすという意味において戦略的貿易政策といえる。

　このように，寡占市場では自国企業に補助金を支給することで外
国企業の利益を自国企業に移転することが可能となり，一見すると
経済厚生を改善させる政策として魅力に映るかもしれない。ただし，
これは相手国が報復してこないという非現実的な仮定が必要である。
現実には，多くの場合報復措置が実行される。たとえば，アメリカ
も EU に対抗してボーイングに対して補助金を 30 支給したらどう
なるであろうか。次の表9-3のように利得表は書き換えられる。

　アメリカも補助金30を支給すると，ボーイングにとって最適な
戦略はエアバスと同様に相手がどう出ようと必ず開発することにな

コラム5 トランプ関税はアメリカを豊かにした？ アメリカのトランプ大統領（当時）は2017年の政権発足以降，公約としていた保護貿易政策を相次いで実行に移した。とりわけアメリカは最大の貿易赤字相手国である中国に対して，18年3月に通商拡大法232条に基づく鉄鋼・アルミニウムへの追加関税に端を発し，中国による知的財産権の侵害など不公正な貿易慣行や政策に対する制裁措置として，中国からの輸入品に広く追加関税を課した。これに対して中国も報復関税をアメリカ製品に対して課し，貿易制限措置の応酬となった。こうしたいわゆるトランプ関税は，小国の場合を想定すれば必ず経済厚生は悪化するが，対象製品についてアメリカが国際市場に影響を及ぼす大国が当てはまるとすると，本章で学んだ交易条件効果による経済厚生の改善が期待される。

この米中貿易戦争に関する影響については経済学者らの検証が行われ，一定の結論を得ている。たとえばアミティらによると，トランプ関税は関税分がそのまま輸入価格に完全に転嫁され，アメリカの消費者や輸入業者が輸入価格上昇による負担を被ったことを明らかにしている（Amiti et al. [2019]）。別の研究も同様の結果を得ており，関税収入よりもアメリカの消費者・輸入業者の負担の方が大きかったことが報告されている（Fajgelbaum et al. [2020]）。さらに，中国側の報復関税によってアメリカの対中輸出価格が下落し，米生産者が報復による負の交易条件効果によって打撃を受けている可能性も示唆されている（Cavallo et al. [2021]）。これらの結果から，いわゆるトランプ関税は，大国のケースのような交易条件効果による経済厚生の改善にはつながらなかったと考えられる。

る。つまり左上の (25, 25) となり，双方ともにプラスの利得が得られるが，経済厚生という点では補助金の税支出−30と差し引きするとマイナスの経済厚生となり，補助金支給前より悪化する。両国が補助金を競って支給した結果，悪い結果になってしまうという

点でこれはゲーム理論の「囚人のジレンマ」となっている。このように戦略的貿易政策は，相手国が報復してくることを想定すると，貿易紛争を招き，むしろ経済厚生を悪化させる可能性があることに注意が必要である。

本章の問いの答え

　政府が関税を維持したり引き上げる誘因として，交易条件効果がある。関税の効果は小国と大国の場合で異なり，国際市場に影響を及ぼすような大国の場合には，交易条件効果によって経済厚生が改善しうる。

　関税による経済厚生の改善は，生産者の数が極端に少ない市場，不完全競争市場のもとで生じうる。その源泉は，外国企業の利益の自国への移転である。

　大国の場合や，不完全競争市場の保護貿易政策は，貿易相手国の経済厚生を悪化させるため，相手国側は報復に及ぶ。とくに寡占市場では，自国の経済厚生を改善させうる戦略的貿易政策が考えられうるが，相手国の報復によって貿易紛争につながる可能性がある。

Report assignment　レポート課題

9.1　2021 年時点でトマトケチャップは業界最大手のクラフト・ハインツ（米）が世界シェアの 30% を占めており，上位 5 社で市場シェアのほぼ 5 割が占められる寡占市場である。しかし，日本市場ではカゴメが 60% のシェアを占めている一方で，ハインツ（米）の市場シェアは 1 桁台と出遅れている。税関の実行関税率表から WTO 協定締結国を対象としたケチャップの関税率を調べ，関税がこの原因であるとしたらどのような理論的な説明が可能か，第 2 節の寡占市場

の関税の効果を参照しながら考えなさい。

9.2 ハインツのケチャップはオランダで生産されている。2019 年に発効した日・EU 経済連携協定では，段階的にケチャップの関税は削減され協定発効 11 年目に撤廃される。撤廃された場合の国内のケチャップ市場への厚生効果について，第 2 節を参照しながら考えなさい。

/// *Exercise* 演習問題 ///

9.1 ある製品を供給する外国企業が，自国市場を独占している事例を考える。自国の需要は $D = -p + 1800$ で与えられ（D は需要量，p は価格），生産 1 単位当たりの費用（限界費用）は 400，固定費用は発生していないと考える。いま自国政府が，この外国企業が独占的に供給している製品の輸入に対して，輸入関税として従量関税を輸入 1 単位当たり 200 を課すとする。外国企業にはこの関税分が追加の費用負担となり，自国政府にはこの従量関税×輸入量の関税収入が発生することになる。以下の設問に答えなさい。

(1) 逆需要関数を求めなさい。
(2) 関税賦課前のこの製品の供給量（輸入量）と価格を求めなさい。
(3) 関税賦課後のこの製品の供給量（輸入量）と価格を求めなさい。
(4) 関税賦課後の自国の総余剰を求めなさい。また，関税賦課前の自国の総余剰と比較してどれだけ変化したか求めなさい。

多国間の枠組み

地域統合・WTO・FTA

第 **10** 章 *Chapter*

WTO 本部（左）と日英経済連携協定署名式（写真提供：時事）

Quiz クイズ

Q10.1 国際機関 WTO 本部の所在都市はどこか。
　　　a. パリ　**b.** ジュネーブ　**c.** ブリュッセル　**d.** フランクフルト

Q10.2 日本は複数の通商協定を結んで貿易自由化を進めているが，日本の貿易総額のうち，2022 年時点で発効済みの協定締結国との貿易額が占める割合はいくつか。
　　　a. 約 5 割　**b.** 約 6 割　**c.** 約 7 割　**d.** 約 8 割

Answer クイズの答え

Q 10.1 b.

スイスのジュネーブ。WTO には 2022 年時点で 164 の加盟国がある。各国が政府代表部を設置しており，現地での業務の様子などは在ジュネーブ国際機関日本政府代表部のウェブサイト「代表部の仕事」（https://www.geneve-mission.emb-japan.go.jp/itpr_ja/shigoto.html）で交渉現場で奮闘する職員の声とともに垣間見ることができる。

Q 10.2 d.

2019 年発効の日 EU 経済連携協定で EU との貿易額が 10% 分が増え，2020 年発効の日米貿易協定によってアメリカとの貿易額約 15% 分が，さらに 2022 年発効の地域的な包括的経済連携（RCEP）協定に含まれる中国との貿易額約 24% 分が加わり，とくに近年カバー率が大幅に上昇した。

Keywords キーワード

GATT/WTO，紛争解決制度，最恵国待遇，内国民待遇，パネル，上級委員会，ネガティブ・コンセンサス方式，クロス・リタリエーション措置，セーフガード措置，アンチダンピング関税措置，補助金相殺関税措置，貿易救済措置，貿易屈折，サービス貿易に関する一般協定，サービス貿易制限指数，知的所有権の貿易関連の側面に関する協定，TRIPS 協定と公衆衛生に関する特別宣言（ドーハ宣言），強制実施権，ラウンド，地域貿易協定，関税同盟，自由貿易協定，経済連携協定，貿易創出効果，貿易転換効果，スパゲッティ・ボウル現象，原産地規則，デジタル貿易協定，データ・ローカライゼーション，重力方程式，対数線形化，弾力性

Chapter structure 本章の構成

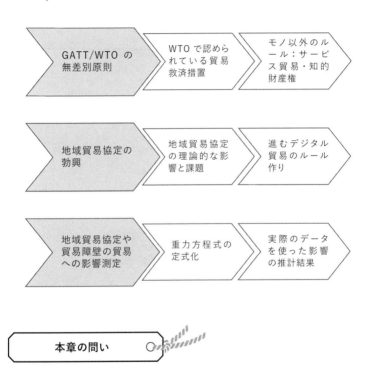

GATT/WTO の無差別原則 → WTO で認められている貿易救済措置 → モノ以外のルール：サービス貿易・知的財産権

地域貿易協定の勃興 → 地域貿易協定の理論的な影響と課題 → 進むデジタル貿易のルール作り

地域貿易協定や貿易障壁の貿易への影響測定 → 重力方程式の定式化 → 実際のデータを使った影響の推計結果

本章の問い

　制度や法律は国によって異なる。国境をまたぐ貿易取引は制度や取引慣行が異なる国同士で行われるため，円滑な取引のためには共通のルールが必要である。国際貿易に関するルールは世界貿易機関（WTO）で定められているが，どのようなルールを基礎としているのだろうか。また，ルールがあっても破られることはある。違反した国が現れた際にはどのように解決に導くのだろうか。

1 国際貿易ルール

GATT/WTO の基本原則

　私たちの経済社会にはルールがあり，ルールに違反して他人と争いに発展したりすると裁判所で互いの言い分を聞いたうえで判定が下されることになる。国際貿易にもルールがあり，ルール違反した国をルールに照らし合わせて審議し，提訴した国との間で解決に導く裁判所のような機関がある。それは多国間の自由貿易体制をめざした 1947 年の関税及び貿易に関する一般協定（GATT）とその後 95年に衣替えした世界貿易機関（WTO）である。ここでは GATT/WTO の基本原則と，裁判所に相当する**紛争解決制度**についてみてみよう。

　基本原則として，GATT/WTO には，**最恵国待遇**（Most Favored Nation Treatment）と**内国民待遇**（National Treatment）という 2 つの無差別原則がある。最恵国待遇は，「国と国の間で差別してはならない」という内容で，ある国がもし特定の国に有利な待遇を与えた場合にその待遇は他の国にも等しく適用しなければならない。この基本原則により，加盟国間で差別的な対応をとることを禁じている。ただし，例外として差別的取り扱いが認められているケースもある。英仏の旧植民地や発展途上国，特定の国家間での地域貿易協定の締結国に対しては，例外的に他の国よりも有利な待遇を適用することが認められている。

　一方，内国民待遇は「国内で自国と外国との間で差別しない」という内容で，加盟国は国内で自国製品と同じ待遇を外国製品にも適

用しなければならない。これについても例外があり，国内生産者に対する補助金は，輸出を増加させる輸出補助金を除いて認められている。内国民待遇については，日本も酒税の税率をめぐって外国との間で摩擦が生じた経験がある。日本の酒税法ではお酒の種類に応じて税率が異なり，ウイスキーやウォッカなどの蒸留酒にかかる税率の方が焼酎の税率よりも高かったことから，内国民待遇に違反していると欧米から提訴された。その結果，焼酎とウイスキー等の蒸留酒は代替可能な製品であり，それらに異なる税率を課す酒税法は内国民待遇違反と判定され，日本は WTO の勧告に従って酒税法を改正したという経緯がある。その他，数量制限の原則禁止や関税の段階的な削減などが，基本原則として挙げられている。

WTO 発足に伴ってその機能が強化された紛争解決制度は，国家間の通商紛争を解決に導く裁判所としての機能を果たしてきた。WTO の協定に違反した国から損害を受けた国が，違反国を提訴した場合，パネルと呼ばれる小委員会が WTO に設置され，違反が認められれば被提訴国に対し是正勧告がなされる。被申立国は勧告に従って是正する必要が生じるが，改善が図られない場合には，提訴国は対抗措置をとれる。また，勧告または裁定に当事国が不満を持つ場合には上級委員会にさらに上訴を申し立てることが可能で，いわゆる二審制となっている。紛争解決制度の特徴として，決定事項が覆ることがほとんどないことが挙げられる。パネルの設置や勧告や裁定など紛争解決手続きに関わる意思決定には，ネガティブ・コンセンサス方式が採用されており，すべての加盟国が反対しない限りその決定が採択されるため，ほぼ自動的に採択される。また，対抗措置は実効力も備えている。提訴国は，争っている内容以外のその他の分野で対抗措置をとるというクロス・リタリエーション措

置が認められており，産業構造が異なる国同士の紛争であっても対抗措置の効力が担保される仕組みになっている。紛争解決手続きの利用は，1995年のWTO発足から2021年末まで600件余りの事案について審理要求があり，貿易紛争の解決に寄与してきた。その一方で，紛争解決制度には近年とくにアメリカから不満が示され，上級委員会の委員が補充されず19年12月から審理が行えない事態となっており，22年9月現在上級委員会の審理は機能不全の状態が続いている。コロナ禍で各国の経済が疲弊するなか，保護主義的な政策が再び台頭する可能性もあり，紛争解決制度の立て直しがWTOの喫緊の課題となっている。

貿易救済措置

WTO協定は加盟国間の貿易円滑化をめざしたものであるが，次の3つについて，一定の条件のもとで貿易を制限する措置をとることが認められている。それらは，**セーフガード（SG）措置，アンチダンピング関税（AD）措置，補助金相殺関税措置（SCM）**の3つで**貿易救済措置**と総称される。セーフガード措置は，輸入が急増した際に，国内の生産者が重大な損害を受けている場合に関税の賦課または輸入数量制限を行う措置をさす。日本は，ねぎ，生しいたけ，畳表，牛肉などに発動事例がある。アンチダンピング関税措置は，輸入品のダンピング（不当廉売）によって国内の生産者が損害を受けている場合に，当該輸入品に対して特別に関税を賦課する措置である。韓国産および中国産の水酸化カリウム，南アフリカ・オーストラリア・中国・スペイン産電解二酸化マンガンなどに課税した事例がある。補助金相殺関税措置は，政府補助金を受けて生産された輸出品によって，輸入国の国内生産者が損害を受けている場

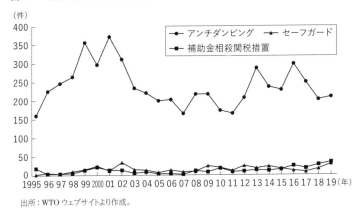

図 10-1 貿易救済措置の発動件数

（件）
アンチダンピング ── セーフガード
補助金相殺関税措置

1995 96 97 98 99 2000 01 02 03 04 05 06 07 08 09 10 11 12 13 14 15 16 17 18 19（年）

出所：WTO ウェブサイトより作成。

合，相手国政府による補助金の効果を相殺するような特別な関税を賦課する措置をさす。日本は韓国産半導体メモリ（DRAM）に対して発動実績がある。

これら 3 つの貿易救済措置について，世界の発動件数の推移を WTO が発足した 1995 年からまとめたものが図 10-1 である。SG と SCM に比べて圧倒的にアンチダンピング関税（AD）措置が多いことがわかる。ダンピングが問題になる背景には，廉価で販売することによって競合他社を排除し，市場の寡占化・独占化につながり，将来的に消費者の損失につながる恐れがあるためで，日本国内でも独占禁止法によって不公正な取引方法の 1 つとして禁じられている。WTO では AD 措置の発動要件として，正当な価格よりも低い価格で輸出されていること，国内企業がダンピングによって損害を被っていること，ダンピングと国内企業の損害に因果関係が認められることの 3 つを定めており，これらに該当する場合に輸入国政府は対象製品に対して，輸出国の販売価格と輸出価格の差（ダンピ

ング・マージンと呼ぶ）を埋めるような関税を上乗せする AD 措置を発動することが可能となる。AD 措置の貿易への影響に関する研究も盛んに行われており，多くの研究が AD 措置によって対象製品の輸入を顕著に減らす効果を実証的に明らかにしている（たとえば Felbermayr and Sandkamp［2020］など）。また，AD 措置を課された輸出側は，代わりに第三国に輸出を振り向けるという**貿易屈折**（Trade deflection）が引き起こされることも示されている。

▷ サービス貿易のルール

　WTO の設立に伴い "モノ" 以外の貿易ルールも整備された。サービス貿易のルール「**サービス貿易に関する一般協定**」（GATS）では，国境を越えたサービス取引について規律が制定されている。サービス貿易は第 1 章第 3 節で触れたように，4 要件，すなわち①越境取引，②国外消費，③拠点設置，④自然人の移動に伴うサービス取引に該当する。これらのいずれかに該当するサービス貿易について，GATS の規律は，モノの貿易と同様に最恵国待遇と内国民待遇という無差別原則の遵守を加盟国に求め，加盟国は約束した範囲で，外国からのサービスが自国市場にアクセスする際に次の 6 つの制限をしてはならない。

　　①サービス提供者の数の制限

　　②サービスの取引総額または取引資産の制限

　　③サービスの事業の総数または指定された数量単位によって表示されたサービスの総産出量の制限

　　④サービス提供に必要であり，かつサービス提供に直接関係する自然人の総数の制限

　　⑤サービスを提供する事業体の形態の制限

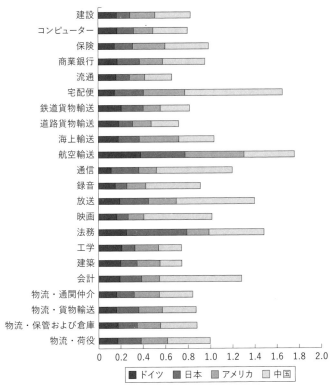

図 10-2 サービス貿易制限指数（STRI）2020 年

（縦軸　上から）
建設
コンピューター
保険
商業銀行
流通
宅配便
鉄道貨物輸送
道路貨物輸送
海上輸送
航空輸送
通信
録音
放送
映画
法務
工学
建築
会計
物流・通関仲介
物流・貨物輸送
物流・保管および倉庫
物流・荷役

（横軸）0　0.2　0.4　0.6　0.8　1.0　1.2　1.4　1.6　1.8　2.0

凡例：■ドイツ　■日本　▨アメリカ　□中国

出所：OECD ウェブサイトより筆者作成。

⑥外国資本の参加の制限

　サービス貿易の制限を定量的に測る指標として，OECD の**サービス貿易制限指数**（Services Trade Restrictiveness Index: STRI）がある。STRI はサービス業の 22 セクターについて，外資の受け入れや人の移動制限，競争の制限，規制の透明性などについてスコアリングしたもので，0〜1 の値を取り，値が 1 に近いほど制限が強いことを

意味する（Geloso Grosso et al.［2015］）。図 10-2 は日本・中国・アメリカ・ドイツの 4 カ国について 22 セクターの STRI を積み上げ式に示したものである。セクター別には宅配便や航空輸送，通信，法務，会計などで制限が強い傾向がある。国別ではこの 4 カ国のなかでは中国の値が高く，新興国の方が先進国よりもサービス貿易を制限する傾向がある。

⬜▷ **知的財産権に関するルール**

WTO では，知的財産権保護についても規律が定められており，加盟国は「知的所有権の貿易関連の側面に関する協定」（TRIPS 協定）を遵守しなければならない。モノやサービスと同じようにここでも最恵国待遇と内国民待遇の無差別原則が適用され，知的財産権保護を貿易相手によって差別することなく等しく適用される必要が生じる。TRIPS 協定では知的財産権保護の最低基準が定められており，たとえば特許権保護に関しては，既存の条約よりも強い保護と範囲が規定されている。コンピューター・プログラムやブランド・地理的表示も知的財産権保護の対象とされ，シャンパンやスコッチ，神戸牛といった地名に由来した商品の表示も保護されることとなった。また，国家間で TRIPS 協定に関して紛争が生じた際には WTO の紛争解決制度を利用することができる。これにより，損害を被った国は協定に違反した国を WTO に提訴し，違反が認定され是正勧告にも応じない場合には違反国に対して対抗措置を発動することが可能となった。TRIPS 協定は発展途上国や移行国に対しては，履行期限に猶予期間を設けるなど一定の配慮をしつつ，実効力を持って知的財産権保護の国際調和を進めることとなった。

では，知的財産権保護の国際調和がどの程度進んだのかみてみよ

う。知的財産権の代表的な権利として，特許権がある。特許権の保護の程度や権利履行の実効性を定量的に測る指標として，"Index of Patent Rights"（IPR）がある（Park［2008］）。これは①保護の範囲が広いこと，②保護の期間が20年確保されていること，③法的拘束力があること，④関連の国際条約加盟状況，⑤特許保護を制限する制度がないことの5分野について，各国の制度状況を調べ，基準を満たしていれば各分野に1点を与え，5分野すべて満たしていれば合計で最高5点となり，特許保護の程度が強いことを意味している。

図10–3は5年ごとに，先進国として日本・アメリカ・ドイツを，新興国としてブラジル・ロシア・インド・中国・南アフリカを，その他アジア地域からタイ・マレーシア・インドネシア・イランを取り上げ，その推移を示したものである。先進国は1995年のTRIPS協定発効の前から比較的スコアが高い水準にあり，発効後若干のスコア上昇があるが期間を通じて高い傾向にある。一方，新興国はスコアの上昇が著しい。他方でWTO非加盟国であるイランは2015年の段階でも低い水準にあることがわかる。

その一方で，知的財産権保護の国際調和は，保護強化を迫る先進国側と安価での供給を望む発展途上国側との間で，権利保護をめぐる対立が生じるなど課題も抱えている。とくに対立が先鋭化したのは，HIV／エイズの治療薬の特許保護を巡る問題である。特許保護によって治療薬が高価になり，アクセスが困難であるとする発展途上国側と，開発には多大なコストと時間を要するため特許保護は欠かせないとする大手製薬企業およびそれらが立地している先進国側との間で対立が生じた。命を重んじるべきだという国際世論の高まりも受け，2001年「TRIPS協定と公衆衛生に関する特別宣言」（ド

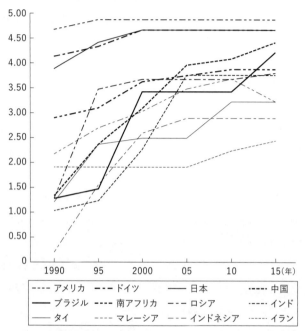

図 10-3 特許権保護の指標

----- アメリカ	- ▲ - ドイツ	―― 日本 ·········· 中国
―― ブラジル	---- 南アフリカ	- ・ - ロシア ········· インド
―― タイ	---- マレーシア	- -- インドネシア ······ イラン

出所：W. Park 氏ウェブサイト（http://fs2.american.edu/wgp/www/）よりダウンロードした IPR に基づいて筆者作成。

ーハ宣言）が出され，国家的緊急事態下では特許権者の許諾を得ずに技術を使用できる**強制実施権**の発動条件に，HIV／エイズ・結核・マラリアなどの感染症の蔓延が含まれると明記された。強制実施権発動による生産は国内向けにのみ認められていたが，2003 年には，国内に生産能力がない国に対して輸出を認める方針も示され，17 年に TRIPS 協定の初改正として恒久的に定められた。薬の開発インセンティブを保ちつつどのように安価なアクセスを確保するかという問題は，20 年の新型コロナウイルス感染症の世界的な蔓延

コラム6　COVID-19 ワクチンや治療薬の特許は免除するべきか

　新型コロナウイルス感染症のグローバル・パンデミック下では，ワクチンや治療薬に特許権が保護されると開発者に独占的な供給が認められ，価格が高価になり，アクセスが困難になるという訴えが世界的に強まった。そのため WHO は，HIV／エイズ等の感染症について定めた 2001 年の WTO ドーハ宣言の特許保護の柔軟性規定を取り上げ，ワクチンをグローバル公共財として各国がアクセスできるよう関係国に働きかけた。この背景には，01 年 HIV／エイズの治療薬の特許が WTO-TRIPS 協定の適用除外となった際に，特許薬の価格が 1 年程度で 10 分の 1 未満に下がり世界的にアクセスが改善されたという成功体験がある。

　競争原理が働くという点では特許免除でアクセスが改善されることが期待されるが，その一方で，ワクチンや治療薬開発には多額の資金を要し，開発は主に民間の製薬企業によって進められている。もともとワクチン開発は外部性が働き，過少供給に陥りやすいという問題がある。ワクチン接種が自分のみならず他人の感染確率を引き下げるため，接種の費用やリスクを負担することなく他人の接種にタダ乗りすることが合理的と考える人が出てくるため，需要が過少となり，開発・供給するインセンティブが減退するためである。そのうえ，開発に成功しても特許保護されないとするならば，インセンティブの減退はより強調されるかもしれない。将来のパンデミックに対応するためにも，特許保護しないのであればそれに代わる制度を考えておく必要がある。

　その 1 つの代替策は，政府が事前に一定程度の量を開発後買い取ることを約束する事前買い取り制度（Advance Market Commitments: AMC）で，過去に肺炎球菌ワクチンの開発で成功事例がある（Kremer et al. [2020]）。20 年の新型コロナウイルス感染症の蔓延時にも，AMC は各国で導入や検討が進められ，迅速なワクチン開発・供給の一助になったものと考えられる。

時にも，ワクチン等の知的財産権を TRIPS 協定から一時的に免除する案をめぐって先進国と途上国の間で激しい議論となった（➡コラム6）。

2 　地域貿易協定

▷ 地域貿易協定の勃興

WTO の無差別原則や紛争解決制度といった貿易ルールは，2008年の世界同時不況など世界的な危機時に保護主義を抑止することには一定の役割を果たしたといえる。その一方で，WTO の多国間交渉は加盟国の全会一致（コンセンサス）でまとまるため，加盟国の増加や交渉分野の多面化・複雑化に伴い，交渉の進展が次第に困難になった。WTO のさまざまな交渉分野について扱う多角的貿易交渉は**ラウンド**と呼ばれ，GATT 時代を含めて 2001 年に開始されたドーハ・ラウンド交渉が 9 回目となるが，合意形成に手間取り交渉に行き詰まりをみせている。

WTO の多国間交渉が停滞する一方で，2 国間や地域で貿易円滑化に向けた交渉が加速し，世界各地で**地域貿易協定**（Regional Trade Agreements: RTA）の締結が急増した。図 10-4 は WTO へ通報された RTA の件数の推移を示しており，1948 年から 94 年の間はわずか 124 件であったが，95 年の WTO 創設以降顕著に増加し，2021年末時点で累積で 600 件に迫ろうとしていることがわかる。とりわけ 21 年の通報数が突出していることが目を引くが，これは 20年のイギリスの EU 離脱に伴い，イギリスが EU の関税同盟から外れたため，20 年から 21 年にかけて新たに各国との間で相次いで

図 10-4　WTO への RTA 通報数の推移（1948〜2021 年）

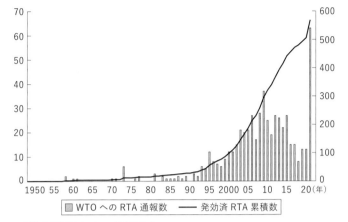

通商協定を結んだことを反映している。当初は，関税同盟から離脱すると税率の高い WTO 税率の関税が適用されることとなり，イギリスに進出している日系企業の操業や，貿易への影響が危惧されたが，離脱後も移行期間を設け一定期間加盟国と同等にみなされたことや，日本も EU 離脱後のイギリスとの間で日英経済連携協定を新たに締結し，19 年に発効済みの日 EU・経済連携協定に代わる枠組みが移行期間終了後の 21 年に発効されたことから，離脱に伴う大きな混乱は回避された。

　RTA は域外国への態度を加盟国間で共通とする**関税同盟**（Custom Union: CU）と，共通とせず独自の関税を課す**自由貿易協定**（Free Trade Agreement: FTA）とに大別される。CU の代表例としては，ヨーロッパの欧州連合（EU）や南米共同市場（MERCOSUR）があり，FTA には ASEAN 自由貿易地域（AFTA）などがある。また，貿易

分野に限らず，投資規制の撤廃や知的財産権保護の強化，域内の人の移動の自由化などを含む経済全般に係る包括的な協定を**経済連携協定**（Economic Partnership Agreement: EPA）と呼び，2018 年 12 月発効の環太平洋パートナーシップに関する包括的及び先進的な協定（TPP11）や 22 年 1 月発効の ASEAN10 カ国に日中韓豪州 NZ を加えた「地域的な包括的経済連携（RCEP）協定」など，参加国が多く地域を広くカバーする大型の EPA が誕生している。

▷ 地域貿易協定の影響と課題

RTA が増加し，地域的にも広がりをみせている一方で課題もある。RTA を締結し，発効したからといって，必ずしもプラスの効果があるとは限らないからである。ここでは RTA の締結国への影響を図 10–5 に示す小国のケースで考えてみよう。いま日本のワイン需要が $D^{JP}=-P+10000$，国内のワイン供給が需要が $S^{JP}=P-1000$ であり，ワインを外国から輸入していると考える。日本へのワインの輸出国はチリとフランスを候補としよう。フランスはワインの生産が盛んで 1 本 1500 円で供給できるとして，チリは 1 本 1800 円で供給可能とする。日本は国内のワイン生産者保護のため 1 本当たり 500 円の従量税を関税賦課する。この場合，関税賦課後の価格はフランス産が 2000 円，チリ産が 2300 円となり，日本は価格が低いフランス産のワインを輸入することとなり，ワインの国内価格は 2000 円となる。ワインの国内生産量は 1000，国内消費量は 8000 となり，フランス産ワインの輸入量は両者の差なので 7000 となる。ここで日本がチリとの間で FTA を締結しワインの関税を撤廃したとしよう。チリ産ワインの価格は関税が免除された 1800 円となるが，域外国のフランス産ワインには関税が引き続

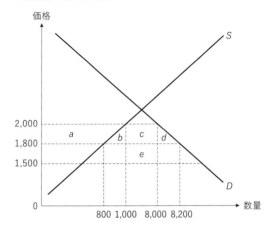

図 10–5　RTA 締結国の経済厚生変化

き賦課され，2000 円となる。この場合，チリ産ワインの方が安価であり，ワインの輸入はフランス産からチリ産に変化し，国内価格は 1800 円に引き下がる。日本の国内生産量は 800 に減少し，国内消費量は価格低下に伴い 8200 となる。チリ産ワインの輸入量は 7400 となり，ワインの輸入が拡大することなる。

　このように FTA の締結は輸入先を域外国から域内国へシフトする働きがある。この輸入先の変化がもたらす国内経済への影響を余剰分析によって明らかにしてみよう。チリとの FTA 締結前のワインの国内価格は関税賦課後のフランス産ワインの価格（2000 円），チリとの FTA 締結後の国内価格は，関税撤廃後のチリ産ワインの価格（1800 円）となり，この変化によって消費者はより安価なワインにアクセスすることが可能となり，消費者余剰が拡大する。その拡大分は図 10–5 の a＋b＋c＋d の面積部分であり，162 万円となる。一方，国内のワイン生産者はチリ産ワインの輸入によって価格が低

下することで打撃を受け，図 10–5 の *a* の面積部分すなわち 18 万円の損失が生産者余剰に発生する。フランス産からチリ産へのシフトは関税収入にも変化をもたらす。当初フランス産ワインを輸入していたときに徴収していた関税収入は図中の *c*＋*e* の面積部分であり，チリとの FTA 締結後にはチリ産ワインには関税が撤廃されているので関税収入は発生せず，350 万円の余剰が失われることになる。これらの変化分の差を求めると，消費者余剰の拡大（162 万円）－生産者余剰の減少（18 万円）－関税収入の喪失（350 万円）＝*b*＋*d*－*e* でこのケースでは－206 万円となり，FTA 締結前に比べて経済厚生が悪化している。これは図中の *b*＋*d*＜*e* となっているケースであり，関税撤廃によって新たにチリとの貿易が創出された効果（貿易創出効果）を，安価なフランス産ワインの輸入がチリからの高価格の輸入に転換される効果（貿易転換効果）が上回る場合を示している。このように，RTA は貿易転換効果の存在によって，締結国でさえも経済的な損失を被る可能性があることを示している。

　RTA の課題として，**スパゲッティ・ボウル現象**と呼ばれる問題もある。RTA には，域外国の製品が低関税で流入するのを防ぐため，**原産地規則**が設定されている。これは，域外国の製品があたかも域内で生産したように装い RTA の低税率の適用を受けて最終仕向け地に輸出する，RTA のタダ乗りを防ぐ狙いがある。このため，RTA の税率の適用を受けるためには，域内で生産したことを証明する原産地証明の取得が義務付けられている。原産地証明の手続きは RTA ごとに異なり，RTA の締結が増えるほど原産地証明の手続きが複雑化し，企業側にとってコストが増加してしまうことになる。実際に RTA の利用率は企業規模に応じて異なり，こうしたコストを負担できる大企業の利用率が中小企業よりも高いことが示されて

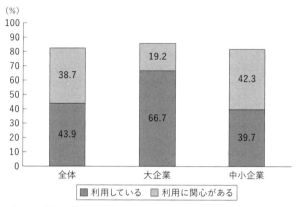

図 10-6 輸出企業の RTA 利用率

(%)

全体　大企業　中小企業

■ 利用している　■ 利用に関心がある

注：RTA 域内国に輸出する企業のうち，1 カ国・地域以上で RTA を利用している企業
　　の比率を示している。
出所：JETRO「2020 年度日本企業の海外事業展開に関するアンケート調査報告書」
　　より筆者作成。

おり，図 10-6 に示す JETRO の調査によると，RTA 利用率は大企業では 6 割を超えるが中小企業の 4 割に満たない。なぜ利用率が低調なのか分析も進められており，原産地証明の規則が複雑であったり，基準が厳しいものであるほど利用を妨げるという結果が示されている（Ando and Urata [2018]）。RTA 利用促進のためには利用者にわかりやすい原産地規則と広報活動が重要とされている。

◁▷ **デジタル貿易協定**

　PC やスマホの普及や高機能化，5 G など通信速度の上昇に伴い，音楽配信や動画視聴などデジタル・プロダクトに日頃触れる機会が増えている。こうしたインターネットを通じた電子的発注や，サービスの電子的配送の拡大によっていわゆるデジタル貿易（➡第 1 章）

が急激に増えていることから，デジタル経済に即した新しい貿易ルール作りも進められている。2020年に発効した日米**デジタル貿易協定**にみられるように，とくに次の6項目の規律がデジタル貿易協定の基礎となる。

①デジタル・プロダクト（電子的に送信が可能なソフトウェア，音楽，動画，電子書籍など）へ関税を賦課しないこと

②締約国が提供するデジタル・プロダクトに対して，無差別待遇を与えること

③国境を越えるデータ移転を禁止または規制する措置を講じないこと

④自国内で事業を行う条件として，自国内でのコンピューター関連設備の利用や設置を要求しないこと

⑤自国における輸入・販売等の条件として，ソフトウェアのソースコードやアルゴリズムの開示等の要求をしないこと

⑥SNS等のコンピューターを利用した双方向サービスの提供者等（プラットフォーム企業）の民事責任を制限すること

デジタル・プロダクトは一般に配信サービスやダウンロードでサービスを受けられるが，デジタル貿易協定ではこれらについて関税を賦課しないことを定めている（①）。さらに，こうしたデジタル・プロダクトを提供する外国の事業者と国内の事業者とで，差別的な待遇をしないことも定めている（②）。事業者が外国で活動する場合，現地で収集したデータを本国親会社に移転したり，第三者に分析を外注したりするケースが生じうるが，その際に国外へのデータ移転を規制しようとする場合がある。これは第2章のデジタル保護主義で触れたように，個人情報保護や安全保障を理由とした側面もあるが，データを国内に囲い込み，自国の関連産業の育成に

結び付けようという動機もある。デジタル貿易協定ではこうした越境データ移転の自由を妨げないよう規律を求めている（③）。同様に，自国内にデータ保存を外国事業者に要求するいわゆる**データ・ローカライゼーション**も禁じられている（④）。プログラマーが開発したソフトウェアのソースコードやアルゴリズムは開発者あるいは企業の知的財産であり，開示してしまうと模倣され事業活動に支障が出る恐れがある。協定ではこうした知的財産の開示要求についても禁じている（⑤）。日米デジタル貿易協定では，Facebook, Twitter, Instagram, LINE など SNS 等を提供するプラットフォーム企業が，ユーザーの違法行為等によって民事責任を負わないことを定めている（⑥）。これは巨大 IT 企業を抱えるアメリカの国内事情も背景にある。こうしたデジタル貿易協定の規律は，2 国間の協定にとどまらず，地域レベルの広域の RTA や，WTO の多国間枠組みにおいてもルール化に向けて議論が進められている。

3 地域貿易協定や貿易障壁の影響の測り方

▷ 重力方程式の定式化

WTO への加盟や RTA の締結は，実際に貿易を拡大させたのだろうか。この問いに答えるためには，過去の世界貿易のデータを使って，WTO の加盟国と非加盟国，RTA の締結国と非締結国との間で貿易量を比較することがまず考えられる。では，貿易量を説明するためにはどのような枠組みを使ったらよいのだろうか。第 1 章第 2 節で紹介したように，国際経済学ではニュートンの万有引力の法則を応用した枠組みが確立されている。一般的な貿易の**重力方程式**は

次のように表される。

$$i\text{国から}j\text{国への輸出額}=\frac{\text{輸出国}i\text{の GDP}^{\beta_1}\times\text{輸入国}j\text{の GDP}^{\beta_2}}{2\text{国}(i\cdot j)\text{間の距離}^{\beta_3}} \quad (1)$$

この定式化をもとに，(1)式の両辺について対数をとり，(1)式を**対数線形化**（log-linear）すると次式に変換できる（ln は自然対数 log-natural を意味する）。

$$\begin{aligned}\ln(i\text{国から}j\text{国への輸出額})=&\alpha_0+\beta_1\ln(\text{輸出国}i\text{の GDP})\\&+\beta_2\ln(\text{輸入国}j\text{の GDP})-\beta_3\ln(2\text{国間の距離})\end{aligned} \quad (2)$$

(2)式から，プラスの符号が確認できる輸出国と輸入国の経済規模は貿易に正の影響を，マイナスの符号となる 2 国間の距離は 2 国間の貿易に対して負の影響をもたらすことがわかる。これらの影響は，重力方程式に実際のデータを当てはめて検証が可能である。経済規模の貿易に与える影響の程度は(2)式の β_1 と β_2 であり，距離のそれは β_3 である。式の表記を便宜上，i 国から j 国への輸出額を T_{ij} に，輸出国と輸入国の経済規模として i 国の GDP を Y_i に，j 国の GDP を Y_j に，2 国間の距離として首都間の距離を D_{ij} と表記しよう。国の数が，たとえば 100 カ国のデータが集まれば，輸出国と輸入国のペアの数は 100×99 で 9900 となり，1 年分のデータで観測数が 9900 のデータセットができる。こうしたデータセットを利用して(2)式の重力方程式を回帰分析すると，β_1〜β_3 の推計が可能である。対数線形化モデルでは両辺が対数値となっているため，たとえば輸出国の経済規模を例にとると，その係数は「対数関数の微分公式」から，

$$\beta_1 = \frac{d \ln T_{ij}}{d \ln Y_i} = \frac{\frac{d}{dT_{ij}} \ln T_{ij} \cdot dT_{ij}}{\frac{d}{dY_i} \ln Y_i \cdot dY_i} = \frac{\dfrac{dT_{ij}}{T_{ij}}}{\dfrac{dY_i}{Y_i}}$$

となり，Y_i の変化率に対する T_{ij} の変化率，すなわち T_{ij} の Y_i に関する**弾力性**を意味する。つまり，β_1 は「輸出国の経済規模 Y_i が 1% 変化したときに，i 国から j 国への輸出額 T_{ij} が β_1% 変化する」ことを意味している。

重力方程式による地域貿易協定の影響評価

実際に，重力方程式の推計にはこれまで多くの研究成果が蓄積されており，その成果から，経済規模と距離の貿易に与える平均的な影響が明らかにされている。表 10-1 には，重力方程式を推計した代表的な説明変数の結果をまとめている。GDP と距離については弾力性を示している。これによると，たとえば輸出国の GDP の 2 国間貿易に対する弾力性は平均値で 0.98，輸入国の GDP は 0.84，距離は −0.93 となっており，およそ絶対値で 1 近辺の弾力性を有していることが明らかになっている。これらの推計値から，輸出国の GDP が 1% 増加するとその国からの輸出が 0.98% 増え，輸入国 GDP1% の増加でその国への輸出が 0.84% 増加し，距離が 1% 遠くなるとその国への輸出が 0.93% 減少することが平均的な解釈としていえるのである。

当然のことながら，国際貿易は経済規模と距離だけでは決まらない。他のさまざまな要因も影響すると考えられ，(2)式の重力方程式に他の要因を表す指標を追加することで，これまで数多くの実証分析がそれらの追加要因の貿易への影響を示してきた。たとえば，

表 10-1 重力方程式による各要因の貿易への影響

	中位値	平均値	標準偏差	観測数
輸出国の GDP	0.97	0.98	0.42	700
輸入国の GDP	0.85	0.84	0.28	671
距　離	−0.89	−0.93	0.40	1,835
国境隣接	0.49	0.53	0.57	1,066
共通言語	0.49	0.54	0.44	680
植民地関係	0.91	0.92	0.61	147
地域貿易協定	0.47	0.59	0.50	257
EU	0.23	0.14	0.56	329
共通通貨	0.87	0.79	0.48	104

注：重力方程式を推計した 159 本の学術論文から得た複数の推計結果（表右端の観測数を参照）をもとに算出した，基本統計量を示している。こうした，既存の研究成果から結果を導く手法を Meta-Analysis と呼ぶ。

出所：Head and Mayer［2014］Table 3.4 より一部抜粋。

表 10-1 に示すように，国境を接していることや，公用語が同じであること，宗主国・植民地の関係を持っていたこと，地域貿易協定（RTA）の締結など共通の貿易ルールを採用していること，共通の通貨を導入していることなども，2 国間貿易へプラスの影響を持つことが報告されている。第 2 節で取り上げた RTA 締結による貿易への影響は，表 10-1 の 2 国間で地域貿易協定締結を示すダミー変数の係数の平均値 0.59 から算出すると，締結国ペアはそれ以外のペアに比べて約 1.8 倍貿易額が大きいことを意味している（➡ダミー変数の係数の解釈については補論を参照）。

このように，重力方程式はデータも集めやすく（➡データについては補論を参照），説明要因の追加など拡張も容易であること，そして現実のデータとのフィットがよいため，国際経済学のなかでも実証分析の蓄積が最も多いトピックの 1 つである。重力方程式は貿易以外にも 2 国間の外国直接投資や，移民・国際旅客の流れなどに応用したり，推計方法の精緻化など現在も研究が活発に行われてい

る。

本章の問いの答え

　国際貿易は制度や法律が異なる国同士で行われるため，貿易円滑化に向けたルール作りが GATT（1947 年）以来取り組まれ，WTO（95 年）が設立された。GATT/WTO は最恵国待遇と内国民待遇という無差別原則を基礎としている。WTO 設立により，ルール違反に伴う通商紛争を解決に導くため紛争解決制度が強化され，違反が認定され是正されない場合には，被害を受けた国が報復することが可能となった。また，サービス貿易や知的財産権保護についてもルールが整備された。

　GATT/WTO は保護主義の抑制に大きな役割を果たしたが，他方で参加国の増加や課題の複雑化に伴い交渉は暗礁に乗り上げている。これに呼応して，2 国間や地域でさらなる貿易自由化をめざす RTA が増加した。実際に重力方程式を用いた実証分析では RTA が貿易を増加させたことを示唆しているが，一方で RTA 締結が貿易転換効果のため国内に必ずしも経済厚生の改善をもたらさないこと，複雑な原産地規則により RTA 利用率が低いことなど課題も残されている。

Report assignment　レポート課題

10.1　WTO ウェブサイトの紛争解決（Dispute Settlement）のリストから 1 つ選び（事案ごとに DS ○○という番号が振られている），申立国と対象国，おおよそどのような紛争事案なのか，整理してみよう。

10.2 地域貿易協定（RTA）の締結によって，貿易創出効果と貿易転換効果が生じていそうな身近な製品がないか議論してみよう。

10.3 第1章で紹介したようにデジタル貿易が拡大している一方で，第2章で指摘したようにデータ移転規制などデジタル保護主義も台頭しつつある。次の式は，デジタル保護主義がデジタル貿易に与える影響を検証するため，デジタル貿易の代理変数に通信・コンピューター・情報サービスに関する2国間サービス貿易額（OECD International Trade in Services Statistics）を，説明変数にデジタル STRI（OECD Stat）を加えた重力方程式を最小2乗法によって推計した結果である。この結果からわかることを議論してみよう。

T_{ij}: i 国から j 国へのデジタル輸出額，Y_i: 輸出国 i の GDP，Y_j: 輸入国 j の GDP，D_{ij}: i 国から j 国の距離，S_i: 輸出国 i デジタル貿易障壁，S_j: 輸入国 j デジタル貿易障壁，L_{ij}: i 国と j 国が共通言語の場合に1をとるダミー変数

$$\ln(T_{ij}) = \alpha_0 + 0.776\ln(Y_i) + 0.760\ln(Y_j) - 1.06\ln(D_{ij})$$
$$- 0.139\ln(S_i) - 0.571\ln(S_j) + 0.99L_{ij}$$

*** *Exercise* 演習問題 ***

10.1 多国間の貿易自由化をめざす WTO ルールについて，M 国が違反には当たらないと考えられるものとして最も適切なものを次の a.～d. から1つ選び，その理由を述べなさい。

a. M 国政府が国内半導体メーカーに輸出補助金を支給し，競合する外資企業には支給しなかった

b. M 国が B 国製品に 2%，C 国からの同製品に 5% の関税を課した

c. M 国政府が国産ワインに 10%，S 国産ワインに 11% の酒税を課した

d. M 国が FTA 域内は無税，域外国からの輸入には 5% の関税を課した

10.2 WTO において認められている貿易制限措置として，最も不適切なものを次の a.～d. から1つ選び，その理由を述べなさい。

a. 不当廉売が疑われる輸入品に対して追加関税を課す

b. 輸入品に外国政府の補助金が支給されているため，相殺関税を課す

c. 輸入急増による生産者の損害が報告されたため，緊急輸入制限としてセーフガードを発動

d. 輸入急増による影響を緩和するため，国内生産者に輸出補助金を支給

10.3 WTO の紛争解決手続きに関わる意思決定方式について，パネルによるある裁定が承認されるために必要な手続きとして最も適切なものを次の a.～d. から 1 つ選びなさい。

a. 全加盟国の賛成が必要

b. 過半数の賛成が必要

c. 当事国の賛成が必要

d. 少なくとも 1 カ国の賛成が必要

グローバル化と格差

第 **11** 章

Chapter

アメリカ・オハイオ州ヤングスタウンの工場。ドナルド・トランプはラストベルトと呼ばれるアメリカ中西部の衰退した工業地帯で競り勝ち，2016 年の大統領選挙を制した（朝日新聞 2016 年 11 月 13 日朝刊）

Quiz クイズ

Q 11.1 アメリカ，ドイツ，日本を，所得の平等な順に正しく並べてみよう。
a. 日本　**b.** ドイツ　**c.** アメリカ

Q 11.2 生産性が高い企業ほどグローバル化していることを，第 7 章で学んだ。加えて，本章では生産性が高い企業ほど新規採用者数が多いことを学ぶ。トヨタ自動車，本田技研工業，マツダの新卒採用者数を多い順に並べるとどうなるだろうか。
a. トヨタ自動車　**b.** 本田技研工業　**c.** マツダ

Answer クイズの答え

Q11.1　b.→a.→c.

　所得の不平等の代表的な指標である，ジニ係数（課税・所得分配後）で比べたとき，2015 年の日本のジニ係数は 0.339，アメリカのジニ係数は 0.391，ドイツのジニ係数は 0.293 である。ジニ係数は小さい値であるほど平等であることを示すので，ドイツが最も平等であるといえる。また，アメリカに比べれば日本の方が平等であるといえる（データ出典：OECD Income Distribution Database）。

Q11.2　a.→b.→c.

　大学・大学院修士課程卒業者の国内採用者数について，2016 年，トヨタ自動車 785 人，本田技研工業 520 人，マツダ 245 人となっている（データ出典：東洋経済新報社『就職四季報 2018 年版』）。

Keywords キーワード

ジニ係数，大卒賃金プレミアム，生産性効果，相対価格効果，労働供給効果，企業・労働者接合データ，探索費用，審査費用，労働市場の二極化，中国の衝撃，調整費用

Chapter structure 本章の構成

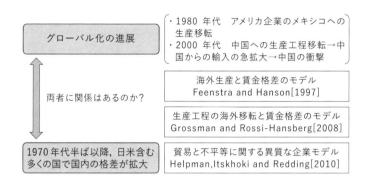

グローバル化の進展
- 1980 年代　アメリカ企業のメキシコへの生産移転
- 2000 年代　中国への生産工程移転→中国からの輸入の急拡大→中国の衝撃

両者に関係はあるのか？

海外生産と賃金格差のモデル
Feenstra and Hanson[1997]

生産工程の海外移転と賃金格差のモデル
Grossman and Rossi-Hansberg[2008]

1970 年代半ば以降，日米含む多くの国で国内の格差が拡大

貿易と不平等に関する異質な企業モデル
Helpman,Itskhoki and Redding[2010]

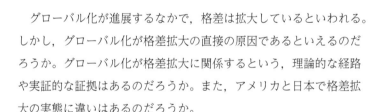

本章の問い

　グローバル化が進展するなかで，格差は拡大しているといわれる。しかし，グローバル化が格差拡大の直接の原因であるといえるのだろうか。グローバル化が格差拡大に関係するという，理論的な経路や実証的な証拠はあるのだろうか。また，アメリカと日本で格差拡大の実態に違いはあるのだろうか。

1　格差拡大

　これまでの章でみてきたように，国際貿易は貿易利益をもたらす。しかし，貿易利益が平等に人々に分配されるとは限らない。1970年代半ばから，多くの国（英語圏，北欧，インド，中国）で格差が拡大している。たとえば，アメリカでは，70年代半ばには所得上位1%の富裕層が所得全体に占めるシェアは8%にすぎなかったが，そのシェアは90年に13%，2008年に18%にまで上昇した。カナダやイギリスでも同様の上昇傾向がみられる。

　まずジニ係数の推移を確認する。**ジニ係数**とは，所得の不平等度を表すものであり，0から1の値をとる。所得格差が小さいほど0に近い値をとり，所得格差が大きいほど1に近い値をとる。図11-1は，1970年代以降の日本における輸出・GDPとジニ係数の推移を表したものである。ここで表しているジニ係数は，政府による所得再分配が行われる前の当初所得のジニ係数である。輸出の成長とともにGDPが成長してきたことがわかる。輸出とGDPが成長する一方で，80年代からジニ係数は上昇傾向にある。グローバル化する日本経済のなかで，所得格差が拡大傾向にあることが示唆される。アメリカでも50年代を境に男性の勤労所得のジニ係数は上昇傾向にある。

　所得格差は，グローバル化以外にも労働市場の需給や制度，政府の政策といった多くの要因に左右されるものである。そのため，格差拡大の原因については慎重な検討が必要である。本章は，グローバル化と格差の関係についてこれまでにわかったことをみていく。

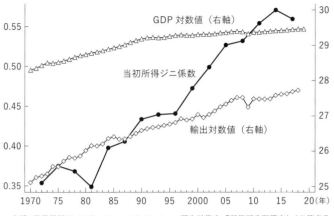

図 11-1 日本の輸出・GDP とジニ係数の推移

出所：世界銀行 *World Development Indicators*，厚生労働省「所得再分配調査」より筆者作成。

2 大卒賃金プレミアム上昇

アメリカ

　アメリカにおける格差拡大の重要な要因としては，大卒と高卒の間の賃金格差の拡大が挙げうる。第 5 章で触れたように，アメリカにおいて，大卒賃金プレミアムが 1980 年頃から急激に上昇したことは大きな論争を生んだ。1 つの仮説は，コンピューターと関連技術の出現により，企業が大卒労働者に有利な生産技術へと転換するようになったというものである。もう 1 つの仮説は，低賃金国からの輸入競争の増加により，資源が大卒労働を比較的集約的に使用する産業へとシフトしたというものである。

コラム7　グローバル化と男女賃金格差　　アメリカやカナダ，日本などの先進国でも男女賃金格差は依然として根強く残っている。とくに日本は男女格差の大きい国であるといわれており，男女格差の解消は重要な政策課題となっている。OECD は，男性の収入中央値に対する女性の収入中央値の差として男女賃金格差を計算している。2020 年時点のデータによれば，日本における男女賃金格差は OECD 平均 11.6% を大きく上回る 22.5% となっており，韓国・イスラエルに次いで最悪な状況である。

　では，グローバル化は男女賃金格差にどのように影響するのだろうか。輸出が男女賃金格差を拡大する可能性があるという指摘もある（Bøler et al. [2018]）。これまで輸出していなかった企業が外国に製品を輸出するようになると，時差のある相手国との間でのやりとりや海外への出張など，労働者はより柔軟に働くことが必要になる。そういった労働のあり方が，男性に比べて相対的に女性に不利に働く可能性がある。たとえば，現在ではまだ性別役割分担が強固なため，男性は外国の貿易相手と夜遅くに打ち合わせできるが，女性は家庭の事情でそういった業務を担えないという事態が考えられる。そうしたことが実際に起こると，企業は男性に残業手当などの形でより多く賃金を支払い，男女賃金格差が広がる恐れがある。1996 年から 2010 年までのノルウェーの製造業企業のデータを用いて分析すると，実際に企業が輸出を開始することで男女賃金格差が約 3% ポイント上昇していた（Bøler et al. [2018]）。

　外国直接投資を通じて，男女賃金格差が変化する可能性もある。日本のように男女格差の大きい国に，男女格差の小さい国から外国直接投資が行われ，男女平等な労働慣行が日本へ移植される可能性がある。外資系企業は，外国人労働者を雇用するだけでなく，柔軟な勤務形態，在宅勤務，育児支援制度を提供している傾向が強い（Kodama et al. [2018]）。日本には「ガラスの天井」があり，女性が昇進し，高賃金を得ることが男性に比べて難しい（Hara [2018]）。しかし，外資系企業では，同規模の同業種の国内企業よ

り，労働者に占める女性の割合だけではなく，管理職，取締役，役員に占める女性の割合が高い傾向がみられる（Kodama et al. [2018]）。女性が昇進し，高賃金を得やすい環境を外資系企業が提供しているといえる。グローバル化は，柔軟に働くことを労働者に要求し，男女賃金格差を拡大する恐れもあるが，男女平等な文化を外国から日本にもたらし，男女賃金格差を縮小する可能性もある。性別に関わりなく優秀な人材を獲得し，グローバルな競争に打ち勝つためには差別をしている余裕は本来ないはずであり，日本企業には働き方の工夫など男女賃金格差の解消に向けた努力が求められるだろう。

　ここで**大卒賃金プレミアム**とは，高卒労働者に比べて大卒労働者がより多く得ている賃金のことであり，大卒と高卒の賃金格差の指標となる。大卒賃金プレミアムの1つの定義として，

$$\frac{大卒賃金 - 高卒賃金}{高卒賃金}$$

を考える。アメリカでは，この大卒賃金プレミアムは1979年に48％であったが，80年頃から上昇し，2012年には96％に達している。

　第5章において説明したように，国際貿易が所得分配に与える影響を研究するうえで出発点になってきたのは，ストルパー＝サミュエルソン定理である。ヘクシャー＝オリーン・モデルに基づけば，大卒労働豊富国であるアメリカは，大卒労働集約的な財を輸出することになる。このとき，ストルパー＝サミュエルソン定理から，アメリカでは，大卒労働者の相対賃金が上昇し，大卒と高卒の賃金格差が拡大することが予想される。このことから，アメリカにおける

大卒賃金プレミアムの上昇の原因には国際貿易があるのではないかという議論がなされてきた。

しかし，これまでの多くの研究は，ストルパー＝サミュエルソン定理と現実が食い違うことを明らかにしている。ストルパー＝サミュエルソン定理のメカニズムが働いているならば，高卒労働集約的製品（例：靴）に対する大卒労働集約的製品（例：コンピューター）の相対価格の上昇が大卒賃金プレミアムの上昇をもたらすはずであるが，実際には相対価格の上昇はみられなかった。加えて，ストルパー＝サミュエルソン定理に従えば大卒賃金プレミアムが下落するはずのメキシコなどの高卒労働豊富国でも，大卒賃金プレミアムが上昇した。

労働経済学者の研究（Katz and Murphy［1992］など）によれば，アメリカにおける大卒賃金プレミアムが上昇した背景には，大卒労働者への労働需要が増加したことがあると考えられている。しかも，高卒労働者を集約的に必要とする産業から大卒労働者を集約的に必要とする産業へ労働需要が移動したのではなく，産業内において大卒労働者への労働需要が増加したことから，比較優位に基づく国際貿易ではなく，コンピューターの普及など大卒労働者を以前よりも必要とする技能偏向型技術変化が賃金格差拡大の主因であると考えられている。

▷ 日 本

日本でも，ジニ係数の上昇が示すように所得格差が拡大しているが，アメリカのように大卒と高卒の賃金格差が大きく拡大したわけではない。図 11–2 は，日本における大卒賃金プレミアムの推移を男女別に表したものである。1970 年代に 23% 程度であった男性の

図 11-2 日本における大卒賃金プレミアムの推移（1976〜2019 年）

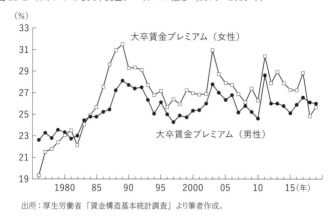

出所：厚生労働省「賃金構造基本統計調査」より筆者作成。

大卒賃金プレミアムは，80 年代後半頃には 28% 程度にまで上昇しているが，その後下落，上昇を繰り返しており，一貫した上昇傾向は見受けられない。女性の大卒賃金プレミアムは，76 年に 20% 程度であったのが，89 年には 30% 程度まで上昇した。この背後には，男女雇用機会均等法（86 年施行，99 年，2007 年改正法施行）などが大卒女性労働者への需要を増加させた可能性が考えうる。しかし，アメリカにおいて観察されるような大卒賃金プレミアムの一貫した上昇傾向があるわけではない。

　このようにデータをみる限り，日本では大卒賃金プレミアムの上昇が所得格差を拡大した主因である可能性は低そうである。日本においては大学進学者が増加し，大卒労働者の供給が増加したことが，大卒賃金の上昇を抑制したため，アメリカのように大卒賃金プレミアムが上昇しなかったという説もある（Kawaguchi and Mori [2016]）。

3　海外生産と格差拡大

▷　**海外生産とフィーンストラ゠ハンソン・モデル**

　ストルパー゠サミュエルソン定理がアメリカの現実と食い違うことから，貿易理論と現実の乖離を埋める試みがこれまでに数多くなされてきた。そのなかでも，ロバート・フィーンストラとゴードン・ハンソンが唱えた海外生産の理論は大きな影響力を持った。彼らの論文（Feenstra and Hanson [1997]）は，アメリカのような先進国だけではなく，メキシコのような途上国においても，賃金格差が拡大する仕組みを理論的に明らかにした。

　1980 年代初頭，メキシコ政府は外国からの投資に対する制限を緩和した。その結果，外国資本が急激に流入した。メキシコでは 87 年の FDI は固定投資総額の 13.7% に達している。製造業への外国直接投資の大部分は，メキシコとアメリカの国境地帯に集中するマキラドーラと呼ばれる外資系組立工場の設立に投じられた。このような外国投資の流入によって，労働需要に地域特有のショックをもたらした。マキラドーラは中間投入物の大部分をアメリカをはじめとする海外から輸入し，生産物のほとんどをアメリカに輸出している。急激な外資規制緩和と国境地帯への FDI の集中は一種の自然実験となっている。こうしたなか，メキシコにおいても，85 年以降，大卒労働者（高技能労働者）の賃金は高卒労働者（低技能労働者）の賃金に比べて劇的に上昇している。

　フィーンストラとハンソンは，アメリカの多国籍企業による海外生産委託（アウトソーシング）がメキシコにおける高技能労働者の相

図 11-3 アメリカ・メキシコ両国で賃金格差が拡大する仕組み

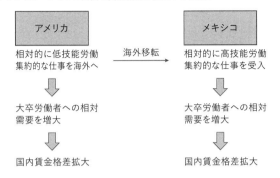

対需要の増加の重要な要因となっていると考えた（Feenstra and Hanson [1997]）。アメリカの企業は，アメリカにおいては高卒労働集約的（低技能労働集約的）な仕事をメキシコに生産移転する。一方，生産移転された仕事は，メキシコにとっては，在来の仕事に比べれば，大卒労働集約的（知識労働集約的）である。結果として，アメリカのみならずメキシコでも大卒労働者（高技能労働者）への相対的な需要が増加し，大卒労働者の相対的な賃金が上昇する。そのため，賃金格差が両国で拡大する（図 11-3）。

⬜ 生産工程の海外移転とグロスマン＝ロシ-ハンスバーグ・モデル

リカードは，イギリスが衣服をポルトガルにポルトガルがワインをイギリスに輸出しあうような財の貿易を考察していた。しかし，第 5 章でも触れたように，現代の貿易は，財の貿易から業務（タスク）の貿易へと変質しているということをジーン・グロスマンとエスタバン・ロシ-ハンスバーグ（ともにプリンストン大）は指摘した。設計・企画工程はアメリカで行い，製造工程は中国で行うといった

表 11-1　海外生産が国内の高卒労働者に及ぼす影響 ──────────

	高卒労働者（低技能労働者）
①生産性効果	＋
②相対価格効果	－
③労働供給効果	－

出所：Grossman and Rossi-Hansberg［2008］に基づき筆者作成。

生産工程レベルでの国際分業が進展したためである。海外生産（offshoring）についての影響力ある理論（Grossman and Rossi-Hansberg［2008］）において，グロスマンらは，海外生産は，高卒労働者（低技能労働者）の賃金に3つの影響を及ぼすと主張している（表11-1）。①生産性効果，②相対価格効果，③労働供給効果の3つの効果である。以下，簡単な例をもとに説明する。

　たとえば，アメリカの企業が大卒労働者（知識労働者）が企画・デザインした衣服を高卒労働者が縫製して生産しているとする。衣服は他の財に比べて，高卒労働集約的な財であると考える。このとき，情報通信技術の発展により海外生産にかかる費用が低下し，低賃金国である中国にこれまで高卒労働者が行っていた縫製工程の一部を移転できるとする。ただし，縫製工程のなかでも複雑で海外移転が困難な工程は，アメリカ国内の高卒労働者が引き続き担う。企業は，低賃金国である中国に縫製工程の一部を生産移転することで，縫製工程について生産性が上昇する。グロスマンらは，このように海外移転によって企業の生産性が改善することを**生産性効果**と呼んだ。衣服の価格が低下せず，企画・デザインを担当する大卒労働者の賃金が変化しないのであれば，海外移転は生産性効果を通じてアメリカの高卒労働者の賃金を上昇させるはずである。

図 11-4 海外生産が高卒労働者（低技能労働者）の賃金に与える影響 ──────

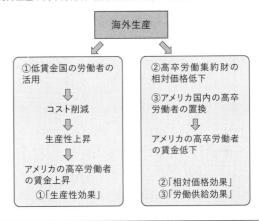

しかし，たとえば製薬のような海外移転が比較的進まない財に比べて，海外移転が可能になった衣服の価格が低下する可能性もある。衣服の価格が相対的に低下すれば，ストルパー＝サミュエルソンの定理から，衣服の生産に集約的に投入されている高卒労働者の賃金は下押し圧力を受ける。これが**相対価格効果**である。さらに，高卒労働者が担っていた生産工程の海外生産には高卒労働者の労働供給を増加させるのと同じ効果がある。この**労働供給効果**も，アメリカにおける高卒労働者の賃金への下押し圧力となる。

このように，相対価格効果と労働供給効果は，高卒労働者の賃金を押し下げる方向で働く一方で，生産性効果は，海外生産により企業の生産性が高まることを通じて，高卒労働者の賃金を押し上げる方向で働く（図 11-4）。生産性効果が相対価格効果と労働供給効果の 2 つの効果を上回れば，海外生産によって，高卒労働者の賃金が上昇する可能性がある。つまり，生産性効果のため，海外生産は，大卒労働者だけではなく高卒労働者にも利益を生む可能性がある。

海外生産が賃金に及ぼす影響を検証した実証研究の結果は，対象とする国によって結果がさまざまである。たとえば，デビッド・フメルズらの研究（Hummels et al. [2014]）によれば，デンマークにおいては，海外生産により，高技能労働者の賃金が上昇した一方で，低技能労働者の賃金は下落した。ただし，海外生産が賃金に与える影響は，2% 程度と量的には小さい。ドイツのデータを用いたダニエル・バウムガルテンらの研究によれば，海外生産により，低技能労働者ばかりではなく高技能労働者の賃金も押し下げられている（Baumgarten et al. [2013]）。その押し下げ効果は，仕事が海外生産されやすいものであるかどうか（offshorability）に依存している。決まり切った内容の仕事をしている労働者の場合は，とくに深刻な賃金押し下げ効果を被る傾向にあった。

企業・労働者接合データを構築し，海外生産が賃金に与える影響を労働者レベルで分析した研究（Endoh [2016]）の分析結果によれば，海外生産は日本の労働者の賃金に正の影響を与えている。そのため，日本において海外生産を通じて格差が拡大したとはいえない。

4 企業の国際化と賃金の企業間格差

▷ 輸出企業の平均賃金は高い

日本では，アメリカでみられるような大卒賃金プレミアムの上昇は確認されない。日本において賃金格差を生む要因はなんであろうか。これまで説明したストルパー＝サミュエルソン定理やフィーンストラ＝ハンソン・モデル，グロスマン＝ロシ-ハンスバーグ・モデルは，大卒賃金プレミアムのように異なる種類の労働者間の賃金

格差の説明を行うものであった。

　それに対して，近年の国際貿易理論では，企業間の賃金格差への注目が高まっている。アメリカや日本，ドイツ，フランス，イギリスなど各国の研究から，非輸出企業に比べて輸出企業の平均賃金が高いことが明らかになったことがその背景にある。こうした企業間の賃金格差を伝統的貿易理論や新貿易理論によって説明することは難しい。それは，伝統的貿易理論や新貿易理論が企業の異質性を考慮していないからである。そのため，第 7 章で扱ったメリッツ・モデルを拡張し，企業の異質性を考慮したうえで，企業間の賃金格差を説明するモデルが開発されてきた。

▷ 貿易と不平等に関する HIR モデル

　企業間賃金格差を説明するために，多様な労働者を仮定することで，メリッツ・モデルの拡張がなされてきた。本節ではそうした異質な企業・労働者モデルのなかでもヘルプマンらが開発した HIR モデル（Helpman et al.［2010］）をもとに企業間賃金格差を分析する。ヘルプマンらの貿易と不平等に関する異質な企業モデルは，メリッツ・モデルを踏襲し，企業の生産性はさまざまであり，低い生産性の企業もあれば，高い生産性の企業もあると仮定する。そして，メリッツ・モデルと同様に，生産性の高い企業ほど売上や従業員数が多い。輸出には固定費用の負担が必要であり，生産性の高い企業のみが輸出できる。

　一方で，メリッツ・モデルとは異なり，労働者の能力もさまざまであり，低い能力の労働者もいれば，高い能力の労働者もいると仮定する。労働市場に摩擦があり，企業が従業員の募集を行い，能力を調べるには，それぞれ**探索費用**（サーチ・コスト）や**審査費用**（ス

クリーニング・コスト）といった費用がかかると仮定する。生産性の高い企業ほど，探索費用や審査費用を負担できる。その結果，生産性の高い企業ほど，より多くの人数を募集でき，従業員数が多くなる。また，生産性の高い企業ほど，審査費用をかけてより高い能力の労働者を選抜することができ，従業員の平均的能力が高くなり，平均賃金が高くなる。

いま企業は売上の50％を労働者に分配すると仮定して，数値例により，貿易と不平等に関する異質な企業モデルを説明する。メリッツ・モデルと同じ仕組みで，輸出閾値（1000）を超える生産性（φ）の企業は輸出を行う輸出企業になるが，輸出閾値を超えない生産性の企業は非輸出企業となるとする。このとき，図11-5に示すように，非輸出企業の賃金は

$$w^D = \frac{400}{3} + \frac{1}{3}\varphi$$

と表せ，輸出企業の賃金は

$$w^X = \frac{550}{3} + \frac{1}{3}\varphi$$

と表せるとする。つまり，生産性が高い企業ほど，賃金が高くなる。また，図11-5に表されているように，輸出閾値のところで賃金関数がジャンプする。これは，輸出企業では輸出売上を労働者に分配できるが，非輸出企業ではそのような輸出売上がないことから生じる。

たとえば，労働生産性が800で，従業員数が500人，売上が40万（＝800×500人）の非輸出企業を考える。労働分配率50％と仮定

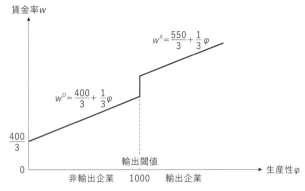

図 11-5 企業の生産性と賃金

賃金率 w

$w^X = \dfrac{550}{3} + \dfrac{1}{3}\varphi$

$w^D = \dfrac{400}{3} + \dfrac{1}{3}\varphi$

$\dfrac{400}{3}$

0

輸出閾値

非輸出企業　1000　輸出企業

生産性 φ

出所：Helpman, Itskhoki and Redding［2010］をもとに筆者作成。

したので，売上 40 万のうち半分の 20 万が労働者に分配される。そのため，1 人当たり賃金は 20 万／500 人＝400 となる。

　次に，労働生産性が 1100 で，従業員数が 1000 人，国内売上が 100 万，輸出売上が 10 万（計 110 万＝1100×1000 人）の輸出企業を考える。この輸出企業は，国内売上 100 万の半分の 50 万を労働者に分配するので，国内売上に基づく 1 人当たり賃金は 50 万／1000 人＝500 となる。国内売上分だけ考慮しても，輸出企業の賃金は，先ほどの非輸出企業よりも 100 高くなっている。これは，両者の生産性の違いを反映している。また，非輸出企業に比べ，輸出企業が雇用する労働者の平均的能力が高いことを反映しているともいえる。

　加えて，輸出企業は輸出売上 10 万の半分の 5 万を労働者に分配するため，1 人当たり賃金は 5 万／1000 人＝50 加算される。この輸出売上による賃金の加算は非輸出企業では生じえないものであるので，輸出プレミアムと呼ばれる。最終的に輸出企業の賃金は 550

（＝500＋50）になり，非輸出企業よりも 150 高くなる。

このように HIR モデルでは，輸出企業は生産性が高く，高い能力の労働者を雇用することができ，かつ輸出売上を労働者に分配するために，輸出企業の平均賃金が高くなると予測する。実証的には，企業・労働者接合データ（linked employer-employee data）と呼ばれる企業（雇用主）と労働者（雇用者）双方の情報を統合したデータを用いて，労働者の能力の違いを制御してもなお，輸出企業の労働者の賃金は，輸出収入の分配によって高いことが確認されてきた。たとえば，ドイツやメキシコのデータを用いた研究では，労働者の質を制御しても，やはり輸出事業所の賃金が高い傾向にあることが見出されている。日本についても，労働者の質を制御しても，輸出企業の方が賃金が高い傾向にあることがわかっている（Tanaka [2022]）。ブラジルのデータを用いたヘルプマンら自身による反実仮想の分析からは，貿易が賃金格差に大きく影響することが示されている。貿易と不平等に関する異質な企業モデルからは，企業の輸出の有無が賃金格差につながる可能性はあるといえる。

5　中国の衝撃

▷　中国の WTO 加盟とアメリカ製造業の雇用喪失

2001 年の中国の WTO（世界貿易機関）加盟により，アメリカへの中国の輸出は急拡大した。マサチューセッツ工科大学の労働経済学者であるデビッド・オーターらの研究チームは，中国からの輸入がアメリカの労働市場に与えた影響を分析した研究を公表してきた。中国からの輸入増大によって，アメリカでは格差が拡大し，**労働市**

場の二極化傾向が強まっていることが指摘されている。1990年から2007年までの中国からの輸入拡大によって，輸入品と競合する産業の立地する地域において，失業の増加，労働参加率の低下，賃金低下といった現象が生じた。こうした地域においては，失業給付や障害給付といった社会保障給付が著しく増加した。オーターらは，このような現象を中国症候群（China syndrome）や**中国の衝撃**（China shock）と名付けている。アメリカの製造業雇用の衰退の4分の1は，中国からの輸入によってもたらされたものだという。より最近の研究によれば，中国との輸入競争によるアメリカの職の喪失は，1999～2011年の期間に200万～240万人に及ぶと推定されている。

▷ 無視できない調整費用

　製造業で職を失った人々が，非製造業でこれまでのような賃金の職をみつけられなかったことがわかってきた。製造業の産業レベルの輸入データと組み合わせて，アメリカの労働者個々人のパネルデータ（1992～2007年）を用いた分析によれば，中国との輸入競争にさらされた産業の労働者ほど，その後の所得が低下し，公的扶助を得ることになる確率が高い。こうした所得の減少は，もともと賃金が低かった労働者ほど，顕著である。高賃金労働者は，所得の低下を最低限に抑えながら，転職に成功している。製造業外に転職することも多い。その一方で，低賃金労働者は，製造業内で転職することが多く，結局中国との輸入競争にさらされてしまう。中国からの輸入増大に伴う労働調整費用（失業や転職などに伴う費用）が無視できないこと，さらにその費用が低賃金労働者に重くのしかかっていることが明らかになっている。

　これまで貿易理論は，貿易自由化により貿易利益が実現すること

を強調してきたが，貿易自由化に伴う国内産業の調整過程で個々の労働者が失業や転職などを強いられることは無視しがちであった。それに対して，オーターらの一連の研究は，アメリカにおいて貿易自由化に伴う調整費用が無視できないことを示し，大きな反響を生んだ。中国からの輸入増大が与える影響が労働者間で均一ではないことは，アメリカに限ったことではない。デンマークの企業＝労働者接合データを用いたヴォルフガング・ケラーとハレ・ウタールの論文も，中国からの輸入によって，中程度の賃金の職が減り，高賃金・低賃金の職が増える「二極化」（job polarization）が進展したことを明らかにしている（Keller and Utar［2016］）。

◁▷ **政治への影響**

オーターらの研究によれば，アメリカでは労働市場の二極化に伴い，人々の政治への態度も極端になる傾向がみられる。中国からの輸入との競争に強くさらされた選挙区では，穏健派候補への支持が減少している。たとえば，もともと共和党が握っていた選挙区では，保守的な共和党候補が選出され，もともと民主党が握っていた選挙区では，リベラルな民主党候補か保守的な共和党候補が選出される傾向がみられる。人種別に分析した結果によれば，白人が多数派の選挙区では，保守的な共和党候補，非白人が多数派の選挙区では，リベラルな民主党候補が選出される傾向にある。このように，中国からの輸入の増大により，アメリカ政治の二極化が助長された。

トランプ大統領が選出された 2016 年の大統領選後に公表された分析結果では，中国からの輸入の増大によって，共和党の得票率が上昇したと指摘されている。仮に中国からの輸入の増加率が半分であれば，ミシガンやウィスコンシン，ペンシルベニア，ノースカロ

ライナなどの接戦州で民主党候補（ヒラリー・クリントン氏）が勝利し，最終的に大統領に選出されていたはずだと分析されている。

▷ 中国からの輸入が日本の製造業雇用や政治に与えた影響

　日本も中国からの輸入を増大させてきた。しかし，その影響はアメリカとは異なる。1995～2007年のデータを用いた研究によれば，中国からの輸入の増大は，日本ではむしろ製造業の雇用を増やす傾向を持っている（Taniguchi［2019]）。これは，日本の場合，中国からの中間財の輸入が多いことによる。つまり，日本の製造業は，中国の製造業との間で国際生産分業をすることで，競合を避けていることが示唆される。日本については，アメリカと異なり，中国からの輸入増大が格差拡大に寄与した証拠はいまのところみつかってはいない。しかしながら，中国との輸入競争に強くさらされている選挙区の候補者ほど，保護主義的な貿易政策を主張する傾向が強いことが明らかになっている（Ito［2021]）。

本章の問いの答え

　グローバル化と国内格差拡大の関係について，多くの研究がなされてきた。メキシコでの海外生産の拡大，中国からの輸入増大を受けて，アメリカでは国際貿易が国内格差拡大に少なくとも部分的にはつながったのではないかと活発な研究がなされてきた。一方で，日本については，国際貿易が国内格差拡大につながったとする証拠は乏しい。また，国際貿易と格差の問題を考えるときには，貿易によって安価な輸入品が供給され，とくに低所得の人々の生活を助けている側面があることも無視できないだろう（Fajgelbaum and

Khandelwal［2016］）。

Report assignment　レポート課題

　Our World in Data には，世界各国のジニ係数が掲載されている。ジニ係数は 0 から 1 までの値にされており，高い値ほど不平等であることを意味する。どの国がジニ係数が高く，どの国がジニ係数が低いのかを調べてみよう。そして，ジニ係数の高さとグローバル化（たとえば，貿易開放度＝輸出と輸入の合計をGDP で割った値）との間に関連性があるのか調べてみよう。

　Our World in Data, Income inequality: Gini Index, 1981 to 2015

　（https://ourworldindata.org/grapher/economic-inequality-gini-index）

Exercise　演習問題

11.1　貿易と不平等に関する異質な企業モデル（Helpman et al.［2010］）について説明した以下の文章のなかで，誤りのある文章を 1 つ選びなさい。

　a.　企業が労働者の募集を行い，能力を調べるには，それぞれ探索費用や審査費用がかかるという意味で労働市場に摩擦がある。

　b.　多くの人数の募集を行い，より高い能力の労働者をみつけるために審査するには，高い費用がかかる。そうした費用を負担することができるのは，生産性の高い企業である。

　c.　生産性の低い企業に比べて，生産性の高い企業は，雇用者数が多く，また労働者の平均的能力が高い。

　d.　輸出企業で働いている労働者の賃金は，非輸出企業の同等の労働者よりも低くなる。

11.2　グローバル化と格差の関係についての研究について説明した以下の文章のなかで誤りのある文章を 1 つ選びなさい。

　a.　ストルパー＝サミュエルソン定理に基づけば，貿易により大卒労働豊富国であるアメリカでは，高卒に対する大卒の相対賃金が上昇することが予想される。

　b.　海外生産と賃金格差モデル（Feenstra and Hanson［1997］）に基づけば，

アメリカの企業が賃金の安いメキシコに一部の工程を移転することにより，アメリカとメキシコの双方において，国内賃金格差が拡大しうる。

c. 生産工程の海外移転と賃金格差の理論（Grossman and Rossi-Hansberg [2008]）に基づけば，アメリカの企業が生産工程の一部を賃金の安い中国に移転することによって，必ず格差が拡大すると予想される。

d. 2001年の中国のWTO加盟により，中国からのアメリカの輸入は急拡大し，中国からの輸入品と競合する産業の立地する地域において，失業が増加するといった現象が観察されている。

重力方程式の Stata による実行：
基礎編

1　貿易データ

UN and WTO "A Practical Guide to Trade Policy Analysis," Chapter 3 で用いられているデータ gravity.dta を用いる。データは以下のサイトより無料で入手できる。

https://vi.unctad.org/tpa/web/vol1/ch3.html

このデータ gravity.dta は上記のサイトで提供されている do-file「BuildingDatabaseApproach.do」を実行することで生成される。本書のウェブサポートページでも，データ gravity.dta を提供しているので，ダウンロードして用いることができる。この gravity.dta データには，1990〜2005 年の 15 年間の世界の 2 国間の貿易額が収録されている。「gravity.dta」のアイコンをダブルクリックすると，Stata でデータを読み込める。

gravity.dta

gravity.dta のアイコン

データ（gravity.dta）に含まれる変数は，de と Command ウィンドウに打つことで確認できる。

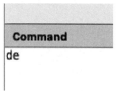

Command
de

Results ウィンドウに変数の一覧が出力される。

variable name	storage type	display format	value label	variable label
importer	str9	%9s		reporter
exporter	str9	%9s		partner
year	int	%8.0g		
imports	float	%9.0g		Imports value in thousand
gdp_exporter	double	%10.0g		GDP in current USD
gdp_importer	double	%10.0g		GDP in current USD
join_exporter	int	%8.0g		GATT/WTO accession date
join_importer	int	%8.0g		GATT/WTO accession date
exporternum	float	%8.0g		IFS code exporter
importernum	float	%8.0g		IFS code importer
contig	float	%8.0g		1 for contiguity
comlang_off	float	%8.0g		1 for common official language
colony	float	%8.0g		1 for pairs ever in colonial relationship
dist	float	%9.0g		simple distance
REPlandlocked	float	%9.0g		1 if exporter landlocked
PARTlandlocked	float	%9.0g		1 if importer landlocked
religion	byte	%8.0g		1 if common main religion for both countries
onein	float	%9.0g		none of the country pair is member of the WTO
bothin	float	%9.0g		both countries is member of the WTO
nonein	float	%9.0g		

　変数 importer は，輸入国の ISO コードと呼ばれる 3 桁の国コードである。同様に，exporter は，輸出国の ISO コードである。たとえば，日本の ISO コードは JPN，アメリカの ISO コードは USA である。

　実際にデータの中身をみて変数を確認するには，Command ウィンドウに browse と打つことで確認できる。

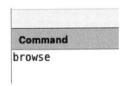

たとえば，日本の 2005 年の輸出額を調べるには，

　　browse if year＝＝2005&exporter＝＝"JPN"

と打てばよい。データは Data Editor（Browser）に表示される。こ

こでは，ISO コード（exporter, importer）のほかに，輸入額（imports），輸出国の GDP（gdp_exporter），輸入国の GDP（gdp_importer），輸出国と輸入国の間の距離（dist）に絞って表示している。たとえば，アメリカの日本からの輸入（imports），すなわち日本のアメリカへの輸出は，1.42e＋08 であることがわかる。ここで，「e＋08」とは，10 の 8 乗の意味である。142000000 と書くのを短く表記するために 1.42e＋08 と書いているわけである。ここで，小さい桁の数字の表示は省略されているので，実際の貿易額が 142000000 ぴったりというわけではない。

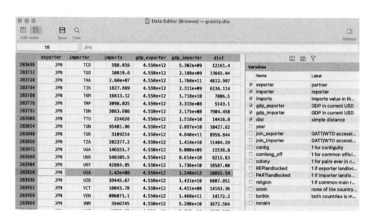

2 伝統的な重力方程式の推定方法

Stata で次のような重力方程式を推定することを考える。

$$\text{輸入額} = \text{定数} \times \frac{\text{輸出国の GDP}^{\alpha} \times \text{輸入国の GDP}^{\beta}}{\text{輸出国と輸入国の間の距離}^{\gamma}} \times e^{\delta \times \text{言語の共通性}}$$

　この式は非線形のため，コンピューターの能力上，推定が難しい。そのため，従来は両辺の対数をとって，線形にされてきた。線形にされた式の推定は最小2乗法で比較的簡単に推定できる。そこでまず，回帰分析に用いる変数の対数を取る。Stata のコードは次のとおりである。

> gen limports = ln(imports)
> label var limport "log of imports value"
>
> gen lgdp_exporter = ln(gdp_exporter)
> label var lgdp_exporter "log of exporter's GDP"
>
> gen lgdp_importer = ln(gdp_importer)
> label var lgdp_importer "log of importer's GDP"
>
> gen ldist = ln(dist)
> label var ldist "log of distance"

　ここで，gen は新しい変数を作成するコマンドであり，ln は（）内の変数の対数をとる関数である。伝統的な重力方程式は，次のコマンドを打つことで実行できる。

reg limports lgdp_exporter lgdp_importer ldist comlang_off if
year==2005, robust

　ここで，reg は最小二乗法（OLS）を実行するコマンドである。
2005 年のデータに絞って分析するため，if year==2005 をつけて
いる。通常，貿易データは不均一分散の性質を持つので，オプショ
ン「, robust」を付けることで不均一分散頑健な標準誤差を計算す
るようにしている。Results ウィンドウに回帰分析の結果が次のよ
うに出力される。

```
. * 伝統的な重力方程式
.         reg limports lgdp_exporter lgdp_importer ldist comlang_off  if year==2005,  robust

Linear regression                               Number of obs   =      19,978
                                                F(4, 19973)     =     9877.78
                                                Prob > F        =      0.0000
                                                R-squared       =      0.6424
                                                Root MSE        =      2.4918

                             Robust
    limports      Coef.    Std. Err.      t     P>|t|    [95% Conf. Interval]

lgdp_exporter   1.225823    .0076473   160.30   0.000    1.210834    1.240812
lgdp_importer   .9509895    .0075708   125.61   0.000     .93615     .965829
        ldist  -1.374092    .0204332   -67.25   0.000   -1.414143   -1.334041
  comlang_off    1.29333    .0504167    25.65   0.000    1.194509    1.39215
        _cons  -33.75146    .352922    -95.63   0.000   -34.44322   -33.05971
```

3　推定係数の解釈

　この推定結果表は，小数点 3 桁以下を四捨五入して省略すると，

$$\text{limports} = -34.14 + 1.23\text{lgdp}_{\text{exporter}} + 0.95\text{lgdp}_{\text{importer}} - 1.37\text{ldist}$$
$$+ 1.29\text{comlang\_off} + 残差$$

という回帰分析結果を示している。対数をとっているので，輸出国の GDP（gdp_exporter），輸入国の GDP（gdp_importer），輸出国と輸入国の間の距離（dist）の係数の推定値は，弾力性（変化率）となる。弾力性とは，説明変数が 1% 変化したら，従属変数が何 % 変化するかを示すものである。つまり，推定結果は，輸出国の GDP が 1% 大きいと，輸出額が約 1.23% 大きくなり，輸入国の GDP が 1% 大きいと輸入額が約 0.95% 大きくなる傾向が平均的にあることを示している。逆に，輸出国と輸入国の間の距離が 1% 大きくなると，平均的に輸入額が 1.37% 小さくなる傾向がみられることがわかる。

P 値（P>|t|）は，推定された係数が統計的に有意であるかどうかを判断する基準となる。たとえば，P 値が 5%（0.05）より小さければ，「5% 水準で統計的に有意である」と表現する。慣例的に 5% 基準がよく使われるが，10% 基準，1% 基準も 5% 基準と併用されることが多い。P 値が 10%（0.1）より大きい場合は，推定された係数の標準誤差が大きく，推定係数を解釈することは避けた方がよい。

4　ダミー変数の推定係数の解釈

推定式には，輸出国の公用語と輸入国の公用語が同じであれば 1 をとり，そうでなければ 0 をとる変数も含めている。こうした 0 か 1 かの変数はダミー変数（dummy variable, indicator variable）と呼ばれている。ここで，公用語ダミー変数の推定係数は 1.29 となっている。もともとの重力方程式は，

	b	exp(b)	exp(b)−1	[exp(b)−1]×100
言　語	1.29	3.63	2.63	263

$$輸入額＝定数×\frac{輸出国の\ GDP^{\alpha}×輸入国の\ GDP^{\beta}}{輸出国と輸入国の間の距離^{\gamma}}×e^{\delta×言語の共通性}$$

であったので，輸出国と輸入国の言語が共通な場合，$e^{\delta×言語の共通性}=$ $e^{1.29×1}≈3.63$ となる。一方で輸出国と輸入国の言語が共通ではない場合，$e^{\delta×言語の共通性}=e^{1.29×0}=e^0=1$ となる。そのため，言語が共通ではない場合に比べて，言語が共通の場合は，輸入額が 3.63 倍多いことがわかる。また，$e^{1.29}-e^0≈3.63-1=2.63$ となるので，輸出国と輸入国の言語が共通であると，平均的に輸入額が 263% 大きくなるということもできる。ダミー変数の推定係数の解釈について，計算方法を表補-1 にまとめた。論文では，指数関数を exp（）と表記することが多いので，それに従っている。

　Stata が出力する推定結果は，情報量が多くそのままでは論文に掲載できない。そのため，esttab というユーザーが作成したコマンド（Jann, 2007）を利用して，論文に掲載できるよう推定結果をみやすくする。なお，esttab を使うには，事前に findit esttab によって，esttab をみつけ，インストールする必要がある。または，

```
ssc install estout
```

とコマンド・ウィンドウに入力することでもインストールすることができる。推定の後に，

esttab, keep(_cons lgdp_exporter lgdp_importer ldist
comlang_off)

と打つと，以下のように整形された推定結果表が出力される。なお，
keep（）の（）内には出力したい説明変数を記載する。推定係数
の右につけられている「***」は，P値が 0.001 以下であり，0.1%
水準で統計的に有意であることを表している。

	(1) limports
lgdp_expor~r	1.226*** (160.30)
lgdp_impor~r	0.951*** (125.61)
ldist	−1.374*** (−67.25)
comlang_off	1.293*** (25.65)
_cons	−33.75*** (−95.63)
N	19978

t statistics in parentheses
* p<0.05, ** p<0.01, *** p<0.001

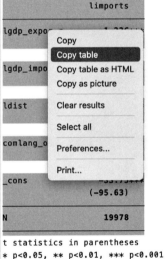

この表をマウスで選択して，右クリックすると，表をコピーでき
る。コピーした表を Excel でさらに加工して，Word や LaTeX など
で作成する論文に挿入することが考えられる。

文 献 案 内

本書の作成にあたっては，はしがきで紹介した若杉隆平［2009］『国際経済学（第3版）』（岩波書店）のほかにも多くの既存のテキストを参考にした。以下にそのほかのテキストと併せて紹介する。

国際的に広く使われている学部中級のテキストとして，クルーグマンほか［2017］がある。本書と同じく現実と照らし合わせて国際経済学を概説したテキストには，マクラレン［2020］が挙げられる。大学院レベルとしては，フィンストラ［2021］が定番である。

- P. R. クルーグマン＝M. オブストフェルド＝M. J. メリッツ（山形浩生・守岡桜訳）［2017］『クルーグマン国際経済学──理論と政策（上）貿易編』丸善出版
- J. マクラレン（柳瀬明彦訳）［2020］『国際貿易──グローバル化と政策の経済分析』文眞堂
- R. C. フィンストラ（伊藤元重監訳，下井直毅訳）［2021］『上級国際貿易──理論と実証』日本評論社

日本人の著者による学部レベルのテキストは数多くあり，ここにすべて挙げることはできないが，初学者から中級者向けのものとしては以下がある。

- 阿部顕三・遠藤正寛［2012］『国際経済学』有斐閣
- 石川城太・椋寛・菊地徹［2013］『国際経済学をつかむ（第2

　版)』有斐閣

- 伊藤恵子・伊藤匡・小森谷徳純［2022］『国際経済学 15 講』新世社
- 浦田秀次郎・小川英治・澤田康幸［2022］『はじめて学ぶ国際経済（新版)』有斐閣
- 大川昌幸［2015］『コア・テキスト国際経済学（第 2 版)』新世社
- 大川良文［2019］『入門 国際経済学』中央経済社
- 木村福成［2000］『国際経済学入門』日本評論社
- 清田耕造・神事直人［2017］『実証から学ぶ国際経済』有斐閣
- 澤田康幸［2004］『基礎コース 国際経済学』新世社
- 多和田眞［2010］『コンパクト 国際経済学』新世社
- 多和田眞・柳瀬明彦［2018］『国際貿易──モデル構築から応用へ』名古屋大学出版会
- 友原章典［2018］『理論と実証から学ぶ 新しい国際経済学』ミネルヴァ書房
- 中西訓嗣［2013］『国際経済学──国際貿易編』ミネルヴァ書房
- 古沢泰治［2022］『国際経済学入門』新世社

引用・参考文献

〈日本語文献〉

伊藤元重・大山道広［1985］『国際貿易』岩波書店

クルーグマン，P. R.・M. オブストフェルド・マーク J. メリッツ［2017］『国際経済学——理論と政策』丸善出版

経済産業省［2019］『通商白書 2019』

経済産業省［2022］『通商白書 2022』

国際連合広報センター［2019］『国際移民ストック 2019（*International Migrant Stock 2019*）』

齊藤有希子［2012］「被災地以外の企業における東日本大震災の影響——サプライチェーンにみる企業間ネットワーク構造とその含意」『日本統計学会誌』第 42 巻第 1 号，135–144 頁

猿山純夫・服部哲也・松岡秀明・落合勝昭［2013］『農業保護はどの程度家計負担を増やしているか——個票データを用いた主要 6 品目の影響推計』日本経済研究センター Discussion Paper 140

マクラレン，J.［2020］『国際貿易——グローバル化と政策の経済分析』文眞堂

椋寛［2020］『自由貿易はなぜ必要なのか』有斐閣

若杉隆平［2009］『国際経済学（第 3 版）』岩波書店

〈欧文文献〉

Amiti, M., S. J. Redding and D. E. Weinstein［2019］"The Impact of the 2018 Tariffs on Prices and Welfare," *The Journal of Economic Perspectives*, 33（4），187–210.

Ando, M. and S. Urata［2018］Determinants of FTA Utilization for Japan's Imports: Preferential Margins and Restrictiveness of Rules of Origin, RIETI Discussion Paper Series 18–E–078.

Antràs, P. and S. R. Yeaple［2014］"Multinational Firms and the Structure of International Trade," G. Gopinath, E. Helpman and K. Rogoff eds., *Handbook of International Economics*, 4, 55–130, Elsevier.

Antràs, P., and E. Helpman［2004］"Global Sourcing," *Journal of Political Economy*, 112（3），552–580.

Antràs, P.［2020］Conceptual Aspects of Global Value Chains, *World Bank Economic Review*, 34（3），551–574.

Autor, D. H., D. Dorn and G. H. Hanson [2013] "The China Syndrome: Local Labor Market Effects of Import Competition in the United States," *American Economic Review*, 103 (6), 2121–2168.

Autor, D. H. [2014] "Skills, Education, and the Rise of Earnings Inequality Among the Other 99 Percent," *Science*, 344 (6186), 843–851.

Autor, D., D. Dorn, G. Hanson and K. Majlesi [2020] "Importing Political Polarization? The Electoral Consequences of Rising Trade Exposure," *American Economic Review*, 110 (10), 3139–3183.

Baumgarten, D., I. Geishecker and H. Görg [2013] "Offshoring, Tasks, and the Skill-Wage Pattern," *European Economic Review*, 61 (c), 132–152.

Beaulieu, E. [2002] "Factor or Industry Cleavages in Trade Policy? An Empirical Analysis of the Stolper-Samuelson Theorem," *Economics & Politics*, 14 (2), 99–131.

Bernard, A. B., J. B. Jensen, S. J. Redding and P. K. Schott [2007] "Firms in International Trade," *Journal of Economic Perspectives*, 21 (3), 105–130.

Bernard, A. B., J. B. Jensen, S. J. Redding and P. K. Schott [2018] "Global Firms," *Journal of Economic Literature*, 56 (2), 565–619.

Blonigen, B. A. [2011] "Revisiting the Evidence on Trade Policy Preferences," *Journal of International Economics*, 85, 129–135.

Bøler, E. A., B. Javorcik and K. H. Ulltveit-Moe [2018] "Working Across Time Zones: Exporters and the Gender Wage Gap," *Journal of International Economics*, 111, 122–133.

Bown, C. P. and T. J. Bollyky [2022] "How COVID-19 Vaccine Supply Chains Emerged in the Midst of a Pandemic," *The World Economy*, 45 (2), 468–522.

Brander, J. A. and B. J. Spencer [1985] "Export Subsidies and International Market Share Rivalry," *Journal of International Economics*, 18 (1–2), 83–100.

Cavallo, A., G. Gopinath, B. Neiman and J. Tang [2021] "Tariff Pass-Through at the Border and at the Store: Evidence from US Trade Policy," *American Economic Review: Insights*, 3 (1), 19–34.

Conconi, P., G. Facchini and M. Zanardi [2014] "Policymakers' Horizon and Trade Reforms: The Protectionist Effect of Elections," *Journal of International Economics*, 94 (1), 102–188.

Dornbusch, R., S. Fischer and P. A. Samuelson [1977] "Comparative Advantage, Trade, and Payments in a Ricardian Model with a Continuum of Goods," *American Economic Review*, 67 (5), 823–839.

Endoh, M. [2016] "The Effect of Offshoring on Skill Premiums: Evidence from Japanese Matched Worker-Firm Data (No. 2016–005)," *Institute for Economics Studies*, Keio University.

Fajgelbaum, P. D. and A. K. Khandelwal [2016] "Measuring the Unequal Gains from

Trade," *The Quarterly Journal of Economics*, 131（3）, 1113–1180.

Fajgelbaum, P. D., P. K. Goldberg, P. J. Kennedy and A. K. Khandelwal ［2020］ "The Return to Protectionism," *The Quarterly Journal of Economics*, 135（1）, 1–55.

Federico, G. and A. Tena-Junguito ［2016］ World Trade, 1800–1938: A New Dataset, EHES Working Papers in Economic History, No. 93.

Feenstra, R. C. and G. H. Hanson ［1997］ "Foreign Direct Investment and Relative Wages: Evidence from Mexico's Maquiladoras," *Journal of International Economics*, 42（3–4）, 371–393.

Felbermayr, G. and A. Sandkamp ［2020］ "The Trade Effects of Anti-Dumping Duties: Firm-level Evidence from China," *European Economic Review*, 122.

Fouquin, M., and J. Hugot ［2016］ Two Centuries of Bilateral Trade and Gravity Data: 1827–2014, CEPII Working Paper, N°2016–14.

Geloso Grosso, M., F. Gonzales, S. Miroudot, H. Kyvik, N. Dorothée Rouzet and A. Ueno ［2015］ Services Trade Restrictiveness Index（STRI）: Scoring and Weighting Methodology, OECD Trade Policy Working Papers, No. 177.

Ghosh, A. R. and M. S. Qureshi eds. ［2017］ *From Great Depression to Great Recession: The Elusive Quest for International Policy Cooperation*, International Monetary Fund.

Goldberg, P. K. and G. Maggi ［1999］ "Protection for Sale: An Empirical Investigation," *American Economic Review*, 89（5）, 1135–1155.

Grossman, G. M. and E. Rossi-Hansberg ［2008］ "Trading Tasks: A Simple Theory of Offshoring," *American Economic Review*, 98（5）, 1978–1997.

Grossman, G. M. and E. Helpman ［1994］ "Protection for Sale," *American Economic Review*, 84（4）, 833–850.

Hanson, G. H. and M. J. Slaughter ［1999］ The Rybczynski Theorem, Factor-price Equalization, and Immigration: Evidence from US States, NBER Working Paper, No. 7074.

Hara, H. ［2018］ "The Gender Wage Gap Across the Wage Distribution in Japan: Within- and Between-establishment Effects," *Labour Economics*, 53, 213–229.

Head, K. and T. Mayer ［2014］ "Gravity Equations: Workhorse, Toolkit, and Cookbook," G. Gopinath, E. Helpman and K. Rogoff eds., *Handbook of International Economics*, 4, 131–195, Elsevier.

Helpman, E. ［1984］ "A Simple Theory of International Trade with Multinational Corporations," *Journal of Political Economy*, 92（3）, 451–471.

Helpman, E., M. J. Melitz and S. R. Yeaple ［2004］ "Export Versus FDI with Heterogeneous Firms," *American Economic Review*, 94（1）, 300–316.

Helpman, E., O. Itskhoki and S. Redding ［2010］ "Inequality and Unemployment in a Global Economy," *Econometrica*, 78（4）, 1239–1283.

Helpman, E. ［2011］ *Understanding Global Trade*, Harvard University Press.

Helpman, E. [2018] *Globalization and Inequality*, Harvard University Press.

Hummels, D., R. Jørgensen, J. Munch and C. Xiang [2014] "The Wage Effects of Offshoring: Evidence from Danish Matched Worker-firm Data," *American Economic Review*, 104 (6), 1597–1629.

Inoue, H. and Y. Todo [2022] Propagation of Overseas Economic Shocks through Global Supply Chains: Firm-level Evidence, RIETI Discussion Paper Series 22–E –062.

Ito, B. [2015] "Does Electoral Competition Affect Politicians' Trade Policy Preferences? Evidence from Japan," *Public Choice*, 165 (3), 239–261.

Ito, B. [2021] "Trade Exposure and Electoral Protectionism: Evidence from Japanese Politician-level Data," *Review of World Economics*, 157, 181–205.

Ito, B., H. Mukunoki, E. Tomiura and R. Wakasugi [2019] "Trade Policy Preferences and Cross-Regional Differences: Evidence from Individual-Level Data of Japan," *Journal of the Japanese and International Economies*, 51, 99–109.

Jann, B. [2007] "Making Regression Tables Simplified," *The Stata Journal*, 7 (2), 227–244.

Katz, L. F. and K. M. Murphy [1992] "Changes in Relative Wages, 1963–1987: Supply and Demand Factors," *The Quarterly Journal of Economics*, 107 (1), 35–78.

Kawaguchi, D. and Y. Mori [2016] "Why has Wage Inequality Evolved so Differently between Japan and the US? The Role of the Supply of College-educated Workers," *Economics of Education Review*, 52 (c), 29–50.

Keller, W. and H. Utar [2016] International Trade and Job Polarization: Evidence at the Worker-level, NBER Working Paper, No.w22315.

Klasing, M. J. and P. Milionis [2014] "Quantifying the Evolution of World Trade, 1870 –1949," *Journal of International Economics*, 92 (1), 185–197.

Kodama, N., B. S. Javorcik and Y. Abe [2018] "Transplanting Corporate Culture Across International Borders: Foreign Direct Investment and Female Employment in Japan," *The World Economy*, 41 (5), 1148–1165.

Kremer, M. [2000] "Creating Markets for New Vaccines: Part I: Rationale," *Innovation Policy and the Economy*, 1, 35–72.

Kremer, M., J. D. Levin and C. M. Snyder [2020] Designing Advance Market Commitments for New Vaccines, NBER Working Paper, No. w28168.

Krugman, P. R. [1979] "Increasing Returns, Monopolistic Competition, and International Trade," *Journal of International Economics*, 9 (4), 469–479.

Krugman, P. R. [1980] "Scale Economies, Product Differentiation, and the Pattern of Trade," *American Economic Review*, 70 (5), 950–959.

Leontief, W. [1953] "Domestic Production and Foreign Trade; The American Capital Position Re-Examined," *Proceedings of the American Philosophical Society*, 97 (4), 332–349.

Mayer, T. and G. Ottaviano [2007] *The Happy Few: The Internationalisation of European Firms*, Bruegel Blueprint Series, 3, Bruegel.

McKinsey Global Institute [2016] "Digital Globalization: The New Era of Global Flows," Mckinsey & Company.

Melitz, M. J. [2003] "The Impact of Trade on Intra-Industry Reallocations and Aggregate Industry Productivity," *Econometrica*, 71 (6), 1695–1725.

Mokhtari, M., and F. Rassekh [1989] "The Tendency towards Factor Price Equalization among OECD Countries," *The Review of Economics and Statistics*, 71, 636–642.

OECD, WTO and IMF [2020] Handbook on Measuring Digital Trade, Version1.

OECD [2007] *OECD Economic Outlook*, Volume 2007 Issue1.

Park, W. [2008] "International Patent Protection: 1960–2005," *Research Policy*, 37 (4), 761–766.

Raff, H., M. Ryan and F. Stähler [2009] "Whole vs. Shared Ownership of Foreign Affiliates," *International Journal of Industrial Organization*, 27 (5), 572–581.

Ruhl, K. J. [2015] "How Well is US Intrafirm Trade Measured?" *American Economic Review*, 105 (5), 524–29.

Rybczynski, T. M. [1955] "Factor Endowment and Relative Commodity Prices," *Economica*, 22 (88), 336–341.

Samuelson, P. A. [1948] "International Trade and the Equalisation of Factor Prices," *The Economic Journal*, 58 (230), 163–184.

Samuelson, P. A. [1949] "International Factor-price Equalisation Once Again," *The Economic Journal*, 59 (234), 181–197.

Stolper, W. F. and P. A. Samuelson [1941] "Protection and Real Wages," *The Review of Economic Studies*, 9 (1), 58–73.

Tanaka, A. [2022] "Higher Wages in Exporters and Multinational Firms Evidence from Linked Employer-employee Data," *International Economics and Economic Policy*, 19 (1), 51–78.

Taniguchi, M. [2019] "The Effect of an Increase in Imports from China on Local Labor Markets in Japan," *Journal of the Japanese and International Economies*, 51, 1–18.

Tinbergen, J. [1962] *Shaping the World Economy: Suggestions for an International Economic Policy*, Twentieth Century Fund.

Tomiura, E., B. Ito, H. Mukunoki and R. Wakasugi [2016] "Individual Characteristics, Behavioral Biases, and Trade Policy Preferences: Evidence from a Survey in Japan," *Review of International Economics*, 24 (5), 1081–1095.

Tomiura, E., B. Ito and B. Kang [2020] Characteristics of Firms Transmitting Data Across Borders: Evidence from Japanese Firm-level Data, RIETI Discussion Paper Series 20–E–048.

Trefler, D. [1993] "International Factor Price Differences: Leontief was Right!" *Journal of Political Economy*, 101 (6), 961–987.

UNCTAD [2019] *World Investment Report 2019*: Special Economic Zone.

索　引

事　項

企　業

人　名

【y-knot】

現実からまなぶ国際経済学
International Economics: Linking Theory to the Real World

2023 年 1 月 20 日 初版第 1 刷発行

著　者	伊藤萬里，田中鮎夢
発行者	江草貞治
発行所	株式会社有斐閣
	〒101-0051 東京都千代田区神田神保町 2-17
	http://www.yuhikaku.co.jp/
装　丁	高野美緒子
印　刷	株式会社理想社
製　本	大口製本印刷株式会社
装丁印刷	株式会社亨有堂印刷所

落丁・乱丁本はお取替えいたします。定価はカバーに表示してあります。
©2023, Banri Ito and Ayumu Tanaka
Printed in Japan ISBN 978-4-641-20001-2